本书系河北省社会科学基金项目"航天精神融入大学生思想政治教育研究"（项目编号：HB22MK016）的研究成果、河北省高等学校人文社会科学重点研究培育基地"北华航天工业学院航天精神研究中心"的研究成果

航天精神融入
大学生思想政治教育研究

RESEARCH ON INTEGRATING THE AEROSPACE SPIRIT INTO
IDEOLOGICAL AND POLITICAL EDUCATION OF COLLEGE STUDENTS

张道明 崔云凤／著

人民出版社

目　　录

序

  伟大事业孕育伟大精神，伟大精神引领伟大事业。60 多年来，几代航天人接续奋斗，创造了以"两弹一星"、载人航天、月球探测为代表的辉煌成就，走出了一条自力更生、自主创新的发展道路，积累了深厚博大的航天精神。在航天精神的支撑和引领下，中国航天事业不断取得重大成就，在广袤太空不断刷新中国速度、中国精度、中国高度，为探索浩瀚宇宙贡献了中国智慧、中国方案和中国力量，也向世界展示了中国精神。

  航天精神是中华民族精神在航天领域的生动实践，集中展现了航天人坚定的理想信念、高昂的爱国热情、强烈的责任担当和良好的精神风貌，是爱国主义教育、理想信念教育、社会主义核心价值观教育、思想品德教育及心理健康教育等的鲜活素材，具有突出的育人价值。在大学生思想政治教育中融入航天精神，有助于激发大学生崇尚科学、探索未知、敢于创新的热情，促其努力成长为德智体美劳全面发展的时代新人，为实现中华民族伟大复兴的中国梦凝聚强大力量。基于此，本书在探讨航天精神与大学生思想政治教育二者关系的基础上，从理论和现实两个层面确证了航天精神融入大学生思想政治教育的必要性和可能性,分析了航天精神融入大学生思想政治教育的现状,提出了航天精神融入大学生思想政治教育的有效路径。

全书共分为六个部分:

导论,主要包括研究缘起和研究意义,国内外研究综述,研究的思路、方法及创新等内容。

第一章,航天精神与大学生思想政治教育概述。主要阐述了航天精神和大学生思想政治教育的基本内涵,厘清了二者的关系。

第二章,航天精神融入大学生思想政治教育的依据。主要从理论依据和现实依据两个层面,阐释了航天精神融入大学生思想政治教育的必要性和可能性。

第三章,航天精神融入大学生思想政治教育的内容。主要从航天事业发展的辉煌成就、航天英雄人物的生动事迹两个方面,选择和梳理了适合融入大学生思想政治教育的代表性素材。

第四章,航天精神融入大学生思想政治教育的现状。主要通过问卷调查、个别访谈、案例分析等方法,归纳和总结了航天精神融入大学生思想政治教育的成效、存在问题及成因。

第五章,航天精神融入大学生思想政治教育的思路和路径。主要从原则、方法和着力点三个方面探讨了航天精神融入大学生思想政治教育的总体思路,并聚焦课程育人、科研育人、实践育人、网络育人、文化育人、心理育人等几方面探讨了航天精神融入大学生思想政治教育的实现路径。

为了增强研究的实践性,本书尤其注重突出实践性、实证性和系统性。一是本书作者所在单位是航天类高校,源自航天,航天特色鲜明,具有其他学校无可比拟的航天精神育人资源,长期以来探索出一套行之有效的航天精神育人模式,为本书提供了丰富的实践素材。二是本书作者通过网络问卷调查和实地访谈等调查方式,面向高校大学生和教师群体开展了较为广泛的实证调研,获取了较为翔实而又可信的数据资料,为本书的论点提供了必要的实证支撑。三是本书坚持运用系统思维,结合高校课程、科研、实践、文化、网络、心理、管理、服务、资助、组织等十大"育人"体系建设,选取了课程、科研、网络、文化等更易增强育人实效的几个方面,探讨了航天精神铸魂育人的具体路径。

"探索浩瀚宇宙,发展航天事业,建设航天强国,是我们不懈追求的航天梦。"建设航天强国,离不开航天精神的引领和支撑,迫切需要造就一大批具有航天精神的高素质人才。本书的出版,希望能够为培养航天事业发展所需的高素质人才贡献一份力量。

导　　论

　　精神,是人在社会生产实践中形成的以理想信念、价值追求、思维方式、道德规范、气质胸襟、人格情怀等为典型表征,且具有持久、稳定、可延续等特性的意志品质。习近平总书记指出:"精神是一个民族赖以长久生存的灵魂,唯有精神上达到一定的高度,这个民族才能在历史的洪流中屹立不倒、奋勇向前。"①回溯历史,中华民族之所以能绵延5000多年而长盛不衰,之所以能历经重重磨难而走向辉煌,就是因为中华民族在历史实践中不断创造的伟大精神,持续不断地为中华儿女提供了强大的精神力量。

　　航天精神是中华民族在探索浩瀚宇宙、发展航天事业、建设航天强国的伟大实践中积淀而成的、具有鲜明航天特色的精神成果,是中华民族精神在航天领域的具体呈现。在航天精神的激励和感召下,一代代航天人自立自强、攻坚克难、勇于奉献,创造了一个个伟大奇迹,极大彰显了中国力量和中国智慧。党的二十大报告提出了建设加快航天强国②的

　　①　习近平:《在纪念红军长征胜利 80 周年大会上的讲话》,《人民日报》2016 年 10 月 22 日。

　　②　习近平:《高举中国特色社会主义伟大旗帜　为全面建设社会主义现代化国家而团结奋斗——在中国共产党第二十次全国代表大会上的报告》,《人民日报》2022 年 10 月 26 日。

任务目标。要想完成这一艰巨任务,需要培养一大批具有深厚爱国情怀、热爱航天事业、专业知识功底扎实、敢于攻坚克难、勇于尝试挑战等优秀品质,并且能够传扬航天精神的高素质人才。大学生作为社会中最有生气、最富活力、最为积极、最具创造性的群体,是加快航天强国建设的主力军和生力军。要将其培养成能够担当建设航天强国重任的新时代航天人才,高校需要在落实立德树人根本任务的实践中,提高他们对航天精神的认知,增进他们对航天精神的认同,进而激发其传承航天精神、努力成长成才的内生动力。

因此,基于建设航天强国的使命要求和立德树人的育人旨趣,通过生动阐释航天精神的本质内涵和育人价值对大学生进行思想教育和价值引领,不仅是所有思想政治教育工作者理应思考的理论课题,也是高校在大学生思想政治教育中不可回避的现实课题。

第一节　研究背景和研究意义

任何理论研究都不是研究者的凭空想象,而是源自对现实世界的思考,其研究价值也将通过改造客观世界的实践行为体现出来。党的十八大以来,随着"航天强国"这一时代命题的提出,大力弘扬航天精神、培养堪当建设航天强国重任的高素质人才成为大学生思想政治教育的新旨归,这使得航天精神融入大学生思想政治教育也有了新的现实意义。

一、研究背景

马克思曾指出:"人的本质……是一切社会关系的总和。"①在马克

---

① 《马克思恩格斯选集》第1卷,人民出版社2012年版,第139页。

思看来,人的一切活动都是在特定的社会环境下进行的,并不可避免地受到外在环境的影响。研究人的所有社会活动,必须考虑与之相关的外在社会环境。因此,探讨航天精神融入大学生思想政治教育的相关问题,必须也要对其相关背景予以说明,这是开展本研究的基础前提。

1. 中国航天事业发展孕育出深厚博大的航天精神

马克思曾指出,在生产活动中,"生产者也改变着,他炼出新的品质,通过生产而发展和改造着自身,造成新的力量和新的观念,造成新的交往方式,新的需要和新的语言"①。航天精神是在中国航天事业发展的历史实践中孕育而生的。回溯中国航天的发展历程,自1956年创建以来,历经艰苦创业、配套发展、改革振兴和走向世界几个时期,在短短几十年的时间里,实现了从无到有、从小到大、从弱到强的跨越式发展,不断将中国航天推向更深、更远的太空。党的十八大以来,以习近平同志为核心的党中央高度重视和关心航天事业发展,不仅对加快航天强国建设的相关理论问题和实践问题进行了科学回答,而且对如何加快航天强国建设进行了战略部署和具体指导。在党的领导和人民的支持下,中国航天坚定道路自信,始终把科技自立自强作为航天事业发展的战略支撑,实施了一批重大航天工程,涌现出一批航天成果,不断取得新的成就。2020年,北斗全球卫星导航系统全面完成星座部署,面向全球开启高精度的定位、导航、授时、短报文通信和国际搜救等服务。嫦娥五号成功从月球取样1731克土壤并带回地球,我国探月工程"绕、落、回"三步走全面完成。2021年,天问一号探测器成功着陆火星乌托邦平原南部预选着陆区,我国首次火星探测任务取得成功。2023年,神舟十六号载人飞船成功将3名航天员送入太空,在空间站

---

① 《马克思恩格斯选集》第2卷,人民出版社2012年版,第747页。

核心舱实现中国人太空"会师",使人类同时在太空人数达到创纪录的17人,等等。这些成就的不断取得,标志着中国航天领域已实现了从"跟跑"到"部分领跑",从第二梯队迈入第一梯队,跻身于世界航天强国行列。在此过程中,航天精神孕育而生,并支撑和引领航天人不断推进中国航天事业蓬勃发展。正如习近平总书记所指出:"经过几代航天人的接续奋斗,我国航天事业创造了以'两弹一星'、载人航天、月球探测为代表的辉煌成就,走出了一条自力更生、自主创新的发展道路,积淀了深厚博大的航天精神。"①

2. 建设航天强国呼唤当代青年弘扬航天精神

习近平总书记在党的十九大报告中指出:"青年兴则国家兴,青年强则国家强。青年一代有理想、有本领、有担当,国家就有前途,民族就有希望。中国梦是历史的、现实的,也是未来的;是我们这一代的,更是青年一代的。中华民族伟大复兴的中国梦终将在一代代青年的接力奋斗中变为现实。"②航天梦是中国梦在航天领域的具体体现,是中国梦的重要组成部分。党的二十大报告明确提出了建设航天强国的目标要求,切实推进航天强国建设,需要当代青年赓续航天精神,勇于担当作为。回顾航天事业发展历程,从天宫、北斗、嫦娥到天和、天问、羲和,每一项科技攻关、每一个重大成就,都涌现出一大批肯吃苦、有担当、善创新、勇登攀、能成事的航天青年,创造了航天事业的一个个辉煌。他们在党的领导下,心怀拳拳爱国之心,为科技自立自强艰苦奋斗,把最美好的青春年华献给了中国航天事业。今天,站在新的起点,面对航天领

---

① 《习近平关于社会主义精神文明建设论述摘编》,中央文献出版社2022年版,第144页。

② 习近平:《决胜全面建成小康社会 夺取新时代中国特色社会主义伟大胜利——在中国共产党第十九次全国代表大会上的报告》,《人民日报》2017年10月28日。

域的激烈竞争,要想完成建设航天强国的重任,当代中国青年必须发扬航天精神,树立航天报国的远大志向,学习和掌握从事航天事业所需的专业知识和技能,锤炼敢打硬仗、敢于担当、勇于创新的品格,在推进航天事业发展的新征程上再立新功。正如习近平总书记在给中国航天科技集团空间站建造青年团队回信中所强调的那样,"建设航天强国要靠一代代人接续奋斗。希望广大航天青年弘扬'两弹一星'精神、载人航天精神,勇于创新突破,在逐梦太空的征途上发出青春的夺目光彩,为我国航天科技实现高水平自立自强再立新功"①。

3.航天精神的思想政治教育价值日益凸显

立德树人是教育的根本任务。习近平总书记指出:"高校立身之本在于立德树人。只有培养出一流人才的高校,才能够成为世界一流大学"②。在此过程中,思想政治教育的地位和作用不可替代。所谓大学生思想政治教育,是高校用一定的思想观念、政治观念、道德规范对大学生施加有目的、有计划、有组织的影响,引导大学生形成符合当代社会发展需要的思想品德的教育实践活动。这一实践活动具有内容上的选择属性。只有那些富有深刻思想内涵且能够启迪大学生思考人生的思想观念、与中国特色社会主义制度及中国特色社会主义发展道路相吻合的政治观念、彰显社会主义核心价值观的道德规范等优质教育资源,才能给大学生以深刻启迪,促其形成指导自我实践的理性认识。而航天精神是几代航天人在探索浩瀚宇宙的伟大实践中积淀而成的精神财富,凝结着航天人高尚的道德情操和精神品格,生动诠释了以爱国主义为核心的民族精神和以改革创新为核心的时代精神,是中国共产

---

① 《习近平回信勉励广大航天青年　弘扬"两弹一星"精神载人航天精神　为航天科技实现高水平自立自强再立新功》,《人民日报》2022年5月4日。
② 《习近平谈治国理政》第2卷,外文出版社2017年版,第377页。

党人精神谱系的重要组成,对大学生成长成才具有明显的导向功能、激励功能、凝聚功能、约束功能等。近年来,很多学校的思想政治教育工作者已经深刻认识到了航天精神突出的育人价值,并有意识地将航天事业发展的辉煌成就融入校园文化建设中,将对航天事业发展作出突出贡献的航天英雄人物请进校园作报告,组织学生到航天科研院所参观学习,取得了很好的育人效果。但总体来看,广大师生对航天精神的认知度还不够,高校运用航天精神开展大学生思想政治教育的深度还不够,航天精神的育人价值尚未能充分发挥。因此,系统而深入地研究航天精神融入大学生思想政治教育非常必要。

二、研究意义

航天精神作为中华民族精神在航天领域的具体呈现,作为中国共产党人精神谱系的典型代表,其中蕴含着丰富的思想政治教育内容。深入发掘这些资源并将其有机融入大学生思想政治教育,既是新时代思想政治教育理论研究的时代课题,也是增强大学生思想政治教育实效的现实问题。因此,深入研究航天精神融入大学生思想政治教育,具有重要的理论意义和现实意义。

1.理论意义

研究航天精神融入大学生思想政治教育这一课题,涉及航天精神的时代价值、大学生思想政治教育规律以及二者的内在逻辑,涉及文化传承、思想政治教育理论等方面的问题。因此,研究这一问题对于推进相关方面的理论研究具有一定意义。

(1)有助于深化对航天精神育人价值的认识。自中国共产党人的精神谱系提出以来,迅速成为学术界研究的焦点问题。有的学者以中国共产党人的精神谱系为研究对象,对其生成逻辑、精神实质和时代价值等进行了深入研究。有的学者选择其中的一种精神展开研究,如延安精神、长征精神、太行精神、雷锋精神、科学家精神等。但是,从目前的研究看,由于航天精神产生过程的独特性、作用领域的专属性、系统研究的条件性等因素影响,学术界对"两弹一星"精神、载人航天精神、新时代北斗精神、探月精神等中国航天精神谱系研究得较少,相关的成果并不多。从某种程度上,这说明学术界对航天精神的研究关注得不够。本书在研究中,将结合中国航天事业的发展历程,对航天精神的生成逻辑、历史背景和时代价值等进行系统阐释,将有助于增进学术界相关学者对其进一步了解和认识。

（2）有助于丰富和发展大学生思想政治教育相关理论的研究。以精神的传承、道德的培养、品格的塑造、行为的养成为主要目标的爱国主义教育、社会主义核心价值观培育、理想信念教育、公民道德教育等,都是大学生思想政治教育的重要内容。学术界从宏观和微观、整体和局部、多元和单项等多个方面,探讨了大学生思想政治教育的内在机理及有效路径,取得了丰富的研究成果。本书对航天精神融入大学生思想政治教育的研究,是探讨如何发挥航天精神的育人价值以激发大学生爱国热情、引导大学生学习专业知识、培养其科学家精神,塑造其甘于奉献品格的系统研究。这些研究一定程度上能够丰富思想政治教育的相关理论。

（3）有助于深化对大学生思想政治教育规律的认识。大学生思想政治教育是一项特殊的思想政治教育活动,既涉及学校管理者、教师、学生等多个主体,又涉及教学、科研、文化、实践、网络等多个方面,还需要考虑校内微环境和社会大环境对这一教育过程的影响。但也并非毫无规律可循,学者们通过研究,已然从环境、文化、网络等不同视角取得了许多增强大学生思想政治教育实效的规律性认识。本书基于精神影响人、环境影响人、文化影响人等视角,系统探讨航天精神融入大学生思想政治教育的内在机理、现实情况及实践路径,拓展和深化了对大学生思想政治教育规律的认识。

2. 现实意义

建设航天强国、大力弘扬航天精神需要培养一代代具有航天精神的时代新人。作为人才培养的基地,高校势必要承担起培养航天人才的重任。这要求高校要在大学生思想政治教育过程中能够使其对航天事业发展感兴趣、具备扎实的专业功底,能够充分认识航天精神的深刻内涵,从而自觉成长为符合航天事业发展的新一代航天人。这要求高校必须通过有效的思想政治教育来弘扬航天精神。然而,当前高校在挖掘航天精神育人资源、拓展航天精神传播阵地、创新航天精神在思想政治教育中的呈现形式、更新航天精神育人的话语表达等方面存在许多问题,尚未形成航天精神培育时代新人的成熟模式和可推广经验。本书瞄准这些问题进行针对性探究,对于提高航天精神的育人效果、培养具有航天报国情怀、过硬专业技术、坚定理想信念、能够吃苦奉献、敢于开拓创新的科技人才有重要意义。

(1)有助于坚定大学生的理想信念。理想信念是时代新人的精神之钙。习近平总书记在纪念五四运动100周年大会上指出:"青年理想远大、信念坚定,是一个国家、一个民族无坚不摧的前进动力。"①回首中国航天波澜壮阔的发展历程,正是因为几代航天人拥有无比坚定的航天报国志向和航天强国信念,才能白手起家、披荆斩棘、砥砺前行,创造了以"两弹一星"、载人航天、月球探测、火星探测、北斗导航等为代

---

① 习近平:《在纪念五四运动100周年大会上的讲话》,《人民日报》2019年5月1日。

表的辉煌成就，走出了一条自力更生、自主创新的发展道路，使中国航天从无到有、从小到大、从弱到强，并且不断刷新太空高度，极大彰显了中国智慧、中国力量和中国精神。将航天精神融入大学生思想政治教育，能够教育青年在航天发展史中汲取理想信念的力量，引导青年树立远大理想、坚定理想信念、增强对中国特色社会主义的道路自信、理论自信、制度自信、文化自信，从而投身新时代中国特色社会主义事业，勇做担当中华民族伟大复兴重任的有为青年。

（2）有助于厚植大学生爱国主义情怀。热爱祖国是时代新人的立功之本。习近平总书记在北京大学师生座谈会上指出："爱国，是人世间最深层、最持久的情感，是一个人的立德之源、立功之本。"①昨天，在中国航天事业发展的艰难起步阶段，钱学森、任新民、屠守锷、黄纬禄、梁守槃等一批在国外的科学家，毅然放弃国外优厚待遇，克服艰难险阻，义无反顾地回到热爱的祖国，为中国航天事业发展作出了重要贡献。今天，耄耋之年依然坚守在航天第一线的孙家栋、为火箭焊接心脏的大国工匠高凤林、圆了中华民族千年飞天梦的首位飞天航天员杨利伟等航天人依然坚守"国家利益高于一切"的初心，践行着"献了青春献终身，献了终身献子孙"的誓言，用实际行动谱写了许多感天动地、可歌可泣的爱国主义篇章。将航天精神融入大学生思想政治教育，能够让青年了解他们的爱国故事，引导青年把个人命运同祖国命运紧密结合，启迪青年听党话、跟党走，在中国特色社会主义现代化进程中把爱国情、立强国志转化为报国行。

（3）有助于锤炼大学生的品德修养。品德修养是时代新人的为人之本。习近平总书记强调："国无德不兴，人无德不立。如果一个民

---

① 习近平：《在北京大学师生座谈会上的讲话》，人民出版社 2018 年版，第11 页。

族、一个国家没有共同的核心价值观，莫衷一是，行无依归，那这个民族、这个国家就无法前进。"①历数中国航天从东方红一号到神舟十七号的辉煌成就，每一次重大成果的取得都离不开无数航天人的辛勤付出。星耀太空，逐梦苍穹，而他们却默默无闻。将航天精神融入大学生思想政治教育，在青年中广泛宣传他们强国奋斗、胸怀世界、自主创新、勇攀高峰、协同攻坚和卓越奉献的高尚思想品质和良好道德修养，能够让青年大学生真切感知和领悟航天传统精神、"两弹一星"精神、载人航天精神、北斗精神、探月精神等内蕴的思想精华和道德精髓，进而内化为精神追求，外化为实际行动，努力成为社会主义核心价值观的积极践行者和引领者。

（4）有助于增长大学生的知识见识。非学无以广才，知识见识是时代新人的成才之基。习近平总书记在中国科学院第十九次院士大会、中国工程院第十四次院士大会上指出："实践反复告诉我们，关键核心技术是要不来、买不来、讨不来的。只有把关键核心技术掌握在自己手中，才能从根本上保障国家经济安全、国防安全和其他安全。"②经过几代航天人的努力，我国的航天技术不仅能将卫星、载人飞船和空间探测器送入预定轨道，而且实现了自主深空探测登陆遥远星球的技术突破，在世界高科技领域已经占有一席之地。回想航天事业发展之初，物质条件匮乏、工作条件艰苦、技术水平落后，但老一辈航天人依然创造了"两弹一星"的奇迹。将航天精神融入大学生思想政治教育，有助于培养青年勇攀高峰的科学精神，启迪青年珍惜学习时光，心无旁骛求知问学，增长见识，丰富学识，沿着求真理、悟道理、明事理的方向前进，

---

① 《十八大以来重要文献选编》（中），中央文献出版社2016年版，第3页。
② 习近平：《在中国科学院第十九次院士大会、中国工程院第十四次院士大会上的讲话》，人民出版社2018年版，第11页。

练就一身本领,为中国特色社会主义伟大事业贡献青春力量。

(5)有助于培养大学生的奋斗精神。幸福的生活是奋斗出来的,奋斗精神是时代新人应有的青春底色。习近平总书记指出:"一个民族之所以伟大,根本就在于在任何困难和风险面前都从来不放弃、不退缩、不止步,百折不挠为自己的前途命运而奋斗。"①中国航天事业曾一度陷入外援断绝、物资匮乏、饥饿严重的困境,但航天人硬是靠着不畏艰难、发愤图强、自力更生、艰苦创业的奋斗精神,靠自己的双手研制出了导弹。载人航天、探月工程、火星探测、北斗导航,每一项任务都充满着风险和挑战,中国航天人败而不馁、韧而不屈,凭着不服输、不低头、不放弃的顽强拼搏精神,创造了一次次奇迹。当前,世界处于百年未有之大变局,实现中华民族伟大复兴绝非易事。弘扬航天精神,需要培养青年的奋斗精神,使其在实现中华民族伟大复兴实践中做到勇于担当、敢挑重担、知难而进、坚强不屈,不负国家、不负人民、不负时代。

(6)有助于增强大学生的综合素质。培育德智体美劳全面发展的时代新人,需要在增强综合素质上下功夫。习近平总书记指出,探索浩瀚宇宙,发展航天事业,建设航天强国,是我们不懈追求的航天梦。②实现航天强国梦想,需要大批具有远大理想、爱国热情、过硬本领、担当意识、健康体魄、健全人格、坚强意志的高素质人才。将航天精神融入大学生思想政治教育,就是用其中蕴藏的爱国情怀、道德品质、责任担当、创新精神、大局意识、奉献精神等淬炼青年,将其融入德育、智育、体

---

① 习近平:《在全国抗击新冠肺炎疫情表彰大会上的讲话》,人民出版社 2020 年版,第 26 页。

② 《习近平在首个"中国航天日"之际作出重要指示强调　坚持创新驱动发展勇攀科技高峰　谱写中国航天事业新篇章》,《人民日报》2016 年 4 月 25 日。

育、劳育、美育全过程,教育引导青年在学习实践中明大德、增才干、强体魄、爱劳动、会审美,努力成长为满足时代发展需要、能够担当民族复兴重任的高素质人才。

第二节　国内外研究综述

近年来,中国航天事业发展不断取得新的成就,不断刷新进军太空的中国高度,极大提升了中国的国际威望和地位。尤其是党的十八大以来,习近平总书记在不同场合多次就航天事业发展发表重要讲话,并作出重要指示批示。这使得航天精神育人作为一个重要课题走进学术视野,国内外学者关于航天精神的研究成果也逐渐增多,为本研究提供了重要参考。

一、国内研究现状

国内学者关于航天精神融入大学生思想政治教育的研究多为相关性研究,而直接性研究较为匮乏。经过梳理相关成果,国内学者的研究主要集中在以下几个方面:

1. 关于航天精神基本内涵的研究

内涵是反映事物本质属性的总和。界定研究对象的基本内涵是开展研究的基础性工作。航天精神源自航天事业的伟大实践,其精神伟力是伴随着航天事业不断取得辉煌成就的历程而被人们所认知。对其内涵的把握,学者们也经历了由浅而深的过程,分别从精神实质、精神体系、时代特征、内涵理性、核心要义等多个视角对航天精神的基本内涵进行了探讨。就航天精神的精神实质而言,刘纪原(1996)认为航天精神的内在精神实质就是对祖国的无限热爱和忠诚,对事业的强烈向往和无私奉献以及对科学的执着追求和不懈探索。航天精神不是固化的精神形态,而是一个不断丰富和发展的思想体系。早先的学者主要基于航天事业发展某一阶段的特定时期探讨航天精神,罗峻岭(2002)在《浅谈新形势下如何弘扬航天精神》一文中认为航天精神就是"两弹一星"精神。姜伟华(2006)在《航天精神的思考》一文中认为航天精神就是航天传统精神。随着航天精神的不断丰富和发展,学者对航天精神的系统逻辑有了整体上的把握,李君、戴品华(2008)在《试论航天精神体系》一文中对航天精神的组成进行了概括,认为航天精神是由航天传统精神、"两弹一星"精神、载人航天精神和探月精神组成的系统,并且随着航天事业的不断发展会不断丰富。航天精神不同于其他领域中产生的伟大精神,它有自己的独特之处。陈雄(2018)在《以航天精神建设航天强国》一文中对航天精神的时代特征进行了概括,认为为国担当是航天精神的价值核心,大力协同是航天精神的显著特征,自主创新是航天精神的灵魂所在,勇攀高峰是航天人的不懈追求。从文化形态和意识形态的角度,学者们也探讨了航天精神的先进性。杨永昌、王旭、侯佳(2020)在《弘扬航天精神的现实挑战和应对之道》一文中提出:作为一种文化形态,航天精神是对资本主义文明的扬弃,对社会主义精神文明真善美境界的渐进式追求。航天精神具有内涵理性并超越工具理性的哲学意蕴,是集体主义对个人主义、严守纪律对盲目自由、奉献精神对个人索取的超越。赵小津(2022)在《深厚博大的航天精神及其力量》一文中认为,深厚博大的航天精神是中华民族的宝贵精神财富,是中国共产党人精神谱系的重要组成部分,蕴含着磅礴绵延的精神力量。袁洁(2022)在《坚持把航天精神传承好弘扬好发展好》一文中对航天精神的理论渊源和时代价值进行了概括,认为航天精神是伟大建党精神在中国航天的鲜明表达、航天精神是中华优秀传统文化在中国航天的传承发展、航天精神是中国航天事业不断实现突破跨越的基因密码、航天精神的时代内涵时代价值将不断丰富发展。关于航天精神的核心要义，李臻（2021）在《弘扬航天精神　不辱强国使命》一文中将其概括为：自立、自强和超越。张建航、崔孝彬（2023）在《新时代航天精神：生成逻辑、核心内涵与弘扬路径》一文中将新时代航天精神的核心内涵概括为：热爱祖国、甘于奉献的家国情怀；改革创新、自力更生的奋斗精神；严慎细实、协同攻坚的工作作风；胸怀世界、勇攀高峰的科学追求。从"两弹一星"精神、载人航天精神到探月精神、新时代北斗精神，航天精神贯穿着爱国奉献、自立自强等核心特质。

2. 关于航天精神育人价值的研究

航天精神是几代航天人在艰苦卓绝的实践中积淀而成的宝贵精神财富，是激励航天人为了中国航天事业发展不懈奋斗的精神密码，是中国共产党精神谱系的重要构成。2021 年，"两弹一星"精神、载人航天精神、探月精神、新时代北斗精神第一批纳入中国共产党精神谱系。航天精神集中体现了中国共产党的品格风范和精神特质，对于培养时代新人具有特殊的育人价值。关于航天精神的育人价值，学者们一致认为航天精神内蕴爱国主义情怀、集体主义精神、团结协作意识、使命担当意识、敢为人先的创新精神、爱岗敬业的奉献精神、攻坚克难的艰苦奋斗精神等优秀的精神品质和高尚的道德情操，将其融入大学生思想政治教育之中，有助于帮助大学生树立正确的世界观、人生观和价值观，提高大学生的道德修养，增强大学生的爱国情怀，促进其全面发展。代表性的观点有：有学者立足航天精神的爱国主义特质探讨其育人价值，认为航天精神蕴含炽热的爱国情怀和强烈的报国志向。这一内在特质能够引导大学生自觉把个人理想和中华民族的集体梦想结合在一起,在服务国家需要的航天领域焕发出青年人的光彩和能量。[①] 有学者着眼爱国、担当、创新等品质,认为航天精神是新时代大学生思想政治教育的价值旨归,有利于厚植大学生的家国情怀、强化大学生的责任担当、培养大学生的创新精神。[②] 有学者从使命责任、科学精神、文化自信等层面,认为航天精神是中华民族精神谱系的重要组成。其以国为重的爱国情怀能够增强青年学生的使命感和责任感,攻坚克难的科学精神能够鼓舞青年学生勇攀科学高峰,底蕴丰厚的航天文化能够增强青年学生的文化自信。[③] 有学者认为航天精神为大学生的思想政治教育和思想动态提供了生动形象的范例,有助于提升大学生的爱国情怀、培养大学生攻坚克难的精神品质、提升大学生的创新意识和团队协作能力。[④] 有学者对照大学生应有的精神品质,认为航天精神能够增强大学生求学报国的爱国情怀、树立大学生团结协作的集体主义精神、培养大学生敬业爱岗的奉献精神、培育大学生敢为人先的创新精神。[⑤] 有学者则从航天精神的价值视角将航天精神的德育价值概括为:坚定信念的理想价值、团结协作的关系价值、以苦为荣的乐观价值。[⑥] 有学者认为航天精神有助于增强大学生为国增光的爱国主义情怀、树立团

①　陈丹、郭瑶:《新时代航空航天院校青年航天精神培育路径探析》,《中国航天》2022 年第 12 期。

②　代中杰:《航天精神融入新时代大学生思想政治教育的三维审视》,《河南工业大学学报》2022 年第 8 期。

③　代秀峰、张道明:《新媒体视域下航天精神育人价值的实现路径》,《桂林航天工业学院学报》2021 年第 9 期。

④　张凯、赵津、赵鑫、于博:《航天精神对高校学生思想引领路径研究》,《北华航天工业学院学报》2019 年第 8 期。

⑤　周琳娜、戴劲:《航天精神融入思想政治教育的育人价值和策略》,《宿州教育学院学报》2019 年第 6 期。

⑥　吉铠东、廖晨宏:《航天精神及其德育价值》,《桂林航天工业学院学报》2016 年第 6 期。

结协作的集体主义精神、弘扬艰苦奋斗精神、培育锐意进取的创新意识、践行爱岗敬业的奉献精神。①

3. 关于航天精神与大学生思想政治教育内在关联的研究

航天精神作为中国共产党精神谱系的重要组成，是中华民族在推进中国航天事业发展的伟大实践中创造的精神成果。不仅为航天事业的快速发展提供了强大的精神力量，也是我们建设航天强国最基本、最持久的精神支撑。培养新时代的航天人才，首先就需要在思想政治教育过程中融入航天精神，发挥航天精神的铸魂育人功能，从而吸引广大有志青年投身航天事业。从这个意义上讲，航天精神是大学生思想政治教育的重要资源，二者有密切的内在关联性。学者们认为，这种内在关联性主要表现为目标一致、内容契合、时机适切。首先，航天精神内涵丰富，蕴藏的爱国、奋斗、奉献等精神品质与立德树人的根本任务内在一致，对于大学生的成长成才有价值引领作用。传承和弘扬航天精神本质上是大学生思想政治教育的应有之义。其次，内容契合。学者们认为，航天精神中有丰富的思想政治教育素材，如航天发展过程中取得的辉煌成就、涌现的航天人物、创造的航天物质文化和精神文化，它们与社会主义核心价值观、爱国主义教育、理想信念教育、思想品德教育等思想政治教育内容高度契合。最后，时机适切。学者们认为，近年来，航天事业不断取得新进展，极大彰显了航天强国建设的战略地位，加快推进航天强国建设需要有更多的杰出青年。这为航天精神融入大学生思想政治教育提供了现实依据。

4. 关于航天精神融入大学生思想政治教育有效路径的研究

大学生思想政治教育是一个涉及多主体、多层面、多环节、多形式

---

① 杨元妍:《航天文化融入大学生思想政治教育工作的实现路径》,《桂林航天工业学院学报》2018 年第 2 期。

的系统性活动,要想更好地发挥航天精神的铸魂育人功能,必须将航天精神全方位、多路径融入大学生思想政治教育之中。关于航天精神融入大学生思想政治教育的具体路径,学者们也多有探讨。有学者认为,在航天精神育人资源的挖掘上,既要充分发掘和利用好航天档案馆、航天人物雕塑等校内航天资源,同时也要充分发掘和利用好航天文化教育基地、航天类博物馆等校外航天资源。在培育方式上,要充分利用和整合各类社交平台,开展线上与线下联动教育,让航天精神渗透到青年学生学习、生活和娱乐等方方面面。有学者提出,应在遵循内在规律的基础上,通过发挥课堂教学主渠道、融入校园文化建设、加强网络内容供给、开展实践育人活动等方式,构建多维立体的航天精神育人路径。有学者在此基础上还提出要加强相关理论研究、用好思政课堂、开展邀请专家入校作报告、航天英雄示范引领等活动,建立多方联动机制等。有学者立足新媒体带来的新机遇,提出在新媒体环境下,需要正确审视主题教育传播"显著性"不足、"非理性互动"教育环境不利、"把关人"的专业素养不强等问题,在打造育人阵地核心竞争力、打造航天精神媒体矩阵、打造网络育人新课堂、打造专业新媒体宣传队伍等方面采取措施,实现航天精神的育人价值。有学者以载人航天精神为例探讨了航天精神育人的路径,建构了"深入挖掘航天历史资源,在传承航天文化中增强时代责任,充分利用航天物质资源,在航天文化建设中塑造学生价值,大力依托航天人力资源,在航天知识普及中引导学生力行,积极运用航天政策资源,在教育教学改革中激发学生才智"四位一体的推进路径。有学者聚焦航天精神融入思政课教学,提出要通过"讲好航天精神故事、打造航天特色文化、有效运用航天资源"等方式,增强航天精神的育人效果。有学者针对航天精神融入高校思政课认同度、融合度和协同度不高的现实问题,提出要通过发掘航天精神育人元素、找准航天精神与思想政治理论课结合点、创新方式和健全机制等途径予以解决。学者们提出的这些路径和建议，有很多已经在大学生思想政治教育中付诸实践，取得了一定的成绩，为我们系统研究航天精神融入大学生思想政治教育奠定了基础。

二、国外研究现状

对航天精神的研究总是以航天事业的蓬勃发展为前提。目前，世界上在航天领域居于领先地位的国家主要有美国、俄罗斯和中国。因此，国外学者对航天精神的研究也主要以美国和俄罗斯最为典型。

1. 美国关于航天精神育人的相关研究

美国作为发达资本主义国家，是世界上最早开始航天活动的国家，并且在航天事业发展领域一直居于领先地位。美国在不断推进航天事业发展的过程中，也十分注重对航天精神的研究和开发。为了更好地发掘航天精神的功能和价值，美国航天局设置了航天文化研究所专门研究航天精神。在美国，多数学者都认为航天精神有重要的思想政治教育价值。理查德·马德逊认为，航天精神文化体现了个人英雄主义和国家责任意识，用航天精神文化教育公民，可以优化人的心灵和习性。罗伯特认为，传播航天精神文化符合美国的主流意识形态。虽然在美国高校没有开设专门的思想政治教育课程，但是其开设的历史课、公民教育课在本质上就承担了思想政治教育的功能。在具体方式上，主要通过大选广告、政治演讲、英雄报告、图片展览、电影电视、新闻广播等方式对大学生进行隐性的思想政治教育。在此过程中，各大中学校都注重利用航天精神开展航天精神文化教育，培养学生的公民意识和公共责任意识、英雄主义和爱国主义精神。哈佛大学、耶鲁大学等知名高校都非常重视利用航天精神文化来培养学生的国家意识、民族意识和献身科学的精神。

2.俄罗斯关于航天精神育人的研究

俄罗斯在发展航天事业的过程中也很重视航天精神的思想政治教育功能。学者普遍认识到航天精神内在的思想政治教育价值，阿尔钠乌托夫在《苏联学生的思想政治教育》中专门论述了苏联航天精神的内涵，建议将航天精神作为学生思想政治教育的重要内容。舒斯托夫在《苏联学生课外思想政治教育》中建议将航天文化作为学生课外思想政治教育的内容。在具体实践中，航天精神是各类学校学生思想政治教育的重要内容，各大中学校都通过组织学生参观航天展览、观看航天英雄视频、请航天英雄作报告、开设航天选修课等方式对学生进行思想政治教育。

三、国内外研究述评

综上所述，国内外学者普遍认同航天精神蕴含丰富的思想政治教育价值，在大学生思想政治教育中有重要作用，并就航天精神融入大学生思想政治教育的实践经验进行探讨和总结，为我们深入研究航天精神奠定了基础，提供了借鉴，但也存在不足之处。就研究内容而言，一方面，探讨航天精神时代价值的成果较多，但系统性不强，尤其具体分析其思想政治教育价值的成果较少；另一方面，学术界对航天精神蕴含的教育资源挖掘不够，停留在大众熟知内容，很少涉及其深层内容，对于航天精神在提升大学生思想政治教育质量、构建大学生思想政治教育工作体系等方面的研究不够深入；就航天精神融入大学生思想政治教育的途径而言，主要集中在航天精神融入课堂教学、校园文化、社会实践等某一方面，较少涉及如何构建系统的思想政治教育体系研究。

第三节　研究的思路、方法与创新之处

思想是行为的先导。科学研究的顺利进行,首先要有明晰的研究思路。同时,要想加快研究进程,提高研究效率,还需要掌握和运用科学的方法。

一、研究思路

本研究主要围绕航天精神融入大学生思想政治教育这一主题,从多个角度深入而系统地探讨当前航天精神融入大学生思想政治教育的相关问题,论证航天精神与大学生思想政治教育二者之间的内在关联,采取问卷调查、个案分析等实证调查方法概况归纳了航天精神融入大学生思想政治教育的现状,发现航天精神融入大学生思想政治教育过程中存在的问题,剖析原因,提出航天精神融入大学生思想政治教育的具体途径。

二、研究方法

1.文献研究法

任何社会活动都具有前后延续性,科学研究活动也不例外。为了使本研究更具有理论价值和实践价值,本人利用中国知网等期刊库搜集并阅读了大量相关文献,同时购置并研读了已经出版的相关书籍,还整理了党和国家相关部门印发的关于大学生思想政治教育的相关文件,对学术界关于这一问题的相关研究,包括研究重点、研究方向、研究不足等进行了全面而深入的了解。

2. 实证研究法

一切从实际出发是做好工作的基本原则。航天精神融入大学生思想政治教育这一选题本身就具有很强的实际意义，为了提高研究的针对性和实效性，确保研究成果的有效性和可转化，本研究围绕航天精神融入大学生思想政治教育的相关问题，分别面向在校大学生设计了航天精神融入大学生思想政治教育的调查问卷，面向教师设计了航天精神融入大学生思想政治教育的访谈提纲，并按照全面性、区域性、层级性等原则在全国各地高校选取了一定数量的师生进行问卷调查和访谈，同时选取了在航天精神育人方面卓有成效的高校进行了案例分析，以此为基础，概括梳理了航天精神融入大学生思想政治教育的现状。

3. 历史分析法

"历史从哪里开始，思想进程也应当从哪里开始"①。一切社会现象皆有其历史根源，分析考察事物的发展历程，有助于更好地解决实际问题。本研究在对航天精神的生成逻辑、大学生思想政治教育的新特点等问题进行阐释时，都运用历史分析法对其特定的历史背景进行了分析，为论证航天精神融入大学生思想政治教育的必要性和可能性奠定了基础。

4. 系统研究法

系统研究是基于整体、动态、协调思维对事物进行综合把握和全面分析的研究方法，系统研究方法尤其注重关联性、结构性、层次性、协同性和整体性。航天精神融入大学生思想政治教育是一个极为复杂的系统工程，本书在对航天精神融入大学生思想政治教育的现状把握，以及

_____

① 《马克思恩格斯选集》第 2 卷，人民出版社 2012 年版，第 14 页。

对航天精神融入大学生思想政治教育的具体路径进行探讨时,都运用了系统研究这一方法,以确保研究成果的科学性。

5. 多学科交叉研究法

研究航天精神融入大学生思想政治教育这一课题,涉及哲学、社会学、教育学、心理学、传播学等多个学科领域。为了能顺利开展研究,使研究更具科学性,本人在研究中对相关学科领域的理论和方法进行了吸收借鉴。

三、创新之处

1. 选题切口小但视角相对较新

目前学术界更多的研究成果和方向都是关于将中华优秀传统文化、中华民族精神、中国共产党人精神谱系融入大学生思想政治教育的研究,以红船精神、建党精神等某一种精神融入大学生思想政治教育的研究也有不少,但具体到航天精神融入大学生思想政治教育的研究不多。本研究从分析航天精神与大学生思想政治教育的关系入手,概括当前航天精神融入大学生思想政治教育的现状,并提出航天精神融入大学生思想政治教育的具体途径,视角较新,一定程度上丰富了相关研究内容。

2. 厘清了航天精神融入大学生思想政治教育的运行机理

通过实证调查分析了航天精神融入大学生思想政治教育的成效、问题及成因,本书文厘清了航天精神融入大学生思想政治教育的原则、方法和着力点,并对能够彰显航天精神的育人资源进行了梳理,为探索实践路径指明了方向。

3. 构建了航天精神融入大学生思想政治教育的实践路径和模式

本研究依据当前高校思想政治工作领域提出的"十大育人体系""三全育人模式""课程思政方略""大思政格局"等新要求,结合航天精神融入大学生思想政治教育的具体实践过程,从课程、科研、实践、文化、网络、心理等多个方面,立体化探讨了航天精神融入大学生思想政治教育的具体路径,构建了一个较为全面且具有普遍意义的实践模式。

第一章　航天精神与大学生思想政治教育概述

党的十八大以来，中国航天事业发展迅速，取得了世人瞩目的新成就。习近平总书记高度重视航天事业发展，不仅在多个场合频频提及航天事业发展和航天精神，而且在党的二十大报告中对加快推进航天强国建设作出重要战略部署，这使得航天精神的研究逐渐成为国内学术界的研究热点。尽管如此，目前学术界对航天精神的生成逻辑、基本要义、时代价值等相关问题的研究也并不多。本研究立足航天精神与大学生思想政治教育的关联性，探讨将航天精神融入大学生思想政治教育以发挥其育人功能的有效路径，对于赓续航天精神、为航天事业发展培育人才等有重要意义。为顺利开展后续研究，需要从理论层面对航天精神、大学生思想政治教育及二者的关系进行廓清。

第一节　航天精神概述

在中国航天60多年的发展历程中，几代航天人接续奋斗，先后创造了"两弹一星"、"神舟"飞天、"北斗"导航、"天问"探火、"天宫"筑梦等一系列科技成就，同时也孕育形成了以航天传统精神、"两弹一星"精神、载人航天精神、探月精神和新时代北斗精神等为代表的航天精神谱系。2021年9月,党中央批准了中宣部梳理的第一批46个纳入中国共产党人精神谱系的伟大精神,其中"两弹一星"精神、载人航天精神、探月精神和新时代北斗精神等航天精神位列其中,这充分彰显了航天精神的时代价值和重要地位。理解航天精神的深刻内涵,需要从其生成逻辑、基本要义和时代价值等方面综合把握。

一、航天精神的生成逻辑

历史川流不息,精神代代相传。航天精神在中国航天事业发展的历程中孕育而生,又支撑和引领着几代航天人接续奋斗。从某种程度上,航天精神是中国航天事业发展在精神层面取得的巨大成就,与航天科技成就相映生辉。正确理解航天精神的生成逻辑,就需要了解中国航天事业的发展历程,以及航天精神在航天事业发展不同阶段的历史演进。

1. 中国航天事业的辉煌历程是航天精神孕育形成的沃土

20世纪60年代至今,中国航天走过了60多年的风雨历程,它从无到有、从小到大、从弱到强,经历了艰难起步、快速发展和由弱变强三个阶段,取得了令世人瞩目的辉煌成就,在维护国家安全、改善国计民生、带动科技进步、增强民族自豪感等方面发挥了重要作用。

中国航天创建之初,面临的国际形势复杂而又严峻。当时,美苏两个不同阵营的超级大国为了争夺世界霸主地位持续对抗,在政治、经济和军事等领域展开了一系列的竞争和冲突,尤其是已经开始积极发展核武器,构成了相互威胁的局面。为了能在更多的领域占据主导地位,美苏两国将目光转向太空。在他们看来,太空是一个重要的军事领域,拥有和掌握航天技术可以增强国家的军事力量和防御能力。在此背景下,基于国家安全、经济发展、国际地位和科技进步等多方面考虑,以毛泽东同志为核心的党的第一代中央领导集体毅然决定研制"两弹一星",发展中国航天事业,于1956年成立了国防部第五研究院,正式开启了中国航天事业的篇章。1958年,经中央军委批准,由解放军19兵团和20兵团组成钢铁队伍,奔赴巴丹吉林沙漠建设我国第一座航天发射场——酒泉卫星发射中心。1966年导弹与核弹头结合的导弹核武器试验成功。1970年我国自行研制的东方红一号卫星发射成功。1975年掌握返回式卫星技术。从1956年到1975年,在短短不到20年的时间内,中国航天取得了一个又一个骄人的成就。党的十一届三中全会后,以邓小平同志为核心的党的第二代中央领导集体,明确把发展载人航天事业纳入"863"高技术发展计划,突破了许多航天技术难题,推进了航天事业的发展。以江泽民同志为核心的党的第三代中央领导集体科学确定了中国载人航天工程"三步走"的发展目标,并在以胡锦涛同志为总书记的党中央领导下得到了具体实施。2003年神舟五号载人飞船将中国首位航天员杨利伟送上太空,实现了中华民族千年飞天梦想。2008年神舟七号载人飞船将翟志刚、刘伯明、景海鹏送入太空,英雄航天员翟志刚成为中国太空漫步第一人。2012年神舟九号载人飞船将航天员景海鹏、刘旺和刘洋送入太空,顺利完成中国首次载人交会对接任务。进入新时代以来,以习近平同志为核心的党中央,高瞻远瞩,大力实施"载人航天工程""探月工程"等重大战略,促使中国航天事业取得了历史性成就、实现了跨越式发展。2013年神舟十号载人飞船将航天员聂海胜、张晓光、王亚平送入太空,成功完成与天宫一号目标飞行器两次交会对接任务。2016年神舟十一号载人飞船与天宫二号成功自动交会对接。2020年北斗卫星导航系统建成开通,向全球提供服务。2021年首次火星探测任务探测器实现火星"绕、着、巡"探测。2022年中国自主建造、独立运行的空间站全面建成,等等。

这一系列航天科技成果的取得,见证和彰显了中国航天事业60多年的辉煌发展历程,实现了中国航天从无到有、从小到大、从弱到强的跨越式发展,使中国开启了从航天大国迈向航天强国的新征程。在此过程中,每一项科技成果的背后,无不凝结着无数航天人的辛勤付出,他们攻坚克难、艰苦奋斗、自力更生、勇攀高峰、勇于创新、大力协同等高贵品格和道德情操正是航天精神最本质的精髓。

2. 航天精神不断丰富和发展的历史演进

航天精神不是静态的、固化的,而是一个动态的、不断丰富和发展的理论体系。在中国航天事业的长期奋斗中,广大科技工作者迎难而上、接续奋斗,创造了一个个非凡业绩,先后孕育形成了"两弹一星"精神、载人航天精神、探月精神、新时代北斗精神,共同构成了航天精神。

(1)航天传统精神

20世纪50年代中期,苏联成功发射人类第一颗人造地球卫星。几个月后,美国也将自己的人造地球卫星送上太空。伴随着周边的硝烟战火,顶着西方的严密封锁,以毛泽东同志为核心的党的第一代中央领导集体毅然决定发展中国人自己的航天事业。1958年,毛泽东在党的八届二中全会上发出了"我们也要搞一点卫星"的伟大号召。初创时期,面对苏联专家撤离的困难情形,党中央提出"坚持自力更生为主,力争外援和利用资本主义国家已有的科学成果"的方针。航天人克服了三年困难时期等重重困难,仅用5年的时间就研制出我国第一枚导弹"1059"并首飞成功。此后的4年,在航天人的不懈努力下,我国第一颗原子弹于1964年爆炸成功。两年后,我国第一颗装有核弹头的地地导弹飞行爆炸成功,使我国成为继美、苏、英、法之后世界上第五个掌握该项技术(发射核武器)的国家。又过一年,我国第一颗氢弹爆炸成功。又过 3 年,我国第一颗人造卫星发射成功。就这样,航天人再接再厉,用他们的实际行动,使得中国航天得到了快速发展。保持这样的速度,1984 年长征火箭成功地将我国第一颗地球同步轨道通信卫星送入太空。在航天成就不断取得的过程中,航天人自力更生、艰苦奋斗、无私奉献、大力协同等独有的品格和气质逐步得到凝练和认同,1990 年由聂荣臻亲笔书写"自力更生、艰苦奋斗、大力协同、无私奉献、严谨务实、勇于攀登",确定为航天传统精神。①

(2)"两弹一星"精神

1964 年,我国成功爆炸第一颗原子弹,向世界展示了中国的实力。仅在两年之后,地地导弹飞行爆炸成功,成为继美国、苏联之后第三个拥有导弹技术的国家。再隔一年,氢弹空爆试验成功,成为世界上第三个拥有氢弹技术的国家。又过两年,我国成功地发射了第一颗人造地球卫星,这一成就凝聚了科技工作者的大量心血和汗水,也孕育形成了"热爱祖国、无私奉献、自力更生、艰苦奋斗、大力协同、勇于登攀"的"两弹一星"精神。1999 年 9 月,中央为研制"两弹一星"作出突出贡献的 23 位科学家举行表彰仪式,并将"两弹一星"精神概括为"热爱祖国、无私奉献,自力更生、艰苦奋斗,大力协同、勇于登攀"②24 个字,与传统航天精神相比,增加了"热爱祖国",并放置于最重要的位置。

---

① 梁小虹:《中国航天精神教程》,中共中央党校出版社 2019 年版,第 12 页。
② 江泽民:《论科学技术》,中央文献出版社 2001 年版,第 166 页。

（3）载人航天精神

1999 年,神舟一号飞船发射成功,中国载人航天工程迈出第一步。1992 年,以江泽民同志为核心的党中央正式批准中央专委《关于开展我国载人飞船工程研制的请示》,决定按照"三步走"发展战略实施我国载人航天工程,代号"921 工程"。2002 年,神舟三号发射成功,为把航天员送上太空打下了坚实的基础。江泽民指出:"突破载人航天技术,是我国高新科技水平显著提高的重要标志,也是我国综合国力显著提高的重要体现。"①进入 21 世纪,以胡锦涛同志为总书记的党中央科学部署,系统推进多项航天重大工程。2003 年,航天员杨利伟乘神舟五号载人飞船进入太空,在太空停留 21 小时 23 分后安全返回,使中国成为继苏联和美国之后,世界上第三个拥有独立将宇航员送上太空并安全返回的国家。胡锦涛亲临现场并讲话,提出"特别能吃苦、特别能战斗、特别能攻关、特别能奉献"的载人航天精神。② 这种精神体现了航天人热爱祖国、为国争光的坚定信念,独立自主、敢于超越的进取意识,攻坚克难、勇于登攀的品格作风,以及淡泊名利、默默奉献的崇高品质。载人航天精神是"两弹一星"精神在新时期的传承和发扬光大,是中华民族宝贵的民族精神财富。

（4）探月精神

"探月精神"是中国航天人在探月工程实践中形成的以"追逐梦想、勇于探索、协同攻坚、合作共赢"为核心价值观的伟大精神。探月精神是航天传统精神、"两弹一星"精神、载人航天精神的传承和延续。"追逐梦想"是探月精神的活力源泉,表达了中国航天人为实现中华民族伟大复兴的中国梦而不懈奋斗的决心和信念。"勇于探索"是探月

---

① 《江泽民文选》第 3 卷,人民出版社 2006 年版,第 469 页。
② 《胡锦涛文选》第 2 卷,人民出版社 2016 年版,第 112 页。

精神的关键核心,体现了中国航天人对未知领域的探索和挑战,不断开拓和提升我国航天技术水平的精神。他们在探月工程中勇于探索、不断创新,攻克了一系列技术难关,推动了我国航天技术的不断发展。"协同攻坚"是探月精神的根本支点,强调了中国航天人团结协作、攻坚克难的拼搏精神,为解决航天工程中的各种难题提供了有效保障。他们以集体主义精神为核心,团结协作,共同完成了探月工程的各项任务。"合作共赢"是探月精神的时代特征,表达了中国航天人遵循国际主义精神,与世界各国航天机构、科学家开展交流合作,共同推进航天事业的发展的精神。他们在国际合作中互相学习、分享经验,推动了中国航天事业的国际化发展。

(5)新时代北斗精神

2020年,我国自行研制的全球卫星导航系统"北斗三号"组网完成,打破了美国GPS系统对全球技术的垄断,在亚太低纬度地区,其精度超越了美国的GPS系统、俄罗斯的GLONASS系统、欧洲的伽利略系统,铸就了"自主创新、开放融合、万众一心、追求卓越"的新时代北斗精神。新时代北斗精神是全体北斗人执着坚守的核心价值,它体现了自主创新的核心价值、开放融合的世界胸襟、万众一心的制胜基因以及追求卓越的目标追求。它是中国精神极其鲜活、极其真切、极具特色的具体体现,也是中国航天在新时代不断取得新辉煌的巨大动力。这种精神是以改革创新为核心的时代精神在航天领域的生动展示,是"两弹一星"精神、载人航天精神等科技战线红色基因在新时代的赓续传承。

二、航天精神的基本要义

航天精神随着时代发展和中国航天事业发展而产生、存在和发展。

进入新时代,航天精神也被赋予了新的时代内涵。中国航天科技集团自 2017 年着手研究新时代航天精神,2019 年以来发放题为《航天"三大精神"新时代内涵》的调查问卷 7 万余份,共计收回有效问卷 6.2 万份;多次组织专题研讨会、座谈会,深度访谈航天两大集团老干部、老专家;历时近 2 年深入航天系统、航天院校调查研究,运用中国航天科技集团党校平台,先后访谈孙家栋院士、戚发轫院士、钱学森之子钱永刚教授、航天英雄翟志刚、大国工匠高凤林等航天院士、英雄、模范 20 余人,对新时代航天精神的核心要义进行了凝练,表现为四个方面。

1. 热爱祖国、甘于奉献的家国情怀

崇高的家国情怀是航天精神之基。从本质上讲,航天精神独有的特征就是建设航天强国、实现航天梦的历史担当和政治自觉,航天精神所体现的核心价值观念就是航天事业发展与国家命运紧密相连的爱国主义精神。"神舟之父"戚发轫院士在香港理工大学作报告时说:"一个人没有爱,绝对不可能把最宝贵的东西奉献出来,最高尚的爱、最伟大的爱是爱国家。"正是由于对祖国深沉的热爱,一代代航天人即便再艰难也能够前赴后继。

淡泊名利、甘于奉献是航天精神构成元素中最感动人的品质,也是航天人的人生信条。奉献是一个共同体得以繁衍、生存的基本价值。奉献精神是中国从"一穷二白"到现代强国的精神支撑,也是航天事业不断走向辉煌的精神力量。"原是原子弹的原,公浦是人民的'公仆'",我国第一颗原子弹"心脏"——铀球的"主刀手"原公浦这样介绍自己,他的一生艰苦朴素、甘于奉献,25 岁刚完婚就主动请缨去大西北。60 多年来,数以千百计的航天英雄抱着"死在戈壁滩,埋在青山头"壮烈口号,赓续航天精神,忠于国家、热爱航天、无私奉献,把自己的全部精力和生命献给祖国的航天事业。

2. 改革创新、自力更生的奋斗精神

航天精神是中国航天的一大法宝，必须坚持好、发展好、传承好。历史和实践也反复证明，核心技术是要不来、换不来、买不来、等不来的，特别是在航天这一战略性高精尖领域，我们唯有改革创新，唯有依靠自己，才能不被"卡脖子"技术所左右。太空之争涉及国之安危，很多高精尖技术我们不可能从别人那里得到，只能发扬改革创新、自力更生的奋斗精神方能取得。以北斗导航为例，1994年，美国和俄罗斯已经完成了全球组网。面对苏联解体的社会主义阵痛和尖端科技强国对我们技术的封锁，中国航天专家在这样的情况下，进行了改革创新，实现了自力更生，并花了6年的时间成功申报北斗系统。根据国际电信联盟的规定，我国必须在2007年成功发射卫星，否则将失去资格。一旦失去在地球静止轨道发射卫星的资格，将会带来不可预见的后果。在任务紧迫且困难重重的情况下，航天专家坚定地进行自主创新，攻克各种难题，终于将北斗系统的第一颗导航卫星成功送入预定轨道。从某种程度上说，改革创新、自力更生是中国航天从无到有、从小到大、由弱而强的根本路径，是中国航天最鲜明的特征之一，充分体现了航天人的行动自觉。

3. 严慎细实、协同攻坚的工作作风

"严慎细实"高度概括了航天人的工作作风和态度。中国航天人在创新实践的道路上，认真贯彻落实"16字"方针，通过科学求实和把握规律，在实践中养成了严谨缜密的思维习惯，形成了细致严谨的工作作风。例如，在我国地空导弹的研究和设计中，屠守锷充分发挥了航天人严慎细实的工作作风，经过数十次的精心观察和仪器测试，发现了几根像头发丝一样的多余铜丝，排除了发射前的严重隐患，成功完成了地空导弹发射任务。老一代航天人具备严谨务实的品质,不断践行着"实事求是"的共产党人胜利法宝,体现了航天人"严慎细实"的工作作风。

"协同攻坚"集中反映了社会主义制度的优越性,是中国航天事业发展壮大的坚强保障。中国航天目前已拥有文昌、西昌、酒泉、太原四个发射场(中心),科研生产基地遍布国内30个省市自治区,每一项重大航天工程任务都是数千个企业、十余万航天人共同参与完成的,都需要各大系统、子系统各尽其责,密切配合,协同攻坚。航天科工集团的企业精神就包含"求实"与"协同"两个核心理念。中国航天事业的发展固然是航天人拼搏奋斗的结果,更是全国各行各业大力协同的结果,60多年来,大力协同始终贯穿于中国航天事业发展全过程。在党中央的坚强领导下,实现了对军队、科研院所、大中专院校的人力、物力、财力等方面的统一调度,各行各业通过大力协同、密切配合、攻坚克难,实现了我国航天事业的高质量发展。

4. 胸怀世界、勇攀高峰的科学追求

航天事业的发展不仅改变了人类的视野,还打开了许多未知领域的大门,探索浩瀚宇宙必将为人类文明注入新的活力。随着航天事业的不断进步,航天技术的边界变得越来越模糊,航天领域的范畴也越来越广泛,航天事业发展涉及的行业、领域、群体也越来越多。面对这样的情况,立足人类文明的发展,我们的航天事业需要有胸怀世界的伟大胸襟,不断挑战太空中的科学未知。此外,在全球范围内,美国和俄罗斯被公认为航天强国,他们在进入太空、利用太空和控制太空方面拥有强大实力。基于国家安全、经济、政治等方面因素的考量,中国航天事业发展也必须拥有全球视野。

"善学者尽其理,善行者究其难。"科学的本质在于探索未知,探索

未知是驱动人类前行的动力引擎。在航天领域,我们已经实现了从跟跑到领跑的巨大转变。但科学无止境,要想不断攀登科学高峰,加快建设航天强国,我们还需要攻坚克难、集智攻关,瞄准"卡脖子"的关键核心技术难题,要敢于突破固有思维模式,将航天精神与型号研发、军民融合、创新驱动深度融合,不断探索浩瀚宇宙。

三、航天精神的时代价值

习近平总书记指出:"党的伟大精神和光荣传统是我们的宝贵精神财富,是激励我们奋勇前进的强大精神动力。""这样的精神无论时代发展到哪一步都不会过时。"①在中国航天伟大实践中孕育而生的航天精神,生动体现了以爱国主义为核心的民族精神和以改革创新为核心的时代精神。这种精神在既定的历史时期推动了历史进步,促进了事业发展,发挥了不可替代的重要作用。作为一种先进的、具体的意识形态,具有超历史性,应该被中华儿女代代相传。从航天事业发展的历程看,航天精神凝聚着几代航天人的品格和风采,支撑和引领着航天人不断向前,时至今日,它仍然是中国航天事业发展的重要精神力量,是航天人的宝贵精神财富,具有重要的时代价值。

1. 航天精神是"两个结合"在中国航天事业生动实践的重要成果

中国航天事业的发展实践,以及航天精神深邃的思想内涵,彰显了马克思主义基本原理同中国具体实际相结合、同中华优秀传统文化相结合的力量。具体体现为航天人矢志报国的理想信念和敢于创新的不

---

① 习近平:《党的伟大精神永远是党和国家的宝贵精神财富》,《求是》2021 年第 17 期。

懈追求,这与中华民族"天下兴亡,匹夫有责"的使命意识和"天行健,君子以自强不息"的自强精神高度契合,多维相似。首先,航天精神展示了"自力更生"与"合作共赢"两个维度。作为拥有独立自主航天技术的国家,中国始终坚持自主创新和自力更生,不断取得许多重大科技突破和航天成就。同时,中国也积极参与国际合作,与其他国家共享航天技术和知识,实现了合作共赢。这种双重取向表明了中国航天事业既有自我发展的动力,又有与世界分享成果的开放心态。其次,航天精神体现了守正创新的原则。在不同的时代背景下,航天人始终保持着敢于创新的精神,不断突破关键技术,推进中国航天发展壮大。在此过程中凝聚的航天精神也具有守正创新的品格,一方面有深厚的传统文化底蕴,另一方面又彰显着马克思主义哲学的智慧光芒。这使得航天精神对航天事业的滋养和对航天人的引领,不仅有来自科技革命的激励和机遇,更有来自中华民族传统文化的熏陶和马克思主义哲学的指导。可见,航天精神的形成离不开航天人的坚持和努力,也离不开中华民族的精神传承和文化滋养,离不开马克思主义哲学智慧的指导。未来,建设航天强国,助力中国梦的实现,仍然需要秉持和弘扬航天精神。

2.航天精神是新时代中国特色社会主义文化自信的有力注解

文化自信是一个国家、一个民族发展中更基本、更深沉、更持久的力量。拥有高度的文化自觉和文化自信是中国共产党区别于其他政党的重要特征。在中国共产党的领导下,一代又一代航天人投身探索浩瀚宇宙的航天事业,他们可歌可泣的生动事迹和艰苦卓绝的奋斗足迹,彰显了航天人对中国航天事业的坚定信念和自豪感,是践行航天精神的真实写照。他们所展现出的热爱祖国、矢志报国的理想信念,严谨务实、精益求精的优良作风,自主创新、追求卓越的进取意识,大力协同、开放合作的大局意识，以及无私奉献、心怀天下的高尚品质，都蕴含了中国特色社会主义文化的元素。同时，航天人通过自身努力和奉献，书写了具有强大凝聚力和引领力的社会主义意识形态的航天篇章，展示了航天人对国家、民族和人民的无私奉献，是航天人践行社会主义核心价值观的重要体现，更是对中国特色社会主义文化自信的有力注解，也加强了中国人民对航天事业和航天精神的认同和支持。在世界百年未有之大变局背景下，中国航天事业不仅代表着国家科技实力的不断提升，也彰显了中国在国际舞台上的崛起和影响力的扩大，我们有理由相信，中国航天事业必将在中国共产党的坚强领导下取得更加辉煌的成就，为构建人类命运共同体作出更大贡献。

3. 航天精神是中国航天事业取得跨越式发展的力量源泉

自 1956 年中国航天事业创建以来，在中国共产党的领导下，在全国各族人民的大力支持下，广大航天科技工作者攻坚克难、披荆斩棘、勇攀高峰，推动我国航天事业取得了辉煌成就，使我国逐渐从航天大国迈向航天强国，极大提升了我国的国防实力、科技实力和综合国力。尤其是党的十八大以来，航天人坚持以习近平新时代中国特色社会主义思想为指导，坚决响应"探索浩瀚宇宙，发展航天事业，建设航天强国，是我们不懈追求的航天梦"的伟大号召，取得了载人空间站全面建成、探月工程"三步走"完美收官、北斗全球卫星导航系统组网运行、天问一号一次性完成火星"绕、着、巡"、新一代长征系列运载火箭接力腾飞等一系列辉煌成就，助力拓展了中华民族生存发展的新疆域，使中国航天在更大范围、更深层次、更高水平上服务和增进人类福祉，为构建人类太空命运共同体贡献了中国智慧、中国方案和中国力量。

第二节 大学生思想政治教育概述

概念是反映事物本质属性及特征的思维形式,是实现感性具体到思维具体的必备工具。① 思想政治教育是一种古老而又普遍存在的概念,无论是在中国还是其他国家,都可以追溯到古代。它的目的是引导和促进学生形成正确的世界观、人生观和价值观,提高他们的政治素养、社会责任感和文化素养等方面的教育。思想政治教育涵盖了政治教育、思想教育、道德教育、文化素质教育等多个方面,其宗旨在于培养学生的爱国主义、集体主义、社会主义和科学文化素质,提高他们的思想政治素质和道德修养,促进他们全面发展。思想政治教育的核心是激发学生的思想共鸣,促进他们自我意识的觉醒和提升。在教育方法上,思想政治教育强调以学生为中心,注重学生的自主参与和主动探究,采用多种教育方式和手段,来引导学生树立正确的世界观、人生观和价值观,提高他们的政治素养和社会责任感。总之,思想政治教育是一种重要的教育形式,它是推进学生全面发展、提高他们综合素质并培养社会主义建设者和继承人的重要手段。

一、思想政治教育的概念界定及发展演进

"思想政治教育"一词是在"思想政治教育工作"之后提出来的,主要是针对教育引导学生而言的。对思想政治教育有不同的概念界定,代表性的观点有如下几种:学者陈庆壬认为:"思想政治教育这一社会实践活动,就是一定阶级或政治集团,为实现一定的政治目标,有目的

---

① 冯刚等:《新时代高校思想政治教育学原理》,人民出版社 2021 年版,第 1 页。

地对人们施加意识形态的影响,以转变人们的思想,进而指导人们行动的社会行为。"①学者邱伟光认为:"思想政治教育是培养、塑造一定社会新人思想道德素质的教育实践活动。受到社会经济政治文化的制约和影响,包括思想教育、政治教育、道德教育。"②国务院学位委员会、教育部《关于调整增设马克思主义理论一级学科及所属二级学科的通知》对思想政治教育学科进行了明确界定:"思想政治教育是运用马克思主义理论与方法,专门研究人的思想品德形成、发展和思想政治教育规律,培养人们正确的世界观、人生观、价值观的学科。"学者陈万柏、张耀灿认为:"思想政治教育是指社会或社会群体用一定的思想观念、政治观点、道德规范,对其成员施加有目的、有计划、有组织的影响,并促使其自主接受这种影响,从而形成符合一定社会一定阶级所需要的思想品德的社会实践活动。"③有学者认为,思想政治教育的内涵主要体现在其强调社会要求和个人需求、教育主体和教育客体共同的实践活动。内容主要包括思想、政治和道德教育,这些教育特征体现了"施加、转化、培养"的教育过程。有学者立足新时代对思想政治教育的相关问题提出了自己的看法,认为新时代高校思想政治教育的目的在于培养德智体美劳全面发展的社会主义建设者和接班人,本质在于立德树人,将立德树人贯穿到思想道德教育、文化知识教育、社会实践教育的各个环节中。在时空场域方面,新时代高校思想政治教育倾向于结合特殊的时代背景,把学校作为主要场域进行着重强调。思想政治教育的对象更倾向于指向学生群体。思想政治教育的方式和方法强调教

---

① 陈庆壬:《思想政治教育学原理》,复旦大学出版社1986年版,第4页。
② 邱伟光:《思想政治教育学概论》,天津人民出版社1988年版,第1页。
③ 陈万柏、张耀灿:《思想政治教育学原理》,高等教育出版社2015年版,第4页。

育者和受教育者之间的民主平等、双向互动、主导主动以及相互转化关系的形成。除了显性的说服教育外，还注重融入式、渗透式的隐性教育方式。这种教育方式可以更好地让学生从内心深处受到教育，从而达到更好的教育效果。关于思想政治教育的重要地位，毛泽东在《关于正确处理人民内部矛盾的问题》这篇重要的著作中也有提及。他说："为了从根本上消灭发生闹事的原因，必须坚决地克服官僚主义，很好地加强思想政治教育，恰当地处理各种矛盾。"①

20 世纪 70 年代末 80 年代初，学者张蔚萍提出了"思想政治工作是一门科学"的观点，并对思想政治工作学的定义、基本规律和理论体系进行了论证。1982 年，有学者提出了思想政治工作科学化的命题。1984 年，教育部发布了《关于在十二所院校设置思想政治教育专业的意见》，思想政治教育学开始建立起来。南开大学、武汉大学、北京科技大学等 12 所高校开始招收首批思想政治教育专业学生。逐渐有越来越多的人开始使用"思想政治教育学"这个词汇。随后，教育部采取相关政策推动学科建设，包括设立专业、职称评审、出国考察交流、研究会成立和教材编写等。主要教材相继问世，其中包括《思想政治教育原理》《思想政治教育方法论》和《思想政治教育史》。1988 年，中国人民大学、武汉大学、北京科技大学等 10 所院校开始招收思想政治教育专业硕士研究生，为培养思想政治工作方面的高级专业人才做出了努力。2004 年，中共中央、国务院发布的《关于进一步加强和改进大学生思想政治教育的意见》提出加强思想政治教育学科建设，培养思想政治教育工作的专业人才。这一文件具有纲领性意义，对于推动思想政治教育学科的发展至关重要。

---

① 《毛泽东文集》第 7 卷，人民出版社 1999 年版，第 237 页。

经过 20 多年的学科建设，思想政治教育学科在本科、硕士、博士、博士后和国家重点学科方面取得了优势，成为最早创立、最广泛覆盖、学科点最多、队伍最庞大的学科之一。在新时代的历史条件下，思想政治教育学科面临着拓展学科领域、丰富学科内涵、增强学科特色和提高学科水平的建设任务。2016 年至 2021 年，全国马克思主义理论一级博士学科授权点从 39 个增至 104 个，一级硕士授权点从 129 个增至 279 个，学科点数量位居各学科前列。全国高校马克思主义学院从 2012 年的 100 余家发展到 2021 年的 1440 余家。中宣部和教育部重点建设了 37 家全国重点马克思主义学院，教育部还支持建设了 200 余个优秀教学科研团队。截至 2021 年底，高校马克思主义理论学科专业本、硕、博在校生共计超过 6.2 万人，专兼职教师超过 12.7 万人，专职辅导员约有 24 万人。

二、大学生思想政治教育的定义及特点

大学生正处于人生发展的黄金时期，大学时期是培养未来社会领导者和建设者的关键时期。大学生思想政治教育就是以大学生为特定对象，旨在培养学生的爱国主义、社会主义和共产主义思想观念，增强他们的社会责任感和创新能力，使其具备社会主义建设者和接班人的素质，进而成长为堪当民族复兴重任的时代新人的一项思想政治教育活动。大学生思想政治教育活动属于思想政治教育的具体形式，除了具有思想政治教育活动的特征之外，还有其自身的特点。主要表现在以下几个方面：

1. 教育对象的数量、层次和结构有新特点

根据《2021 年全国教育事业发展统计公报》的数据，2021 年我国各种形式的高等教育在学总规模为 4430 万人，比上年增加 247 万人。

这显示出我国高等教育的发展速度之快和规模之大。2023 年,我国预计有 1158 万人的大学生毕业,这个庞大的数字反映出了高等教育的普及和扩大。特别值得注意的是,当前大学生群体中"00 后"占据了主要比重。"00 后"是在 21 世纪出生的一代人,也就是我们通常所说的新时代的年轻一代。在这一代人中,独生子女占据总人数的一半以上。这意味着他们在家庭中受到的关注和教育资源更多,也更容易获得更好的教育机会。随着社会的快速发展和信息技术的普及,大学生群体的成员结构发生了重大变化。与过去相比,如今的大学生更加多元化和多样化。他们来自不同的地区,有不同的家庭背景、不同的文化背景和价值观。这使得大学生群体具有更加丰富的思想和素质。

2. 教育环境的网络化特征日益凸显

在全媒体时代,大学生思想政治教育的环境也发生着深刻的变化。根据中国互联网络信息中心(CNNIC)发布的第 50 次《中国互联网络发展状况统计报告》,截至 2022 年 6 月,我国网民规模已经达到 10.51 亿人,互联网普及率达到了 74.4%。更令人惊讶的是,99.6% 的网民使用手机进行上网。这些数据表明,思想政治教育已然进入了全媒体时代,呈现出典型的网络化特征。一方面网络化特征使得思想政治教育具有了更大的覆盖面。通过网络平台,学校可以将思想政治教育延伸到全国各地的学生,无论他们身处何地,只要有网络连接,就可以接收到思想政治教育的信息和内容。另一方面,网络化特征使得思想政治教育更具互动性和多样性。通过网络平台,学生可以与教师和其他学生进行线上互动,进行讨论、交流和辩论。他们可以参与在线教育活动、观看教育视频、参加在线测试等,获取更全面的思想政治教育知识。同时,网络平台也提供了各种形式的多媒体资源,包括文本、图片、音频和视频,丰富了思想政治教育的内容,使其更加生动、有趣和易于理解。

3.教育过程的多元化要求不断提高

思想政治教育对于培养青少年的正确思想观念和行为习惯,提高他们的思想道德素质、法治意识和社会责任感等具有非常重要的作用。在教育过程中,思想政治教育应当注重引导学生树立正确的世界观、人生观和价值观,增强爱国主义和社会责任感,提高综合素质和创新能力,从而更好地为社会主义现代化建设服务。思想政治教育活动中的主体和客体都是人,教育者需要在教育过程中用科学的理论知识和社会实践经验,针对不同年龄段和不同群体的学生,开展丰富多彩的思想政治教育活动,为社会培养全面发展的高素质人才,为国家培养栋梁。大学生是高校思想政治教育活动的教育对象,是国家未来的中坚力量,是国家发展的重要人才储备。教育过程中要充分发挥大学生的主体性作用,引导大学生积极参与到教育活动中,主动学习和掌握知识,提高综合素质和创新能力,从而更好地为社会主义现代化建设服务。

三、大学生思想政治教育的主要任务

2017 年,习近平总书记在党的十九大报告中提出了"培养担当民族复兴大任的时代新人"的时代命题,为教育应该培养什么样的人指明了方向。2018 年,习近平总书记在全国教育大会上再次强调,我国是中国共产党领导的社会主义国家,这就决定了我们的教育必须把培养社会主义建设者和接班人作为根本任务,培养一代又一代拥护中国共产党领导和我国社会主义制度、立志为中国特色社会主义奋斗终身的有用人才。① 这一重要论断明确了教育的根本任务就是培养社会主

---

① 《习近平在全国教育大会上强调　坚持中国特色社会主义教育发展道路　培养德智体美劳全面发展的社会主义建设者和接班人》,《人民日报》2018 年 9 月 11 日。

义建设者和接班人。思想政治教育是教育的重要组成部分,也应该把培养社会主义建设者和接班人作为应承担的责任和使命。这就决定了大学生思想政治教育的主要任务,即通过一系列的教育活动,帮助大学生坚定理想信念、厚植爱国主义情怀、加强品德修养、增长知识见识、培养奋斗精神和增强综合素质,引导他们积极弘扬和践行社会主义核心价值观。

1. 坚定大学生的理想信念

邓小平曾指出:"为什么我们过去能在非常困难的情况下奋斗出来,战胜千难万险使革命胜利呢? 就是因为我们有理想,有马克思主义信念,有共产主义信念。"①新时代的大学生是实现中华民族伟大复兴的生力军,肩负的责任和使命任重而道远,如果没有坚定的理想信念作为精神支柱和力量源泉,他们在个人成长发展的过程中就难以形成正确的世界观、人生观和价值观,难以提高辨别是非、对错、善恶、美丑的价值判断能力和增强抵御不良思想侵蚀的能力,不能正确认识和处理共产主义最高理想与中国特色社会主义共同理想的关系、个人理想和共同理想的关系、个人价值和社会价值的关系、个人理想和现实的关系,从而自觉投入实现中华民族伟大复兴的伟大实践中。因此,大学生思想政治教育必须把坚定大学生的理想信念作为首要任务,帮助他们树立正确的世界观、人生观和价值观,使他们确立在党的领导下走中国特色社会主义道路、实现中华民族伟大复兴的共同理想和坚定信念,引导他们树立远大志向,将个人命运与祖国的前途、民族的命运紧密相连、休戚与共,与时代同步伐,更好实现人生价值。

---

① 《邓小平文选》第 3 卷,人民出版社 1993 年版,第 110 页。

2.厚植大学生的爱国主义情怀

爱国主义是人们忠诚、热爱、报效祖国的一种集思想、情感和意志于一体的社会意识形态。[①] 爱国主义不仅是中华民族的优良传统,也是中华民族精神的核心。在中华民族 5000 多年绵延发展的历史长河中,正是由于对祖国的深厚情怀才凝聚起各族人民自强不息的强大力量,使中华民族能够历经磨难而不衰、饱尝艰辛而不屈、千锤百炼而愈加坚强,始终屹立于世界民族之林。进入新时代,在世界正处百年未有之大变局的背景下,我们要想实现中华民族伟大复兴的中国梦,面临着前所未有的挑战,绝不是敲敲锣打打鼓就能轻易实现的,需要我们一代代青年接续奋斗。因此,厚植广大青年的爱国主义情怀是培养社会主义建设者和接班人的坚强基石。大学生作为青年一代的佼佼者和杰出代表,是祖国未来发展的中坚力量,肩上的使命和责任尤为艰巨,只有厚植他们的爱国主义情怀,才能激励他们奋发向上、自觉投身祖国建设。由此来说,在大学生群体中渗透爱国主义精神,培养大学生的爱国报国情怀,引导他们把爱国情转化为立足现实、刻苦学习、努力成才、报效祖国的实际行动,也是大学生思想政治教育需要完成的重要任务。

3.加强大学生的品德修养

人无德不立,国无德不兴,道德之于人、社会或者国家都有重要的基础性意义。"一个人只有明大德、守公德、严私德,其才方能用得其所。"[②]一个国家如果没有了道德,人们就没有了礼义廉耻,社会就会陷

---

① 《思想政治教育学原理》编写组:《思想政治教育学原理》,高等教育出版社 2018 年版,第 175 页。

② 习近平:《青年要自觉践行社会主义核心价值观——在北京大学师生座谈会上的讲话》,人民出版社 2014 年版,第 10 页。

入混乱,国家将会分崩离析,国将不国。因此,不同历史时期、不同社会制度下的国家都十分注重对公民的道德教育。党的十八大以来,党中央高度重视公民道德建设,作出一系列部署,整个社会的思想道德建设呈现积极健康向上的良好态势。但由于国内外形势的变化、我国经济制度的变革、市场经济的弊端、法律法规制度的不够完善、社会治理尚不够健全、不良思想文化侵蚀等多重因素,社会上还存在着许多道德失范现象,给正处于身心发展关键期的大学生带来许多负面影响,使得部分大学生产生了个人主义、拜金主义、享乐主义等错误价值观念,出现了佛系人生、不讲信用、精致利己、唯利是图等失德行为,亟须发挥大学生思想政治教育润物无声、育人无痕的优势,提高大学生的思想品德修养,唤醒大学生的自我意识和社会责任感,引导他们积极投身社会实践,自觉践行社会主义核心价值观。

4. 增长大学生的知识见识

知识是人对客观世界和人类自身的整体性认知,是一种精神产品。见识是人在实践中得来的知识,是一种识别和判断的能力,一种善于发现问题、分析问题和解决问题的本领。扎实的知识和广博的学识是大学生成长为堪当民族复兴大任的时代新人的牢固根基。当今世界,瞬息万变,新知识、新情况、新问题层出不穷,大学生如果不能掌握过硬的知识见识就很难在中国特色社会主义现代化建设的伟大实践中有所建树。因此,正处于学习黄金时期的大学生,不仅要把学习知识作为首要任务,如饥似渴、孜孜不倦地学习科学文化知识,求得真学问,丰富学识,而且要积极参加各类社会实践,在社会实践中学习人生经验和社会知识,通晓天下道理,增长阅历和见识。然而,当前有些大学生由于缺少了管束而肆意放飞自我,醉心于花前月下的爱情、沉迷在虚拟的网络世界、热衷于打工兼职等,早就把学习的主业置之脑后,虚度了人生最美好的年华,到头来只得到一纸文凭,没有学到真才实学。这就要求大学生思想政治教育要教育引导大学生端正学习态度,做好大学期间的规划,既要学知识,又要长见识。

5.培养大学生的奋斗精神

伟大的奋斗精神是中华民族的宝贵精神财富。习近平总书记指出:"我们的国家,我们的民族,从积贫积弱一步一步走到今天的发展繁荣,靠的就是一代又一代人的顽强拼搏,靠的就是中华民族自强不息的奋斗精神。"①建党百年来,正是由于中国共产党矢志不渝的奋斗精神,中华民族才能攻克一个又一个难关,取得不断胜利,铸就今天的灿烂辉煌。今天的时代是奋斗者的时代,仍然需要继承和弘扬奋斗精神,尤其是当代大学生,承载着祖国的未来和希望,更要有百折不挠、自强不息的奋斗精神,这也是他们最亮丽的青春底色。因此,大学生思想政治教育要注重培养大学生的奋斗精神,教育引导他们在不懈奋斗中锤炼意志品格,把奋斗精神融入学习、生活、实践活动之中,以昂扬向上的精神状态,在波澜壮阔的时代画卷中书写奋斗人生,实现自我人生价值和社会价值。

6.增强大学生的综合素质

德智体美劳全面发展是当代大学生成长成才的时代要求。这意味着堪当民族复兴大任的时代新人应该具备较高的品德修养、丰富的知识储备、健康的体魄、高雅的审美情趣和正确的劳动观念,在德、智、体、美、劳等方面全面发展。这就要求我们在对大学生进行思想政治教育过程中,要坚持学生为中心的理念,教育引导他们既要学做人又要学做事,既要求得真学问又能掌握在实践中灵活运用的能力,帮助他们在增长学识见识的同时提高个人道德修养,使他们成长为合格的社会主义建设者和接班人。

第三节　航天精神与大学生思想政治教育的关系

从表面上看,航天精神与大学生思想政治教育分属不同的行业领域,具有不同的呈现形态,但从育人的属性出发,二者具有密切的联系。一方面,航天精神具有突出的育人价值,是大学生思想政治教育的宝贵教育资源。另一方面,大学生思想政治教育是弘扬航天精神的重要途径。准确理解二者的内在关联,是探讨航天精神有机融入大学生思想政治教育的前提。

一、航天精神是大学生思想政治教育的宝贵资源

大学生思想政治教育要培养的是德智体美劳全面发展的人才,这要求其教育内容应当涵盖各个领域的知识,使学生能够得到各个方面的发展,进而成长为堪当民族复兴大任的时代新人。航天精神作为一种先进的文化精神,其内容博大精深,既蕴含着航天人爱国奉献的品德、勇克科技难题的智慧、夙兴夜寐的劳动精神,也蕴含着顽强拼搏的体育精神和意境悠远的审美旨趣。这些精神财富对于大学生思想政治教育具有非常重要的意义,是大学生思想政治教育的鲜活素材。第一,航天人具有高度的爱国情怀和奉献精神,为了祖国的航天事业不惜付出自己的全部精力和心血,这种爱国奉献的精神是大学生思想政治教育中不可或缺的元素。通过学习航天人的先进事迹和感人故事,可以帮助学生深刻理解爱国奉献的精神内涵,激发他们的爱国热情和奉献

意识。第二,航天人具有勇克科技难题的智慧和勇气,他们在面对困难和挑战时始终保持坚定的信念和不屈不挠的精神,这种智慧和勇气可以帮助学生增强自信心和解决问题的能力,也是大学生思想政治教育中需要强调的内容。第三,航天人具有非常强的劳动意识和劳动精神,在面对高难度、高风险的航天任务时,始终保持着高度的工作热情和责任感,用自己的劳动创造着奇迹,以实际行动践行着"劳动最光荣"的理念,这种劳动精神可以帮助学生树立正确的劳动观念和职业观念,培养他们的劳动意识和劳动精神。第四,航天人在进行航天任务时需要经过长时间的训练和考验,这其中就包括大量的体育锻炼。他们在训练中不断提高自己的身体素质和技能水平,以适应航天任务的需要。这种顽强拼搏的体育精神可以激励大学生积极参与体育锻炼和文化活动,提高自己的身体素质和文化素养。第五,航天人在进行航天任务时,身处浩瀚的宇宙,更能感受人类自身的渺小和宇宙的无限。在这种特殊的背景下,航天人会更加珍视生命和地球的宝贵,也会更加关注人类文明的发展和进步。这种审美旨趣可以引导大学生树立正确的审美观念和价值观念,培养创新思维和批判精神,激发他们对自然的敬畏之情和对生命的尊重之情。总之,深入发掘航天精神中的育人素材,并将其有机融入大学生思想政治教育之中,能够丰富大学生思想政治教育的内容,促进学生全面发展。

二、大学生思想政治教育是赓续航天精神的重要途径

航天精神作为中国共产党精神谱系的典型代表,承载着中华民族在航天领域的伟大实践和丰富经验,是宝贵的精神财富。在新时代的背景下,建设航天强国,推进中国式现代化,实现中华民族伟大复兴,需要在全社会大力弘扬航天精神,而大学生思想政治教育由于其特定的

教育对象、丰富的教育内容、多样的教育方式,不仅能扩展航天精神传播的受众,而且能够增强实际效果。一方面,大学生思想政治教育的对象是大学生,这一群体极为特殊,不仅数量多,好奇心强,而且具备一定知识水平和较强的接受能力,最重要的是他们是祖国的未来和希望,肩负着实现中华民族伟大复兴的历史重任,通过大学生思想政治教育使大学生了解航天精神、认同航天精神、传承航天精神、践行航天精神,将有助于激发其昂扬向上的斗志、学以报国的热情,培养其勇挑重担的社会责任感,进而自觉而努力地成长为可堪大任、能挑重担的栋梁之材,这也是弘扬航天精神的根本所在。另一方面,大学生思想政治教育过程贯穿于整个大学阶段,涉及人才培养的全过程,覆盖大学生学习和生活的方方面面,而且教育内容极大丰富、教育方式灵活多样、教育载体多元融合、教育途径广泛,具有很好的弘扬航天精神的实际效果,可以为在全社会大力弘扬航天精神提供可复制推广的经验做法。因此,从某种程度上而言,大学生思想政治教育是赓续航天精神不可或缺,而且极为重要的途径。

第二章 航天精神融入大学生思想政治教育的依据

思想政治教育是中国共产党的优良传统和政治优势,对大学生进行思想政治教育是培养德智体美劳全面发展的社会主义事业接班人的重要途径。源自中国航天事业发展历史实践的航天精神,内蕴深厚的爱国情怀、自强不息的奋斗精神、攻坚克难的改革创新精神等优秀品质,是中华民族精神在航天领域的具体呈现,是具有中国本土气息的思想政治教育资源。将航天精神融入大学生思想政治教育,既是赓续航天精神、建设航天强国、培育时代新人的时代要求,也是推进高校大学生思想政治教育工作、增强大学生思想政治教育实效的内在需要。立足中国航天事业发展的时代呼唤,从理论和现实两个层面清晰阐释航天精神融入大学生思想政治教育的双重依据,是本研究首先要回答的基本问题。

第一节 航天精神融入大学生思想政治教育的理论依据

理论是行为的指导。一项科学研究活动必然要有相应的理论作为支撑,才能在研究中不走弯路,最终达到研究目的,研究航天精神融入大学生思想政治教育也不例外。就这一选题而言,本质上是以先进的意识形态影响人、感染人、激励人、引导人,以促其全面发展的教育活动。因此,马克思主义相关的教育理论和中国共产党几代领导人关于航天事业发展的有关论述,共同构成了航天精神融入大学生思想政治教育的理论依据。

一、马克思主义经典作家关于教育的相关理论

习近平总书记在党的二十大报告中指出:"马克思主义是我们立党立国、兴党兴国的根本指导思想。实践告诉我们,中国共产党为什么能,中国特色社会主义为什么好,归根到底是马克思主义行,是中国化时代化的马克思主义行。"①中国航天之所以能够取得今天的成绩,也是因为中国共产党在推进中国航天事业发展的历史实践中始终坚持以马克思主义科学理论为指导。马克思主义经典作家虽然没有对航天精神融入大学生思想政治教育进行过具体研究,甚至几乎没有关于这方面的直接论述,但他们从人的发展、理论灌输、榜样示范、精神动力等方面对教育活动内在规律的把握,为本研究的开展奠定了坚实的理论基础。

1.人学理论

顾名思义,人学理论是探讨人的起源、本质、价值、地位和发展的科学理论体系。其中人的自由全面的发展是人学理论的核心内容。马克思认为,人具有自然性和社会性双重属性,其中社会性是本质属性。马

---

① 习近平:《高举中国特色社会主义伟大旗帜　为全面建设社会主义现代化国家而团结奋斗——在中国共产党第二十次全国代表大会上的报告》,《人民日报》2022年10月26日。

克思指出："人的本质不是单个人所固有的抽象物,在其现实性上,它是一切社会关系的总和。"①在马克思看来,从事生产实践活动的人,不是抽象的、虚幻的,而是具体的、活生生的。创造性是人的本质力量的重要显现。关于人的价值,集中体现为个人价值和社会价值两个方面。所谓社会价值,是指人为了满足社会或他人的需要所作出的贡献和承担的责任,是衡量人与他人、人与社会关系的重要标尺。马克思认为,人的价值在于贡献,只有为他人和社会奉献了自己的聪明才智,才能实现个人价值和社会价值。关于人在社会中的地位,马克思认为,人是社会得以存在的前提,是社会历史的主体,没有了人的存在,人类社会也会随之而消亡。另外,人民群众是历史的创造者。马克思认为,"历史上的活动和思想都是'群众'的思想和活动"②,人民群众不仅创造社会物质财富,也创造精神财富。同时,人民群众还是社会变革的决定者,是推动社会进步和历史发展的决定力量。因此,要实现人的价值,推动社会进步和历史发展,必须促进人的自由全面发展。马克思认为,人的自由全面发展就是摆脱异己力量的束缚,达到个性的自由发展的过程,是实现人的解放,促使其成为具有自我个性的人的过程。每个人都平等享有实现自由发展的权力,这也是实现整个人类全面自由发展的基本前提。当然,人的全面发展是在一定社会关系中进行的,人会在处理各种社会关系的过程中,逐渐获得能力的发展和个性的丰富。这里的能力是多方面的,是包括德、智、体、美、劳在内的全面的素质能力。提高人的能力既要靠个人努力,也需要系统的社会教育。马克思指出,人的个性的自由全面发展是指人性即人的生理的、心理的和社会特性等各个方面最大限度的发展,同时能发挥其创造性,这是人的自由全面

① 《马克思恩格斯选集》第 1 卷,人民出版社 2012 年版,第 139 页。
② 《马克思恩格斯全集》第 2 卷,人民出版社 1957 年版,第 103 页。

发展的综合表现和最高标准。

航天精神融入大学生思想政治教育的目的是培养人,其对象是大学生,属于马克思主义人学理论的研究对象。故而,马克思主义的人学理论对研究航天精神融入大学生思想政治教育有重要的理论指导意义。主要体现在:一是航天精神融入大学生思想政治教育的目标,是为了使大学生在深入了解航天精神丰富内涵的过程中获得关于人生发展的理性认识,从而树立正确的世界观、人生观和价值观。二是实现航天精神的育人效果,既要充分发挥大学生的自觉能动性,也要进行系统而持续的学校教育。三是增进大学生对航天精神的情感认同,不能一味灌输和抽象说教,而要通过生动的、具体的、活泼的、有形的各种社会生产实践活动来实现。

2. 灌输理论

灌输理论是"指无产阶级政党必须运用马克思主义的立场、观点和方法,有目的、有组织地对人们进行系统的思想理论等意识形态的宣传教育"①。灌输理论是马克思主义理论体系的重要组成部分,也是思想政治教育活动的重要原则和理论基础。灌输理论对于探讨航天精神融入大学生思想政治教育具有直接的理论指导意义。

首先,灌输理论认为,学习必须要与自我教育和自我体验相结合。马克思认为,先进理论不会自发产生,共产党必须加强对工人阶级的思想理论灌输。恩格斯在《社会主义从空想到科学的发展》中指出,马克思主义理论的学习不能只强调灌输,而必须把灌输与自我教育、自我体验相结合。这告诉我们,在航天精神融入大学生思想政治教育的过程

---

① 金鑫、张耀灿:《对马克思主义灌输理论的再认识》,《学校党建与思想教育》2008 年第 6 期。

中,我们除了要引导大学生学习航天精神的相关理论知识,而且要引导其边学边思,在理论联系实际的实践中获得人生智慧,从而实现自我教育的良好效果。

其次,灌输理论认为,实现良好的灌输效果,必须系统把握灌输的必要性、指导理论、主要内容、主客体以及手段和方法。对于灌输的必要性,列宁认为:"工人本来也不可能有社会民主主义的意识。这种意识只能从外面灌输进去,各国的历史都证明:工人阶级单靠自己本身的力量,只能形成工联主义的意识,即确信必须结成工会,必须同厂主斗争,必须向政府争取颁布对工人是必要的某些法律"①。在列宁看来,只有通过灌输的方法,才能帮助工人阶级真正认清自己的使命,担负起解放自己和全人类的使命。列宁主张要发挥报刊、传单、小册子等作用,利用一切可以利用的媒介进行灌输,不仅要进行宣传和揭露,而且要进行号召和鼓动,提倡所有行之有效的灌输方法都可以使用。他指出:"我们应当既以理论家的身份,又以宣传员的身份,既以鼓动员的身份,又以组织者的身份'到居民的一切阶级中去'。"②"不要把我们的理论变成枯燥乏味的教条,不要光用书本子教他们理论,而要他们参加日常的斗争。"③这启示我们,在推进航天精神融入大学生思想政治教育的过程中,要结合学生实际、围绕学生遇到的现实问题做好航天精神的阐释,让航天精神真正走进学生的学习和生活,从而发挥其润物无声的育人功能。

3. 榜样教育理论

榜样教育,是一种用榜样人物的优秀品质去影响和塑造人们的思

---

① 《列宁全集》第6卷,人民出版社2013年版,第29页。
② 《列宁全集》第8卷,人民出版社1959年版,第423页。
③ 《列宁全集》第6卷,人民出版社2013年版,第79页。

想、感情和行为的教育方法。榜样教育具有形象、具体、生动、感染力强等特点。榜样教育能够通过榜样的示范,把抽象的思想道德规范具体化和形象化,使人们更易于对照和效仿,在社会道德风尚构建和个体思想道德素质提高、行为引导方面都发挥着非常重要的作用。

榜样教育以"现实的人"为前提。马克思主义认为,"现实的人"是历史的、社会的、实践的,是处于不同历史阶段和同一历史阶段下、处于不同社会关系和物质生产条件下的群体和个人。正因如此,现实的人由于受到不同历史条件、现实条件和生产实践活动的影响而表现出多样性和差异性。这种差异性主要表现为人的思想素质、道德水平、能力素养的层次性。毛泽东说:"任何有群众的地方,大致都有比较积极的、中间状态的和比较落后的三部分人。"①先进和落后是相比较而出现的,在一定条件下是可以相互转化的。在思想政治教育活动中,落后向先进转化的现实路径就是后进以先进为样板、为目标,向先进看齐。当后进经过努力追上先进消灭了两者之间的差距、解决了两者之间的矛盾后,又会产生新的先进与落后之间的差距和矛盾,再通过榜样教育促使后进赶上先进这样循环往复的矛盾运动,不断推动后进向先进看齐,也就不断促进人民群众的思想道德向更高水平发展。实际上,航天精神铸魂育人也因人而异。在当今时代,大学生群体表现出鲜明的个性和层次性,对他们进行思想政治教育要因材施教。即便是发挥航天英雄的榜样示范作用,对于学生党员、学生干部、普通学生、问题学生的效果也是不同的。因此,要坚持差异性原则。

榜样教育具有激励和引导功能。列宁曾指出:"模范工作是培养工作人员的园地,是可供仿效的榜样,有了这种榜样,仿效就会是比较

---

① 《毛泽东选集》第3卷,人民出版社1991年版,第898页。

容易的事,何况我们又能从中给以帮助,使这种榜样在各地能够而且必须得到广泛的'仿效'"。列宁还指出:道德教育不能只灌输"美丽动听的言词和准则"①,还必须通过榜样的带动才能实现,"榜样的力量是无穷的"。毛泽东在全国战斗英雄和劳动模范代表会议上发言时,称赞战斗英雄和劳动模范是"全中华民族的模范人物,是推动各方面人民事业胜利前进的骨干,是人民政府的可靠支柱和人民政府联系广大群众的桥梁"②,号召全党全国人民向他们学习。习近平总书记也指出:"要充分发挥各方面英模人物的榜样作用,大力激发社会正能量,为实现'中国梦'提供强大精神动力。"③这些论述,都高度肯定了榜样的教育功能。这启示我们,要充分认识榜样的力量,注重发掘航天事业发展过程中的英雄人物,向学生讲述他们的故事,将他们请进校园,创造学生与英雄直接对话的机会,从而达到育人的效果。

4.精神动力理论

精神动力,是指"思想、理论、理想、信念、道德、情感、意志等精神因素对人从事的一切活动及社会发展产生的精神推动力量"④。恩格斯曾在《路德维希·费尔巴哈和德国古典哲学的终结》中指出,"就单个人来说,他的行动的一切动力,都一定要通过他的头脑,一定要转变为他的意志的动机,才能使他行动起来"⑤。也就是说,人的一切活动都离不开精神的因素。只要人们能够产生和形成积极向上的精神,"它们就会成为促进解决社会物质生活的发展所提出的新任务、促进

---

① 《列宁选集》第4卷,人民出版社2012年版,第292页。
② 《毛泽东文集》第6卷,人民出版社1999年版,第95页。
③ 《习近平李克强俞正声分别参加全国两会一些团组审议讨论》,《人民日报》2013年3月7日。
④ 骆郁廷:《精神动力论》,武汉大学出版社2003年版,第6页。
⑤ 《马克思恩格斯选集》第4卷,人民出版社2012年版,第258页。

社会前进的最重大的力量"①。这一理论为我们分析航天精神融入大学生思想政治教育的机理提供了直接的理论依据。

精神性是精神动力的最显著特征。精神与物质相对,以社会物质生活条件和社会实践为基础,以人的感觉、思维和意识为表现形式。同时,精神动力还具有主体性特征。精神因素只有被主体内化,才能发挥其内在驱动作用。否则,再好的思想、理论、道德、情感、意志,也无法发挥其对人的影响作用。此外,精神动力还具有动力性特征,它源于人的实践,以满足人的精神需要为评价尺度,通过影响人的精神状态和心理动力,对人的社会实践活动产生影响。

精神转化为人的实际行动是精神动力发挥作用的内在机理。精神动力属于意识形态,具有相对独立性,只有转化为物质力量,才能彰显其价值。恩格斯指出:"推动人去从事活动的一切,都要通过人的头脑,甚至吃喝也是由于通过头脑感觉到饥渴而开始,并且同样由于通过头脑感觉到饱足而停止。外部世界对人的影响表现在人的头脑中,反映在人的头脑中,成为感觉、思想、动机、意志,总之,成为'理想的意图',并且以这种形态变成'理想的力量'。"②从"理想的意图"到"理想的力量"的过程就是人的意志和动机等精神因素驱动人的实践,进而产生客观的物质力量的过程。列宁所谓的"观念的东西转化为实在的东西"同样指的是精神力量转化为物质力量的过程和机理。它们都证明了意识、思想、精神是人产生认识和改造主客观世界力量的引擎。

精神创造力、精神凝聚力和精神约束力是精神动力的作用形态。精神创造力是指人的意识不仅能够反映客观世界,而且能够创造出客

---

① 《斯大林选集》下卷,人民出版社1979年版,第438页。
② 《马克思恩格斯选集》第4卷,人民出版社2012年版,第238页。

观世界中原来没有的新的观念形态,并且能够将其变成人的新需要,变成人的实践活动的预期目的。精神凝聚力是把分散的、不同的甚至是相排斥的精神力量通过凝结聚合而形成集中的、共同的、统一的精神力量,它是凝结聚合各种不同的目的、意志与情感所产生的精神吸引力、向心力、亲和力。精神约束力主要表现在精神对主体行为选择的性质和方向能产生约束作用。

从这一理论来看,航天精神是一种特殊的精神动力,它能够影响人的心理状态,调节人的情绪,使人产生从事某种实践活动的强烈欲望。因此,将航天精神融入大学生思想政治教育之中,可以发挥其精神创造、精神凝聚和精神约束的动力作用,引导大学生形成正确的道德观念和价值尺度,从而自觉地选择与之相符合的、相适应的满足需要的行为及其方式。

5. 需要理论

需要理论是马克思主义基于历史唯物主义视角探讨人的需要的理论。其主要内容有:一是需要是人的本性。马克思曾说:"在任何情况下,个人总是'从自己出发的'……由于他们的需要即他们的本性,以及他们求得满足的方式,把他们联系起来(两性关系、交换、分工),所以他们必然要发生相互关系。"①在马克思看来,需要是人的本性,正是由于人的内在需要,才引发了人的各种行为。二是人的需要是多层次的。马克思、恩格斯将人的需要分为生存需要、享受需要和发展需要三个层次。其中,生存需要是人的最基本需要,享受需要是更高层次的需要,发展需要是个人和社会追求的目标。

马克思主义的需要理论为航天精神精准融入大学生思想政治教育

---

① 《马克思恩格斯全集》第3卷,人民出版社1960年版,第514页。

提供了理论指导。航天精神虽然具有突出的育人价值，但大学生思想政治教育的资源是无比丰富的。很多情况下，即便没有在思想政治教育中运用到航天精神，也能取得良好的育人效果。因此，要想发挥航天精神在大学生思想政治教育中的育人功能，必须让大学生从内心深处对航天精神产生需要，然后才能促使其主动接触航天精神、认同航天精神，进而指导自我实践。因此，在航天精神融入大学生思想政治教育的具体实践中，尤其要坚持以生为本的原则，无论是挖掘航天精神中的育人素材，还是选择航天精神融入大学生思想政治教育的方式，都要立足学生实际需要，讲究方式方法。

二、中国共产党几代领导人关于航天事业发展的有关论述

党的领导是中国航天事业发展的根本保证。中国航天自 1956 年创建以来，党的几代领导人都十分关心航天事业发展，在不同时期都对航天事业发展作出了重要指示和战略部署，为航天事业发展提供了遵循、指明了方向。把他们按照一定的逻辑梳理出来并有机融入大学生思想政治教育之中，有助于大学生深刻认识航天事业发展之于民族复兴和国家兴亡的重要意义，提高政治站位，激发其立志报国的热情。

1. 毛泽东关于航天事业发展的有关论述

毛泽东是中国共产党第一代中央领导集体的核心，是中国共产党、中国人民解放军和中华人民共和国的主要缔造者，也是中国航天事业的决策者和奠基者。他不仅发出了发展航天事业的号召，指明了航天事业发展的道路，而且为航天事业发展奠定了坚实的基础。

就太空探索而言，苏联是走在最前面的。1957 年，苏联将世界上第一颗人造地球卫星"斯普特尼克 1 号"发射升空，开启了人类征服太空的新时代，这一事件在当时被称为"宇宙的震撼""世界历史上最伟

大的事件之一"。对于苏联的卫星上天,毛泽东评价说:"苏联发射第一个人造地球卫星不是一个简单的事件,人类进一步征服自然界的新纪元从此开始了。"①1958年,美国成功发射"探险者1号"人造卫星。美苏两国成功发射人造地球卫星,使得毛泽东将目光投向太空,也坚定了他要搞人造卫星的决心。在1958年召开的中国共产党八届二次全体会议上,毛泽东发出"我们也要搞人造卫星"的伟大号召,并强调说力争上游,向先进看齐,正式吹响了中国人向太空进军的战斗号角。

此后,毛泽东在很多正式场合都突出强调要重视航天事业发展,并就航天事业的发展方向做出了许多战略部署。1958年,毛泽东在中共中央军委扩大会议上称:"搞一点原子弹、氢弹、洲际导弹,我看有十年功夫是完全可能的。"②这一论述既表达了毛泽东着眼航天研制尖端武器的决心,也清晰预判了时间表;并写下了"坐地日行八万里,巡天遥看一千河"的诗句,充分表达了征服太空的豪情壮志。受毛泽东"巡天"的启发,钱学森提出了"航天"的概念。对于中国航天要走什么样的道路,毛泽东也进行了深入的思考,他对钱学森说:中国航天"要独立自主,自力更生,敢于走前人没有走过的道路。"③这一论断明确了中国航天发展之路的最大特征就是独立自主,自力更生。1960年,毛主席得知T—7M探空火箭飞行高度时鼓励说:"8公里那也了不起!应该8公里、20公里、200公里地搞上去"④,极大鼓舞了广大科技工作者。同年7月,毛泽东在北戴河中共中央工作会议上指出:"要下决心

---

① 《毛泽东年谱(1949—1976)》第3卷,中央文献出版社2013年版,第234页。

② 《毛泽东军事文集》第6卷,军事科学出版社、中央文献出版社1993年版,第374页。

③ 《毛泽东年谱(1949—1976)》第3卷,中央文献出版社2013年版,第479页。

④ 参见张钧主编:《当代中国的航天事业》,中国社会科学出版社1986年版,第88—89页。

搞尖端技术。赫鲁晓夫不给我们尖端技术，极好，如果给了，这个账是很难算的"①，为航天事业的未来发展指明了方向。1961年，苏联和美国航天员先后乘坐宇宙飞船遨游太空，毛泽东为之感慨：我们怎么能算是强国呢？我们甚至无法把一颗土豆送上太空。1962年，毛泽东在罗瑞卿《关于加强原子能工业领导问题的报告》上郑重地写下几个大字："很好，照办。要大力协同做好这件工作。"②1968年，经聂荣臻副总理提议，毛泽东和周恩来批准，中国空间技术研究院正式成立。此外，毛泽东还批准了研制远洋测量船工程计划，为完成重大航天活动的测控任务提供了必要条件。在这一时期，毛泽东关于推进航天事业发展的战略部署，极大助推了中国航天事业的发展。

1970年，"东方红一号"人造地球卫星发射升空，《东方红》乐曲响遍全球，中国成为世界上第五个能自行研制、发射人造卫星的国家。在之后的两年多时间里，毛泽东在与外宾谈话中，多次提到卫星话题，他总是谦虚地说："天上有两千多个人造卫星，我们才两千分之一嘛。骄傲什么！就是有了两千个，也不能骄傲"③"天上有那么多卫星在转，都是那两个国家的，我们这些国家放个把两个卫星算啥。""中国不算大国，算一个中等国家，我跟法国贝当古辩论过这个问题。在某种程度上，我们连法国都不如，怎么能算一个大国呢？他总是吹我们，说你们放了一颗卫星上天。我说天上每天有那么多卫星，我们只有一个，算什么。"④毛泽东的这一态度，警醒了航天人继续保持不骄不躁、继续前进的优良作风。也是在1970年，毛泽东圈阅国防科委《关于航天员选拔

①　丁俊道、李捷编：《毛泽东交往录》，人民出版社1991年版，第121页。
②　《毛泽东年谱（1949—1976）》第5卷，中央文献出版社2013年版，第167页。
③　转引自《周恩来文化文选》，中央文献出版社1998年版，第663页。
④　《毛泽东年谱（1949—1976）》第6卷，中央文献出版社2013年版，第310、338—339页。

的计划报告》,批示开展中国载人航天计划,开启了中国载人航天工程的早期预演。1975 年,毛泽东圈阅了《关于发展我国卫星通信问题的报告》,审阅了我国发射遥感卫星的报告,审读了卫星发回的相关资料,推进了中国返回式遥感卫星飞向太空。毛泽东的这些战略决策为后期载人航天工程、北斗卫星导航等航天工程的发展奠定了坚实的基础。

2. 邓小平关于航天事业发展的有关论述

邓小平是继毛泽东之后,又一个改变中国命运和中国历史的伟人,他是我国社会主义改革开放和现代化建设的总设计师。邓小平也十分关注中国航天事业的发展,在他家中的墙上正中央就挂着一幅长征二号捆绑式火箭载着卫星拔地腾空的壮观图片。邓小平对航天事业发展的诸多论述和重要批示,直接推动了中国航天事业的发展。

自毛泽东发出"我们也要搞人造卫星"的号召后,人们的热情很高。很多人提出要研制采用高能推进剂的运载火箭、发射重型卫星和在新中国成立 10 周年之前把中国第一颗人造卫星送上太空的奋斗目标。邓小平同志审时度势,立足中国国情及时唤醒了人们对发展航天事业的理性思考,把发展航天事业的热情和积极性导向正途。他明确指出:"卫星还要放"①。

中国航天事业发展在这一时期的发展历经艰辛,但在很多关键的时刻,都得到了邓小平的关心和支持,使得中国航天事业得以不断向前。1959 年,邓小平视察"探空 5 号"火箭的试制和总装情况,得知"探空 5 号"火箭是完全自主研发的,高兴地说:你们干得不错,搞得不错。

---

① 转引自中国人民解放军总装备部政治部组织撰写:《钱学森传》,人民出版社2011 年版,第 407 页。

这样搞很好,可以多搞一些,多取得一些经验。邓小平的赞扬和鼓励给航天科技工作者以极大的信心。20世纪60年代初,国防科研部门也兴起了"上山下乡"热,广大科技工作者也面临着"下放"。如果科技人员一旦被"下放",就意味着刚刚起步的火箭科研工作就要"下马"。在这种情况下,邓小平亲自批示:国防部五院的同志就不要"上山下乡"了,要集中力量,确保导弹上天。这使得中国航天事业发展并没有因国家处于最困难时期而受到冲击,反而获得了建设和发展机遇,壮大了科技队伍,加快了研制步伐。70年代,以美苏为代表的航天大国纷纷加入太空竞赛。为了推进中国航天事业的良性持续发展,邓小平明确指出:中国是发展中的国家,在空间技术方面,中国不参加太空竞赛,要把力量集中到急用、实用的应用卫星上来。[①] 明确了中国航天事业发展要坚持和平利用太空的原则。1986年,王大珩、王淦昌、杨嘉墀、陈芳允4位科学家提交了《关于跟踪研究外国战略性高技术发展的建议》,他们提出:在科学技术飞跃发展的今天,谁把握住高技术领域发展方向,谁就可能在国际竞争中占据优势;真正的高技术是花钱买不来的;高技术研究的实效要花气力和时间;搞高技术不仅可以集中现有的科研实力出成果,而且可以培养新一代高技术人才。邓小平批示"此事宜速作出决断,不可拖延"[②]。在邓小平同志的亲自过问下,中央组织了数百位专家进行反复论证,制定了《国家高技术研究发展规划纲要》(即"863"计划),并将载人航天技术的预先研究工作列为重点发展项目,为载人航天事业发展奠定了基础。1988年,邓小平指出:"过去也好,今天也好,将来也好,中国必须发展自己的高科技,在世界高科技领

---

① 中国空间技术研究院编,赵小津主编:《精神的力量——航天精神引领中华民族探索浩瀚宇宙》,人民出版社2022年版,第120页。

② 《邓小平思想年谱(1975—1997)》,中央文献出版社1998年版,第348页。

域占有一席之地。如果六十年代以来中国没有原子弹、氢弹，没有发射卫星，中国就不能叫有重要影响的大国，就没有现在这样的国际地位。"①这一论述高度概括了发展航天事业之于国家的重要性。1991年，87岁高龄的邓小平，到上海航天局149厂的运载火箭总装车间视察，观看了大型运载火箭和应用卫星产品，并亲切接见了科技人员和工人代表。当他听到介绍长征四号运载火箭连续成功发射风云一号气象卫星的时候，异常兴奋地说："万无一失呀"，"箭箭成功，办到了，了不起，世界没有"。②

3. 江泽民关于航天事业发展的有关论述

江泽民是中国共产党第三代中央领导集体的核心，他也十分关心我国航天事业，并为我国航天事业持续、加速发展擘画了宏伟蓝图、奠定了关键基础。

1992年，江泽民在主持召开中共中央政治局常委会议时明确指出，要下决心搞载人航天，做出了实施中国载人航天工程的战略决策，掀开了中国载人航天崭新的一页。1998年，江泽民为刚建成的包括载人航天飞行控制中心、空间技术研制试验中心、航天员训练基地等在内的现代化航天城亲笔题名：北京航天城，并对14名航天员说："你们是从千余名空军飞行员中选拔出来的，是很了不起的。你们一定要有奉献精神，确保完成党和人民赋予的神圣使命，你们将会被载入中华民族史册。中华民族将会为你们感到骄傲和自豪……"③至此，中国航天有了自己的基地，中国首批航天员正式诞生。对于"两弹一星"的历史作

① 《邓小平文选》第3卷，人民出版社1993年版，第279页。
② 钟文、鹿海啸编著：《百年小平》下卷，中央文献出版社2004年版，第762页。
③ 《神舟，从中南海启航——党中央关心载人航天工程纪实》，《人民日报》2005年12月9日。

用,江泽民指出:"六七十年代,我们克服各种困难,成功地搞出了两弹一星,从而打破了美苏的核垄断、核讹诈,使我国成为世界上少数拥有核武器的国家之一,而且促进形成了一批高新技术产业,带动了国家整个科学技术的发展。毛主席、周总理当年看的是非常远的。如果当时不搞'两弹一星',我国在世界上就不可能拥有今天这样的地位,我们国家安全的形势也会大不相同。"①1999年,江泽民在为研制"两弹一星"作出突出贡献的科技专家表彰大会上指出,伟大的事业,产生伟大的精神。在为"两弹一星"事业进行的奋斗中,广大研制工作者培育和发扬了一种崇高的精神,这就是热爱祖国、无私奉献,自力更生、艰苦奋斗,大力协同、勇于登攀的"两弹一星"精神。当得知"神舟"号试验飞船成功发射的消息后,江泽民立即给载人航天工程主要负责人打电话说:"我虽然没有到现场去,但我的心始终与参加试验的所有同志的心连在一起。""我所有的千言万语,都代替不了你们的实践所表现出来的爱国主义精神。我再一次代表党中央、代表国务院,向你们致以亲切的慰问跟衷心的感谢。"②2002年,江泽民同志亲临酒泉卫星发射中心听取发射准备工作的情况汇报,考察飞船发射测试厂房、飞船发射前线指挥部并现场观看了发射。发射成功后,江泽民同志指出:"这次神舟三号飞船发射成功,举国振奋,大长了中国人民和中华民族的志气。我国载人航天事业刚刚起步,虽然取得了很大成绩,但今后还要搞空间实验室和长期有人照料的空间站,任重而道远。"③他希望广大航天工作者再接再厉、开拓前进,为人类和平利用太空作出应有的贡献。2003年,中国第一艘载人飞船神舟五号发射前夕,江泽民亲自听取载人航天

---

①　《江泽民文选》第2卷,人民出版社2006年版,第269页。
②　《中国航天事业的60年》,北京大学出版社2016年版,第288页。
③　《江泽民文选》第3卷,人民出版社2006年版,第469、470页。

工程指挥部关于神舟五号发射准备工作情况的汇报,并强调说,即将进行的我国首次载人航天飞行,是对我国载人航天工程进展的一次检阅,举世瞩目。希望你们坚持高标准、高要求、高质量,精心组织指挥。

4.胡锦涛关于航天事业发展的有关论述

胡锦涛同志也非常关心航天事业发展,有很多重要论述。其中蕴含的丰富思想,既为中国航天事业的科学发展提供了指导,也极大鼓舞了航天人的信心。

2003年,胡锦涛在首次载人航天飞行圆满成功大会上强调指出,实现飞天梦想,是中华民族几千年来的美好夙愿。自古以来,嫦娥奔月、敦煌飞天等许多动人的传说就在我国人民中间广为流传。首次载人航天飞行的圆满成功,标志着我国载人航天事业开启了新的征程。航天战线的全体同志要继续团结奋斗,努力在人类探索外层空间的伟大事业中有所创造、有所作为。他还指出:"伟大的事业孕育伟大的精神。在长期的奋斗中,我国航天工作者不仅创造了非凡的业绩,而且铸就了特别能吃苦、特别能战斗、特别能攻关、特别能奉献的载人航天精神。载人航天精神,是'两弹一星'精神在新时期的发扬光大,是我们伟大民族精神的生动体现,永远值得全党全军全国人民学习。"①2005年,神舟六号发射前,胡锦涛在中央政治局常委会议上指出,神舟六号载人航天飞行,试验内容新,技术要求高,任务艰巨,意义重大,务必要精益求精、确保成功。他要求有关方面加强统一领导,实施强有力的组织指挥;坚持质量第一、安全至上,确保万无一失;遵循科学规律,保证任务成功;发扬载人航天精神,加强各方面的大力协同,形成强大合力,夺取最后胜利……并亲临北京航天飞行控制中心,同航天员费俊龙、聂

---

① 《胡锦涛文选》第2卷,人民出版社2016年版,第112页。

海胜进行天地通话,向两位航天员表示热烈的祝贺和诚挚的问候,关切询问他们在太空中的身体状况和工作情况,殷切勉励他们圆满完成任务。他指出:"我国3名航天员首次成功实施空间出舱活动和空间科学实验,实现了我国空间技术发展的重大跨越。这一举世瞩目的伟大成就向世界宣告,中国已成为世界上第三个独立掌握空间出舱关键技术的国家。我国航天员太空行走迈出的一小步,代表着我们在科技创新征程上迈出的一大步。这是我国载人航天事业发展史上的又一重要里程碑,是我们建设创新型国家取得的又一标志性成果,是中国人民攀登世界科技高峰的又一伟大壮举,是中华民族为人类探索利用外层空间作出的又一卓越贡献。"①在庆祝神舟六号载人航天飞行圆满成功大会上,胡锦涛把载人航天精神进一步概括为:热爱祖国、为国争光的坚定信念,勇于登攀、敢于超越的进取意识,科学求实、严肃认真的工作作风,同舟共济、团结协作的大局观念和淡泊名利、默默奉献的崇高品质。

2006年10月13日,胡锦涛在为中国航天事业创建50周年的贺信中写道:航天事业是一个国家综合国力的重要标志。50年来,我国一代又一代航天工作者,肩负党和人民的重托,满怀为国争光的雄心壮志,团结一心,顽强拼搏,勇于创新,无私奉献,建成了独立自主的完整的航天科技工业体系,取得了以"两弹一星"和载人航天为代表的辉煌成就,极大地增强了我国的经济实力、科技实力、国防实力和民族凝聚力。我国航天工作者创造的非凡业绩,已经载入了中华民族的光辉史册。当前,全党全国各族人民正在新的历史起点上奋力推进中国特色社会主义伟大事业。在新的形势下,我国航天事业发展具有广阔的前

---

① 胡锦涛:《在庆祝神舟七号载人航天飞行圆满成功大会上的讲话》,《人民日报》2018年11月7日。

景。希望航天战线的同志们坚持以邓小平理论和"三个代表"重要思想为指导,认真贯彻落实科学发展观,按照建设创新型国家的要求,继续弘扬"两弹一星"精神和载人航天精神,集中力量实施好国家重大航天工程,不断谱写我国航天事业发展的新篇章,为祖国、为人民作出新的更大贡献。2007年,胡锦涛在"嫦娥一号"绕月探测工程成功庆祝大会上提出:必须坚持发展是第一要义,着力推动经济社会又好又快发展;必须坚持自主创新,着力建设创新型国家;必须坚持实施人才强国战略,着力培养造就高素质人才队伍;必须坚持弘扬求真务实精神,着力推动各项工作的落实。为我国航天事业、科技发展的道路指明了前进的方向。2008年,胡锦涛在接见神舟七号载人航天飞行任务参研参试单位代表时指出:现在,我们已经迈出了载人航天工程"三步走"战略的第二步,但今后的任务还十分艰巨。他殷切希望参研参试单位的同志们大力弘扬"两弹一星"精神和载人航天精神,再接再厉,自强不息,顽强拼搏,为确保神舟七号任务取得圆满成功、推动我国载人航天事业不断发展,作出新的更大贡献。在神舟七号飞船圆满成功庆祝会上,胡锦涛进一步指出:载人航天工程实施16年来,各系统各单位和广大航天工作者团结一心、群策群力、锐意创新、拼搏奉献,突破一大批拥有自主知识产权的核心关键技术,先后实现从无人飞行到载人飞行、从一人一天到多人多天、从舱内实验到出舱活动等重大跨越,为我国航天事业发展开辟了广阔前景。载人航天工程不仅有力带动了我国基础科学和应用科学相关领域加速发展,促进了科技成果向现实生产力转化,为经济社会发展提供了重要推动力量,而且培养造就了一支能够站在世界科技前沿、勇于开拓创新的高素质人才队伍,探索出依托重大工程培养创新型人才和领军人物的有效途径和体制机制。广大航天工作者大力发扬以爱国主义为核心的民族精神和以改革创新为核心的时代精神,培育形成了特别能吃苦、特别能战斗、特别能攻关、特别能奉献的载人航天精神,为全党全军全国各族人民沿着中国特色社会主义道路奋勇前进增添了精神力量。2011 年,胡锦涛在庆祝天宫一号与神舟八号交会对接任务圆满成功大会上的讲话中指出:"天宫一号与神舟八号交会对接成功,标志着我国在突破和掌握空间交会对接技术上迈出了重要一步。这是我国载人航天事业发展史上的又一重要里程碑,是建设创新型国家的又一标志性成果,是中华民族为人类探索利用外层空间作出的又一卓越贡献。""浩瀚无垠的太空是人类的共同财富,开发和利用太空资源是人类的共同追求。中国人民愿同各国人民携手共进,坚持和平开发利用太空的正确方向,不断深化航天领域和其他科技领域国际合作。"①2012 年,胡锦涛在北京航天飞行控制中心同正在天宫一号开展科学实验的神舟九号航天员景海鹏、刘旺、刘洋亲切通话,向三位航天员表示诚挚问候,希望他们精心操作、密切配合,全力完成后续任务,盼望他们胜利归来、平安回家。

5. 习近平关于航天事业发展的有关论述

党的十八大以来,以习近平同志为核心的党中央高度重视航天事业发展。习近平总书记发表了一系列重要讲话、作出了一系列重要指示批示,为建设航天强国、发展航天事业指明了方向。

2013 年,习近平总书记在参加共青团"实现中国梦,青春勇担当"主题团日活动时说,我当时在延川县梁家河村当知青,听到了发射成功的消息,非常激动! 我们一起来参观航天科技成就展,感受载人航天精

---

① 胡锦涛:《在庆祝天宫一号与神舟八号交会对接任务圆满成功大会上的讲话》,《人民日报》2011 年 12 月 17 日。

神,激励包括广大青年在内的全国各族人民为实现中华民族伟大复兴的中国梦而奋斗,这样的纪念是很有意义的。① 神舟十号载人飞船发射前,他对即将出征的神舟十号航天员说,你们执行我国第五次载人航天飞行任务,承载着中华民族的航天梦,展现了中国人"敢上九天揽月"的豪情壮志。预祝你们成功,期待你们凯旋。② 神舟十号成功发射后,习近平总书记激动地说,此时此刻,我的心情和大家一样,感到十分高兴和激动。③ 并在 13 天后,到北京航天飞行测控中心与正在天宫一号执行任务的三位航天员进行天地通话时,对他们说,大家都盼望着你们胜利归来,我在北京等候你们!④ 在会见神舟十号航天员和参研参试人员代表时,习近平总书记说,我们中央政治局常委同志一起来看望大家,既是同广大航天人共同庆祝任务的全面胜利,也是完成同 3 名航天员的约定,感到格外高兴。⑤ 2014 年,习近平总书记在会见探月工程嫦娥三号任务参研参试人员代表时指出:"科技创新是提高社会生产力和综合国力的战略支撑,必须把科技创新摆在国家发展全局的核心位置,坚持走中国特色自主创新道路,敢于走别人没有走过的路,不断在攻坚克难中追求卓越,加快向创新驱动发展转变。"⑥ 2016 年,

① 《中国有梦　青春无悔——习近平五四青年节参加主题团日活动侧记》,《人民日报》2013 年 5 月 6 日。

② 《神舟十号载人飞船发射成功　习近平在酒泉卫星发射中心观看发射并发表重要讲话　李克强刘云山在北京观看发射情况》,《人民日报》2013 年 6 月 12 日。

③ 《习近平在接见天宫一号与神舟十号载人飞行任务参研参试单位代表时勉励大家　发展航天事业　建设航天强国　为实现航天梦谱写新的壮丽篇章》,《人民日报》2013 年 6 月 12 日。

④ 《电波飞架天地　梦想远航高飞　习近平同神舟十号航天员亲切通话》,《人民日报》2013 年 6 月 25 日。

⑤ 《习近平会见神舟十号载人飞行任务航天员和参研参试人员代表》,《人民日报》2013 年 7 月 27 日 。

⑥ 《习近平关于科技创新论述摘编》,中央文献出版社 2016 年版,第 25—26 页。

习近平总书记在会见天宫二号和神舟十一号载人飞行任务航天员及参研参试人员代表时指出,星空浩瀚无比,探索永无止境,只有不断创新,中华民族才能更好走向未来。我们正在实施创新驱动发展战略,这是决定我国发展未来的重大战略。航天科技是科技进步和创新的重要领域,航天科技成就是国家科技水平和科技能力的重要标志。航天科技取得的创新成果极大鼓舞了中国人民的创新信念和信心,为全社会创新创造提供了强大激励。①

2017年,习近平总书记在致2017年"全球航天探索大会"的贺信中指出:"中国历来高度重视航天探索和航天科技创新,愿加强同国际社会的合作,和平探索开发和利用太空,让航天探索和航天科技成果为创造人类更加美好的未来贡献力量。"②2018年,习近平总书记在视察看望驻四川部队某基地官兵时指出,要强化使命担当,坚定航天报国志向,坚定航天强国信念,弘扬"两弹一星"精神、航天精神,创造更多中国奇迹。③ 在致亚太空间合作组织成立10周年的贺信中,习近平总书记再次强调指出:"外层空间是人类共同的财富,探索、开发、和平利用外层空间是人类共同的追求。中国倡导世界各国一起推动构建人类命运共同体,坚持在平等互利、和平利用、包容发展的基础上,深入开展外空领域国际交流合作。中国一贯主张合理开发、利用空间资源,保护空间环境,推动航天事业造福全人类。"④2019年,习近平总书记在会见

---

① 《习近平在会见天宫二号和神舟十一号载人飞行任务航天员及参研参试人员代表时强调 在航天事业发展征程上勇攀高峰 努力建设航天强国和世界科技强国》,《人民日报》2016年12月21日。

② 《习近平向2017年"全球航天探索大会"致贺信》,《人民日报》2017年6月7日。

③ 《习近平春节前夕视察看望驻四川部队某基地官兵 向全体解放军指战员武警部队官兵民兵预备役人员致以新春祝福》,《人民日报》2018年2月13日。

④ 《习近平致信祝贺亚太空间合作组织成立10周年》,《人民日报》2018年11月15日。

探月工程嫦娥四号任务参研参试人员代表时指出,探索浩瀚宇宙是全人类的共同梦想。中国航天积极推动国际合作,同多个国家和国际组织开展了富有成效的合作,嫦娥四号任务圆满成功就包含了许多参与国的贡献。我们愿同世界各国一道,坚持共商共建共享,加强基础科学研究国际交流,推动大科学计划、工程和中心建设,扩大创新能力开放合作,推动人类科学事业发展。① 2020 年,习近平总书记在给参与"东方红一号"任务的老科学家的回信中指出:新时代的航天工作者要以老一代航天人为榜样,大力弘扬"两弹一星"精神,敢于战胜一切艰难险阻,勇于攀登航天科技高峰,让中国人探索太空的脚步迈得更稳更远,早日实现建设航天强国的伟大梦想。② 2021 年,习近平总书记在会见探月工程嫦娥五号任务参研参试人员代表并参观月球样品和探月工程成果展览时的讲话中指出:探索浩瀚宇宙是人类的共同梦想,要推动实施好探月工程四期,一步一个脚印开启星际探测新征程。要继续发挥新型举国体制优势,加大自主创新工作力度,统筹谋划,再接再厉,推动中国航天空间科学、空间技术、空间应用创新发展,积极开展国际合作,为增进人类福祉作出新的更大贡献。③ 在祝贺中国空间站天和核心舱发射任务成功的贺电中,习近平总书记指出:建造空间站、建成国家太空实验室,是实现我国载人航天工程"三步走"战略的重要目标,是建设科技强国、航天强国的重要引领性工程。天和核心舱发射成功,

① 《习近平在会见探月工程嫦娥四号任务参研参试人员代表时强调 为实现我国探月工程目标乘胜前进 为推动世界航天事业发展继续努力》,《人民日报》2019 年2 月 21 日。

② 《习近平给参与"东方红一号"任务的老科学家回信强调 敢于战胜一切艰难险阻 勇于攀登航天科技高峰》,《人民日报》2020 年 4 月 25 日。

③ 《习近平在会见探月工程嫦娥五号任务参研参试人员代表并参观月球样品和探月工程成果展览时强调 勇攀科技高峰 服务国家发展大局 为人类和平利用太空作出新的更大贡献》,《人民日报》2021 年 2 月 23 日。

标志着我国空间站建造进入全面实施阶段,为后续任务展开奠定了坚实基础。希望你们大力弘扬"两弹一星"精神和载人航天精神,自立自强、创新超越,夺取空间站建造任务全面胜利,为全面建设社会主义现代化国家作出新的更大的贡献!① 2022 年,习近平总书记在视察文昌航天发射场时指出,文昌航天发射场是我国新一代大推力运载火箭发射场,是我国深空探测的重要桥头堡,在我国航天体系中具有特殊重要地位和作用。要大力弘扬"两弹一星"精神、载人航天精神,坚持面向世界航天发展前沿、面向国家航天重大战略需求,强化使命担当,勇于创新突破,全面提升现代化航天发射能力,努力建设世界一流航天发射场。② 在给中国航天科技集团空间站建造青年团队的回信中,习近平总书记指出:建设航天强国要靠一代代人接续奋斗。希望广大航天青年弘扬"两弹一星"精神、载人航天精神,勇于创新突破,在逐梦太空的征途上发出青春的夺目光彩,为我国航天科技实现高水平自立自强再立新功。③ 在 2023 年新年贺词中,习近平总书记指出:今天的中国,是梦想接连实现的中国。北京冬奥会、冬残奥会成功举办,冰雪健儿驰骋赛场,取得了骄人成绩。神舟十三号、十四号、十五号接力腾飞,中国空间站全面建成,我们的"太空之家"遨游苍穹。④ 2023 年,习近平总书记在主持二十届中央政治局第三次集体学习时的讲话中指出,我国几代科技工作者通过接续奋斗铸就的"两弹一星"精神、西迁精神、载人航天

---

① 《中国空间站天和核心舱发射任务成功　习近平代表党中央、国务院和中央军委致电祝贺　李克强王沪宁在北京观看发射实况》,《人民日报》2021 年 4 月 30 日。
② 《习近平在视察文昌航天发射场时强调　强化使命担当　勇于创新突破　努力建设世界一流航天发射场》,《人民日报》2022 年 4 月 15 日。
③ 《习近平回信勉励广大航天青年　弘扬"两弹一星"精神载人航天精神　为航天科技实现高水平自立自强再立新功》,《人民日报》2022 年 5 月 4 日。
④ 《国家主席习近平发表二〇二三年新年贺词》,《人民日报》2023 年 1 月 1 日。

精神、科学家精神、探月精神、新时代北斗精神等,共同塑造了中国特色创新生态,成为支撑基础研究发展的不竭动力。①

第二节　航天精神融入大学生思想政治教育的现实依据

从中国共产党推进中国航天事业发展的历史逻辑看,航天精神的传承与发展在中国航天事业发展的进程中占有特殊的地位,发挥着特殊的作用,既是航天人优秀品质的凝结呈现,也是航天事业不断发展的精神动力。在新时代背景下,无论是为航天事业发展培养高素质人才,还是培养堪当民族复兴重任的时代新人,都需要进一步弘扬航天精神。这就使得航天精神融入大学生思想政治教育的实践活动具有了特殊的现实意义。

一、落实立德树人根本任务的需要

习近平总书记在全国教育大会上强调,要坚持把立德树人作为教育的根本任务,把服务中华民族伟大复兴作为教育的重要使命。所谓立德,就是要帮助大学生树立社会主义道德;所谓树人,就是要将大学生培养成为堪当民族复兴大任的时代新人。这要求所有高校的一切工作都要围绕这一根本任务来开展,这也是大学生思想政治教育的根本目标。

大学阶段是一个人最美好的时期,也是个人成长成才的关键阶段。正处于这个阶段的大学生,不仅要学习专业知识,用知识武装头脑,而

---

① 《习近平在中共中央政治局第三次集体学习时强调　切实加强基础研究　夯实科技自立自强根基》,《人民日报》2023 年 2 月 23 日。

且要在道德情操、心理品质和行为习惯方面有较大的提升,实现德与行的双向发展,才能加快个体的社会化转换进程。实现这样的效果,需要通过一系列的思想政治教育活动对其进行教育和引导。在此过程中,首先要解决的是思想政治教育的资源问题。只有将那些向上的、正面的、积极的教育资源,通过多种思想政治教育活动传递给大学生,才有可能使其看有所悟、学有所得、听有所感。因此,落实好立德树人的根本任务要求大学生思想政治教育要针对大学生的心理发展特点和学习阶段特征,结合时代发展要求,不断丰富和挖掘那些能够深刻启迪大学生的教育资源,从而对其产生积极影响,促进其全面发展。

航天精神作为一种具有鲜明特色和积极影响的思想道德资源,其中蕴含着热爱祖国、严谨务实、自力更生、自主创新、大力协同和无私奉献等核心理念,以及坚定的理想信念、高昂的爱国热情、强烈的责任担当和良好的精神风貌等道德品质。如果能够将航天精神有机融入大学生思想政治教育过程中,必将对大学生产生积极影响。其一,能够拓展大学生的知识视野。探索浩瀚宇宙就是探寻人类未知的领域,解密人类尚未知晓的太空奥秘。通过思想政治教育活动让大学生学习航天事业的发展历程和科技突破,可以使其了解到我国在空间探索方面取得的巨大成就,激发他们对科技发展的兴趣和热情。其二,能够增进大学生对爱国的认识。航天事业是国家重要的战略领域,投身航天事业发展需要有深厚的爱国主义情怀,在大学生思想政治教育中引入航天英雄人物的生动事迹,能够让大学生真正感受到爱国的真谛,深化其对祖国的热爱,增强为国家服务的责任感和使命感。其三,能够激发大学生的昂扬斗志。航天事业的不断发展需要不断攀登科学高峰,需要勇于攻关和大胆创新。通过观摩航天发射、参观航天科研院所等活动让大学生近距离接触高精尖航天技术,能够增强大学生的民族自豪感,也更能激发其昂扬的斗志,等等。

因此,将航天精神有机融入大学生思想政治教育过程中,不仅能够丰富大学生思想政治教育的内容,而且能够增强大学生思想政治教育的效果,有助于高校更好地落实立德树人的根本任务。

二、应对意识形态领域斗争的需要

意识形态是一种关于社会、政治、经济和文化等方面的思想、信仰、价值观和行为方式的集合。党的二十大报告指出:"意识形态工作是为国家立心、为民族立魂的工作。"①当今世界,虽然和平与发展仍是时代的主题,但由于不同意识形态、政治制度和价值观念的分歧和冲突,意识形态领域的斗争仍然严峻。

对我国而言,虽然在国际上的政治地位不断提高,经济快速发展,文化日益繁荣,社会长期稳定。但以美国为首的西方国家从未放弃对我国进行意识形态领域的渗透和干扰,尤其是互联网的广泛应用更是为其在意识形态领域的渗透提供了平台。在这样的背景下,历史虚无主义、新自由主义、民主社会主义、"普世价值"论、"公共知识分子"等不良思潮,得以散布于政治、经济、社会、文化、历史等各领域,渗透入人民群众各群体,这使得意识形态领域的斗争日益复杂。长期以来,我国虽然注重经济社会发展,但始终高度重视意识形态领域的斗争,通过建立健全意识形态工作机制、加强社会主义公民道德建设、大力弘扬中华优秀传统文化、推动社会主义核心价值观教育等多种方式,积极引导人民树立正确的价值观,增强其应对意识形态领域斗争的能力。在各类群体当中,大学生是极为特殊的一个群体。不仅是因为大学生是国家

---

① 《习近平著作选读》第 1 卷,人民出版社 2023 年版,第 36 页。

和社会的未来,是社会主义事业的接班人,还因为大学生尚未形成科学的世界观、人生观和价值观,一定程度上防范和抵御社会思潮的意识不强,应对意识形态领域斗争的能力较弱。因此,如何增强大学生应对意识形态领域的能力是大学生思想政治教育的重要内容。

对于大学生而言,思想政治教育不仅是培养其树立正确世界观、人生观、价值观的重要途径,提高其综合素质和道德水平的必要条件,也是增强大学生防范和抵制错误思潮、积极应对意识形态领域斗争的有效手段。在大学生思想政治教育过程中,社会主义核心价值观教育、爱国主义教育、集体主义教育、理想信念教育等等都是常态化的重要教育内容,通过这些教育内容可以增强大学生的责任感、使命感和爱国主义情怀,帮助大学生树立正确的世界观和人生观,提升政治觉悟和思想水平,增强辨别真理和谬误的能力,从而更好地面对并应对意识形态领域的斗争。航天精神是中国航天事业的重要组成部分,是中国航天人的精神和灵魂,是激励航天人不断创新、不断前行的重要动力,是社会主义核心价值观、爱国主义、集体主义、斗争精神、合作精神、创新意识等在航天领域的生动体现。将航天精神融入大学生思想政治教育之中,能够让大学生更为直接、深刻、立体地感悟个人与国家命运相连的紧密关系,使其能够正确认识和处理个人与社会、个人与他人的关系,从而坚定理想信念,增强对社会主义核心价值观的认同和坚守,增强对各种错误思潮和非法组织的辨别能力,保持清醒的头脑,远离错误思想的影响和诱惑。

三、建设航天强国的精神需要

航天强国建设是实现中华民族伟大复兴的重要战略方向,而航天精神则是中国航天事业不断发展壮大的宝贵精神财富,也是实现航天强国建设战略目标的重要动力。

回顾中国航天发展历程，航天精神作为一种特殊的精神状态和价值观念，发挥了不可替代的作用。首先，航天精神注重勇往直前的进取意识。在极为艰苦的工作条件下，无论是面对航天器设计、核心技术攻关，还是面对发射失败的挫折，航天人都始终保持着勇敢、坚毅和拼搏的精神状态，以勇往直前的进取意识不断挑战自我，不断前进，使中国航天取得了一个又一个胜利。其次，航天精神突出强调对国家和民族利益的忠诚。中国航天人深切理解航天事业关乎国家安全、发展和民族尊严的重大意义，他们心怀民族荣光，把服务国家和人民作为最高使命。在航天事业的一线岗位上，航天人时刻保持着对国家和民族的忠诚，用实际行动践行着这份忠诚。他们无私奉献、甘于付出，为国家的航天事业赋予了更深层次的意义和价值。最后，航天精神注重团队协作和共赢共享。中国航天人深知航天事业需要整个团队的智慧和力量，正是在这种团结协作的精神鼓励下，航天人员之间相互信任和合作，心往一处想、劲往一处使，形成了强大的合力，使中国航天事业凝聚起了强大的创造力和凝聚力。此外，航天精神还强调对科技创新的追求。航天技术在世界范围内一直处于科技前沿地带，这项技术从别的国家拿不来、学不来，唯有推进科技创新、不断突破自我方能获得。中国航天人以自主创新为核心，积极投身科研攻关和技术创新，追求知识、勇攀高峰，在各个领域取得了一系列重大突破和成就。可以说，航天精神既是航天事业发展过程中孕育而成的宝贵精神财富，也是支撑和引领航天人投身航天事业、不断推动航天事业发展的精神动力源泉。

在全面建设社会主义现代化强国的进程中，航天事业被赋予了极其重要的战略地位和历史使命。党的二十大报告提出要加快建设航天强国。建设航天强国不仅是综合国力的集中体现，也是对科技创新和自主研发能力的追求,是国家战略安全的重要保障。但实现这样的目标绝非易事,需要具备国际一流的航天技术和设备,需要有高素质的科研人才和自主研发能力,需要有合作开放的积极心态,需要有无数航天人的不懈努力,更需要有航天精神的精神支撑。将航天精神融入大学生思想政治教育,就是要通过教育引导和激励,弘扬航天精神,激发师生的爱国情感和创新精神,培养创新意识和创新能力,提高师生的科学素养和创新能力,推动航天科技的创新和发展,为实现航天梦提供强有力的人才保障和科技创新支持。

总之,建设航天强国是我们的中国梦,也是实现中华民族伟大复兴的重要组成部分。将航天精神融入大学生思想政治教育,既有助于传承和弘扬航天精神,为航天事业发展源源不断输送新鲜活力,也是为航天强国建设凝聚磅礴力量的现实需要。

第三章　航天精神中的大学生思想政治教育价值元素

思想政治教育活动,本质上就是通过系统而持续的教育活动,用先进的社会意识影响、感染、激励和引导人,促进人的发展的实践活动。航天精神作为中华民族在航天事业伟大实践中孕育而成的精神文明成果,是中华民族精神在航天领域的具体体现,是社会主义先进意识形态的重要内容,能够为大学生思想政治教育提供丰富素材。实现航天精神的育人功能,需要充分发掘能够彰显航天精神本质内涵的生动素材,引导学生从中体悟航天精神的内在品质,从而增强其对航天精神的情感认同,以达到内化于心、外化于行的良好效果。基于此,本书拟从中国航天事业发展的辉煌成就和中国航天英雄人物的生动事迹两个方面,系统梳理既能体现航天精神深刻内涵,又适合融入大学生思想政治教育的价值元素,为接下来的研究奠定基础。

第一节　中国航天事业发展的辉煌成就

伟大事业孕育伟大精神,伟大精神推进伟大事业。中国航天自1956 年起步以来,至今已走过 60 多年的发展历程。在党中央、国务院和中央军委的坚强领导下,几代航天人接续奋斗,创造了以"嫦娥"揽月、神舟飞天、"天问"探火、空间站巡天、"羲和"逐日等为代表的辉煌成就,孕育形成了深厚博大的航天精神。这些成就的取得,不仅标志着中国正在从世界航天大国迈向航天强国,而且彰显了中华民族探索浩瀚宇宙的中国智慧、中国力量和中国高度,是增强大学生做中国人的志气、骨气和底气最生动的素材。

一、探月工程:"嫦娥"揽月

月球,俗称月亮,古称太阴、玄兔,是地球唯一的天然卫星。它是夜晚人们能看到的最亮的星球,也是人们最为熟悉的星球,自古而今,都与人们的生产生活息息相关。

在中国古代,人们对月亮充满了崇拜和好奇,并展开了浪漫而丰富的想象。嫦娥奔月、吴刚伐桂、天狗食月、玉兔捣药等神话传说,人们耳熟能详。"床前明月光,疑是地上霜。举头望明月,低头思故乡""明月松间照,清泉石上流""明月别枝惊鹊,清风半夜鸣蝉""海上生明月,天涯共此时""明月几时有,把酒问青天"等诗句千古流传。明朝年间的木匠万户坐在绑有47支火箭的椅子上,手握风筝飞向天空,虽然为了飞天梦想献出了生命,但也成为"世界航天第一人",他的探索和创造精神至今激励着一代又一代的航天人。

20世纪60年代,伴随着中国航天事业的逐步发展,我国的研究领域拓展到月球科学领域。在我国实施的"863"计划中,探月工程提上日程。20世纪90年代,航天专家提出了月球探测工程,国防科工委开始规划论证月球探测工程,并开展了先期的科技攻关。2004年,探月工程正式立项,命名为"嫦娥工程",分为两个三步走:一是"绕、落、回"小三步走,即先绕月探测,再实现软着陆,最后采集月壤并返回地面。

二是"探、登、驻"大三步走,即先无人月球探测,再载人登月,最后建立月球基地。我国的探月之旅正式起航。2007年,中国第一颗绕月人造卫星嫦娥一号发射升空,历经三次近月制动,成功被月球捕获,进入绕月飞行的工作轨道。嫦娥一号搭载了多种用于开展探测试验的设备,同时还搭载了在全社会传唱度高、具有深刻意蕴和民族特色的《歌唱祖国》《难忘今宵》《贵妃醉酒》等30首中国歌曲。绕月期间,嫦娥一号完成了以全月面拍摄为主的一系列科学试验,获取了全月球影像图、月表部分化学元素分布、月表土壤厚度等一系列科研成果,为我国月球探测后续工程和深空探测奠定了坚实的基础。2010年,中国探月计划的第二颗绕月人造卫星,即探月工程二期的技术先导星嫦娥二号发射升空,嫦娥二号绕月期间,开展了多项拓展试验,首次实现从月球轨道出发,受控准确进入日地拉格朗日2点环绕轨道,开展了日地空间环境探测,使我国成为世界上第三个造访日地L2点的国家。2013年,由着陆器和玉兔号月球车组成的嫦娥三号发射升空,这是中国第一次将探测器送上月球,是人类历史上第一个在月球表面漫游的探测器,嫦娥三号成功实施了"月宫一号"计划,完成了获取月表物质成分、探测月球表面、测量月球深度、拍摄月球高清照片等多项任务,让人类第一次在月球上种植了棉花、黄豆、芥菜等植物,不仅使我国成为世界上第三个掌握落月探测技术的国家,也为人类未来在月球上建立基地提供了重要参考。2018年,由中继星、着陆器和巡视器组成的嫦娥四号成功发射,这是人类第一个着陆月球背面的探测器,首次实现了人类月球背面软着陆和巡视勘察。2020年,嫦娥五号在月球背面着陆,并采集样本,并携带在月球表面采集的约两公斤的月壤样品顺利返回地球,标志着中国首次月球采样返回任务圆满完成,标志着我国具备了地月往返能力,实现了"绕、落、回"三步走规划完美收官,为我国未来月球与行星探测奠定了坚实基础。2022 年,国家航天局公布了我国探月工程四期、深空探测任务后续规划,拟于 2025 年前后实施探月工程四期嫦娥六号计划实现在月球背面采样返回,拟于 2026 年前后发射开展月球南极的环境与资源勘查,拟于 2028 年前后发射嫦娥八号计划。届时,嫦娥八号和嫦娥七号将组成我国月球南极的科研站基本型。

九天揽月星河阔,华夏儿女问苍穹。"载人登月""建立月球基地"等探月工程已在规划之中,未来将会有更多的嫦娥兄妹奔赴月球,开展勘测。这是深空探索的第一步,也是人类前进的一大步。

二、北斗系统:全球卫星导航

社会的进步与发展不断拓展人们生产生活空间领域。20 世纪 90 年代,美国的 GPS 卫星导航系统和俄罗斯的格洛纳斯卫星导航系统先后完成全球组网,面向全球提供卫星导航服务。由于美国的 GPS 系统研发最早、技术最为成熟,包括我国在内的很多国家都是美国 GPS 系统的用户。

1990 年伊拉克战争爆发,美国首次大规模使用了装有 GPS 导航系统的精准打击武器,作战效能让全世界为之震惊。1993 年,美国无中生有地指控中国"银河号"货轮将制造化学武器的原料运往伊朗,提出登船检查的无理要求,并派军舰阻挠"银河号"航行,同时故意关闭所在海域的 GPS 服务系统,致使"银河号"顶着五十度的高温在公海上漂泊了 30 多天。这让我们深刻意识到,没有卫星导航系统,就没有军事能力的独立,也就没有国家安全。

1994 年,党中央、国务院和中央军委毅然决定启动"北斗一号"系统工程,任命"两弹一星"元勋孙家栋为总设计师,制定了三步走发展战略。即:第一步,到 2000 年建成北斗一号系统,覆盖国内区域,为国内用户提供服务;第二步,到 2012 年建成北斗二号系统,覆盖亚太区域,为亚太地区用户提供服务;第三步,到 2020 年建成北斗三号系统,覆盖全球,为全球用户提供服务。起步之初,一无技术、二无经验、三无人才、四无资源,北斗人励精图治、勇克难关,终于在立项 6 年后成功发射首批两颗地球静止轨道卫星,并在 3 年后再次成功发射第 3 颗地球静止轨道卫星,三颗卫星组成了卫星导航定位系统,初步满足了中国及周边区域的定位、导航、授时需求,使中国成为继美国、俄罗斯之后第三个拥有卫星导航系统的国家。

2007 年,首颗北斗二号导航卫星发射升空,标志着我国进入"北斗二号"时代。此后至 2012 年的 5 年间,中国航天人成功发射了 16 颗北斗卫星。自 2004 年到 2012 年,北斗人历时 8 年完成了北斗二号系统的建设任务,正式向我国及亚太地区提供定位、导航与授时以及短报文通信服务。相较于北斗一号系统,北斗二号系统增加了无源定位体制。也就是说,用户不用自己发射信号,仅靠接收信号就能定位。

2009 年,北斗三号系统建设正式启动。2017 年,北斗三号第一、二颗组网卫星以"一箭双星"方式成功发射,标志着中国北斗卫星导航系统步入全球组网新时代。2020 年,北斗系统第 55 颗导航卫星暨北斗三号最后一颗全球组网卫星成功发射。至此,北斗三号 30 颗组网卫星已全部到位,北斗三号全球卫星导航系统星座部署全面完成,正式面向全球用户提供定位导航授时、全球短报文通信和国际搜救等服务;同时在中国及周边地区提供星基增强、地基增强、精密单点定位和区域短报文通信服务。

从立项论证到启动实施、从双星定位到区域组网,再到覆盖全球,我国卫星导航系统建设历经 30 多年探索实践、三代北斗人接续奋斗,走出了一条自力更生、自主创新、自我超越的建设发展之路,建成了我国迄今为止规模最大、覆盖范围最广、服务性能最高、与百姓生活关联最紧密的巨型复杂航天系统,成为我国第一个面向全球提供公共服务的重大空间基础设施,为世界卫星导航事业发展作出了重要贡献、为全球民众共享更优质的时空精准服务提供了更多选择、为我国重大科技工程管理现代化积累了宝贵经验。目前,全世界一半以上的国家都开始使用北斗系统。后续,中国北斗将持续参与国际卫星导航事务,推进多系统兼容共用,开展国际交流合作,根据世界民众需求推动北斗海外应用,共享北斗最新发展成果。曾经,北斗七星是中国古人在漫长的历史中寻找方向的重要坐标。如今,北斗卫星导航系统已经成为人们生活中的一部分。

三、载人航天工程:神舟飞天

20 世纪 90 年代,为了抢占宇宙空间的战略制高点,以美国、俄罗斯等国为首的航天大国竞相发展载人航天。

1992 年,党中央决定实施中国载人航天工程,明确了"三步走"发展战略。第一步,发射载人飞船,建成初步配套的试验性载人飞船工程,开展空间应用实验;第二步,突破航天员出舱活动技术、空间飞行器交会对接技术,发射空间实验室,解决有一定规模的、短期有人照料的空间应用问题;第三步,建造空间站,解决有较大规模的、长期有人照料的空间应用问题。1999 年,神舟一号飞船发射升空,绕地飞行 14 圈,返回舱安全返回,全面考核了运载火箭性能和可靠性,验证了飞船关键技术和系统设计的正确性,以及包括发射、测控通信、着陆回收等地面设施在内的整个系统工作的协调性,首次无人飞行试验取得圆满成功。2001 年,神舟二号飞船发射升空,绕地飞行 108 圈,7 天后返回舱安全返回地面。神舟二号飞船是按照载人飞船的环境和条件进行的,凡是与航天员生命保障有关的设备,基本上都采用了真实件,这意味着我国空间科学研究和空间资源的开发进入了新的发展阶段。2002 年,神舟三号飞船发射升空。神舟三号飞船增加了逃逸和应急救生系统,同时轨道舱和返回舱内装有一套拟人生理信号设备以及形体假人,可以模拟航天员在太空生活时的多种重要生理参数,为把航天员送上太空打下了坚实的基础。同年底,技术状态与载人飞船完全一致的神舟四号在经受了零下 29 摄氏度低温的考验后成功发射,突破了我国低温发射的历史纪录,相继完成了对地观测、材料科学、生命科学实验和空间天文和空间环境探测等任务,为我国首次载人飞行奠定了坚实的基础。2003 年,我国第一艘载人飞船神舟五号成功发射,实现了中华民族的千年飞天梦,中国首位航天员杨利伟成为浩瀚太空的第一位中国访客,中国成为继俄罗斯和美国之后第三个能够独立开展载人航天活动的国家。2005 年,神舟六号载人飞船成功发射。这是我国载人航天工程首次多人多天飞行试验,它完成了我国真正意义上有人参与的空间科学实验,航天员费俊龙、聂海胜出色完成了一系列空间科学试验任务,为中国载人航天一期工程画上了完美的句号。2008 年,神舟七号载人飞船成功发射,航天员翟志刚进行了 19 分 35 秒的出舱活动,实现了"太空漫步",首次把中国人的足迹留在了太空,中国成为继俄、美之后世界上第三个独立掌握空间出舱技术的国家,迈出了太空交会对接、建立空间站的关键性一步。2011 年,神舟八号载人飞船成功发射,与天宫一号进行了空间交会对接,实现了"准确进入轨道、精确交会对接、稳定组合运行、安全撤离返回"的任务目标,标志着我国在突破和掌握空间交会对接技术上迈出了重要一步。2012 年,神舟九号神舟飞船与天宫一号顺利牵手,实现了中国首次载人自动及手控交会对接,标志着载人航天工程第二步任务取得了重大成果,为今后的载人航天的发展、空间站的建设奠定了良好的基础。2013年,神舟十号与"天宫一号"成功交会对接,航天员王亚平成功开展我国首次太空授课任务,实现了"准确进入轨道、精准操控对接、稳定组合运行、健康在轨驻留、安全顺利返回"的任务目标,进一步考核了交会对接、载人天地往返运输系统的功能和性能,圆满完成我国载人天地往返运输系统首次应用性飞行。2016年,神舟十一号飞船与天宫二号实现自动交会对接,实现了"稳定运行、健康驻留、安全返回、成果丰硕"的任务目标,首次实现了我国航天员中期在轨驻留,开展了一批体现国际科学前沿和高新技术发展方向的空间科学与应用任务,标志着我国载人航天工程进入应用发展的新阶段。2021年,神舟十二号飞船进入太空,航天员聂海胜、刘伯明、汤洪波在空间站驻留3个月,刷新了中国航天员在太空停留时间的纪录。在此期间,航天员完成了空间站必要组成部分的建造和部分科研实验任务。两次出舱活动期间,安装了全景摄像机、机械臂踏板支架、空间站舱外扩泵组等设备。神舟十二号载人飞行任务是空间站关键技术验证阶段第四次飞行任务,也是空间站阶段首次载人飞行任务。意味着我国空间站建造阶段的首次载人飞行任务取得圆满成功。同年,神舟十三号飞船进入太空,航天员翟志刚、王亚平、叶光富在空间站进行了为期6个月的驻留,创造了中国航天员连续在轨飞行时长新纪录。在轨期间先后进行了2次出舱活动,2次"天宫课堂"太空授课,开展了手控遥操作交会对接、机械臂辅助舱段转位等多项科学技术实(试)验,验证了航天员长期驻留保障、再生生保、空间物资补给、出舱活动、舱外操作、在轨维修等关键技术,标志着空间站关键技术验证阶段任务圆满完成。2022年,神舟十四号飞船发射升空,航天员陈冬、刘洋、蔡旭哲在空间站驻留6个月,神舟十四号任务首次实现两个20吨级航天器在轨交会对接,首次实现空间站舱段转位,航天员乘组首次进入问天、梦天实验舱,首次实现货运飞船 2 小时自主快速交会对接,首次利用气闸舱实施航天员出舱活动并创造了一次飞行任务 3 次出舱的纪录,首次使用组合机械臂支持航天员出舱活动,航天员乘组首次在轨迎来货运飞船来访。同年,神舟十五号飞船进入太空,费俊龙、邓清明、张陆 3 名航天员与神舟十四号乘组航天员在太空胜利"会师","面对面"进行在轨交接,实现首次两艘载人船停靠,中国空间站将以独特造型,即由天和核心舱、问天实验舱、梦天实验舱以及两艘载人飞船和一艘货运飞船组成"三舱三船"的最大构型。2023 年,神舟十六号飞船进入太空,景海鹏、朱杨柱、桂海潮 3 名航天员与神舟十五号航天员乘组完成在轨轮换,并完成了开展空间科学实(试)验、舱内外设备安装、调试、维护维修等各项任务。这次任务是我国载人航天工程进入空间站应用与发展阶段的首次载人飞行任务。

四、空间站建设:天宫遨游

空间站,又称太空站、航天站、轨道站,是一种能够在地球轨道上保持长时间运行,并且能够为多名航天员长期驻留工作和生活提供保障的大型载人航天器。可以说,空间站是人类探索深空的中转站,是人类在太空中的科学实验平台。建设空间站,对于保证太空探测工作的连续和深入有重要作用。

1971 年,苏联成功发射世界上第一个空间站"礼炮"。它由轨道舱,服务舱和对接舱组成,装有各种试验设备、照相摄影设备和科学实验设备,与"联盟号"载人飞船对接组成居住舱,可供 6 名宇航员居住。1973 年,美国成功发射"天空实验室号"空间站。它由轨道工作舱、过渡舱、多用途对接舱、太阳望远镜和"阿波罗"飞船 5 部分组成,美国宇航员在天空实验室内创造了连续太空生活 84 天的纪录,打破了此前苏联航天员 23 天太空停留时长。由于空间站需要为航天员长期驻留提供保障,承载的功能多、任务多,在规模、结构、技术等方面都有很高的标准,建设难度极大。因此,以美、俄为首的航天国家,联合英国、法国、日本、加拿大等共 16 个国家分三个阶段共同建造了国际空间站。它是在轨运行最大的空间平台,是一个拥有现代化科研设备、可开展大规模、多学科基础和应用科学研究的空间实验室,为在微重力环境下开展科学实验研究提供了大量实验载荷和资源,支持人在地球轨道长期驻留。

早在 1992 年,中国政府制定的载人航天工程"三步走"发展战略就把空间站建设作为重要目标。2010 年,经中央专门委员会批准,中国载人空间站工程正式启动实施,计划到 2020 年前后建成规模较大、长期有人参与的国家级太空实验室。这一工程分空间实验室和空间站两个阶段分步实施。第一步是突破和掌握关键技术,解决航天员中期驻留的相关问题,研制并发射空间实验室;第二步是突破和掌握近地空间站组合体的建造和运营技术、近地空间长期载人飞行技术,研制并发射核心舱和实验舱,在轨组装成载人空间站,并开展较大规模的空间应用。2011 年,我国首个目标飞行器天宫一号发射升空。天宫一号是我国首个自主研制的载人空间试验平台,可满足 3 名航天员在舱内工作和生活需要。天宫一号作为载人航天空间应用实验平台,在轨运行期间开展了地球环境监测、空间环境探测、复合胶体晶体生长等多项科学实验,获得了大量宝贵的实验数据,为空间站建设运营和载人航天成果应用推广积累了重要经验。天宫一号是中国空间站的起点,标志着中国已经拥有建立初步空间站,即短期无人照料的空间站的能力。2016年,中国载人航天工程第二个目标飞行器天宫二号发射升空,这是中国首个具备补加功能的载人航天科学实验空间实验室,也是中国第一个真正意义上的太空实验室。天宫二号在国内首次实现了利用观测到蟹状星云脉冲星的脉冲信号进行定轨,推动了脉冲星观测和导航技术发展。为中国后续空间站建造和运营奠定了坚实基础、积累了宝贵经验。2017年,中国自主研制的第一艘货运飞船天舟一号顺利升空,与天宫二号空间实验室成功完成首次推进剂在轨补加试验,标志天舟一号飞行任务取得圆满成功,突破和掌握推进剂在轨补加技术,填补了中国航天领域的空白,实现了空间推进领域的一次重大技术跨越,为中国空间站组装建造和长期运营扫清了能源供给上的障碍,使中国成为世界上第三个独立掌握这一关键技术的国家。2021年,中国空间站的天和核心舱发射升空。天和核心舱配置了环控生保系统,具备和地面一样的空气、温度等生存环境,具备开展科学实验的基本条件,具备长期自主飞行能力,可支持航天员长期驻留。标志着中国空间站在轨组装建造全面展开,为后续关键技术验证和空间站组装建造顺利实施奠定了坚实的基础。随后不久,中国空间站阶段的首艘货运飞船天舟二号发射升空,与空间站"天和"核心舱顺利交会对接,为后续航天员进驻空间站准备了消耗品、舱外航天服、平台物资等生活物资。天舟三号货运飞船与天和核心舱及天舟二号组合体完成交会对接,这是我国向天和核心舱送出的第二件太空包裹。2022年,天舟四号货运飞船成功发射,标志着中国空间站由关键技术验证阶段转入建造阶段。中国空间站首个科学实验舱问天实验舱发射成功,并成功对接天和核心舱。问天实验室由工作舱、气闸舱和资源舱组成,起飞重量约23吨,具备短期独立飞行能力,主要用于支持航天员驻留和出舱活动、开展空间科学与应用实验,具有对空间站组合体的管理与控制能力。经过天地协同,问天实验舱进行了转位。空间站组合体由两舱"一"字构型转变为两舱"L"构型。这是我国首次利用转位机构在轨实施大体量舱段转位操作。中国空间站梦天实验舱发射成功,中国空间站建造进入收官阶段。中国空间站"T"字基本构型组装完成,向着建成空间站的目标迈进了关键一步。天舟五号货运飞船与中国空间站天和核心舱实现了两小时自主快速交会对接,创造了世界纪录。2023年,我国空间站应用与发展阶段的首发航天器,也是我国改进型货运飞船首发船天舟六号成功发射。神舟十六号发射升空,标志着空间站应用与发展阶段首个载人飞行任务顺利完成。

未来,天宫空间站将成为长期有人照料的国家级太空实验室,支持开展大规模、多学科交叉的空间科学实验。中国的空间站也是开放与合作的空间站。早在2018年,中国便宣布邀请联合国各成员国参与未来空间站的空间科学应用国际合作。2019年,中国载人航天工程办公室与联合国外空司公布了围绕中国空间站开展空间科学实验的第一批项目入选结果,共有来自17个国家、23个实体的9个项目成功入选。此举展示出中国载人航天的开放姿态和在太空领域的国际合作精神。未来,在轨运行的中国空间站将成为中国乃至人类的太空家园,也将成为人类在浩瀚宇宙中新的精神坐标。

五、火星探测:"祝融"探火

火星,是太阳系八大行星中与地球最为相似的星球,也是太阳系中最容易到达的行星。探测火星对于我们更好地认识地球、探究生命起源和进化问题有重要意义。

人类对火星的探测,起步于20世纪60年代,经历了发展初期、停滞期和高速发展期三个阶段。迄今为止,各国家共向火星发射了40多个火星探测器,对火星进行了较为详细的考察,并获取了大量信息和数据,使火星成为除了地球以外人类了解最多的行星。

20 世纪 90 年代始,火星探测技术的新发展,拓展了人类探测火星的深度和广度,实现了对火星的飞掠、环绕、着陆、巡视探测。同时,在火星轨道运动规律、火星大气、火星地形地貌与地质构造等多方面的研究也取得了新成就,为人类探测火星提供了技术支持和理论支撑,掀起了人类探测火星的新高潮,也拉开了中国火星探测的帷幕。

实际上,在 20 世纪 90 年代,我国的专家学者在探讨和论证月球探测必要性和可行性的同时,就谈到了火星探测的问题。他们认为,在当时的技术条件下,中国尚未完全掌握火星探测的关键技术,可以聚焦火星探测的关键技术开展相关研究,在实施探月工程的过程中择机进行火星探测。

为了突破火星探测的关键技术,推进实施中国的火星探测计划,我国在"863"计划和"973"计划中都针对性地部署了火星探测的关键技术研究课题。如"863"计划将火星探测器总体技术、自主导航技术、机构结构技术、大气进入技术等列入专项研究。"973"计划专设了两个深空探测领域的综合交叉项目,重点开展"火星精确着陆自主导航与制导控制、探测器巡航飞行高精度自主导航"等关键技术研究。这为中国火星探测提供了技术条件。同时,航天技术的不断进步和航天事业的日臻发展也为我国的火星探测奠定了技术基础。尤其是嫦娥一号任务的完成使我国掌握了深空探测的一系列关键技术,探月工程二期建立完善的地面站解决了测控通信等难题。这些关键技术的突破极大地鼓舞了我们探测火星的决心,提振了信心和底气。

尽管如此,由于火星探测技术的高复杂程度,我国想要实现如此遥远的深空探测还存在许多难题。在此情况下,我国认真学习和借鉴了美国与其他国家的火星探测活动,希望能借助火星探测先发国家之力开展中国的火星探测活动。2007 年,中俄共同签署了《中国国家航天局和俄罗斯联邦航天局关于联合探测火星—火卫一合作的协议》，确定双方于 2009 年联合对火星及其卫星火卫一进行探测。2011 年，我国首个火星探测器"萤火一号"，搭载俄罗斯的福布斯—土壤火星探测器，从拜科努尔航天中心发射升空，但最终发射失败。此次失败反向激励我们，既要保持国际合作以充分利用深空探测资源，更要独立自主研制、发射火星探测器，自主进行火星探测。

2009 年，在中国科学院发布的《中国 2050 年科技发展路线图》中，明确提出要在 2020 年前后，建立长期有人逗留的近地轨道空间站，探测器可达火星。2010 年，8 位院士专家联名建议国家开展月球以及深空探测的综合论证。2011 年，由中国工程院、原国土资源部、中国科学院、中国航天科技集团公司主办"月球与火星探测科技高层论坛"，邀请来自美国、法国、印度、日本等国的专家以及我国参与月球和火星探测的首席科学家及主要负责人，分别就国际新一轮探月地学研究成果、火星探测成果、各国月球登陆点的选择方案、科学目标与相关探测技术等内容进行讨论。2013 年，我国全面启动首次火星探测任务论证。2016 年，中国火星探测任务获批准正式立项。首次探测火星的主要任务是对火星进行具有特色的科学考察，工程将带动测控通信、导航控制、人工智能以及宇航材料器件等多个领域的技术创新和能力提升。2019 年，国家航天局邀请部分外国驻华使馆及国际组织人员赴河北观摩中国首次火星探测任务着陆器悬停避障试验，并参观相关试验设施。这是中国火星探测任务及飞行控制团队首次公开亮相，也是中国向国际航天界表达合作诚意的信号与举措。2020 年，中国首次火星探测任务"天问一号"探测器由长征五号遥四运载火箭发射升空。这标志着我国首次火星探测任务取得圆满成功。至此，我国首次火星探测任务一次性完成了"绕、着、巡"三步，这是其他国家在首次实施火星探测任务时从未实现过的。2021年,中国首辆火星车"祝融号"成功着陆火星进行科学探测任务。国家航天局在北京举行天问一号探测器着陆火星首批科学影像图揭幕仪式,公布了由祝融号火星车拍摄的着陆点全景、火星地形地貌、"中国印迹"和"着巡合影"等影像图,标志着我国首次火星探测任务取得圆满成功。不仅为未来人类在火星上的生存和发展提供了科学依据,也为中国航天事业的发展注入新的动力,促进中国在太空领域的国际地位和影响力进一步提升。

六、探日计划:"羲和""夸父"逐日

太阳是宇宙中离地球最近,也是与人类关系最密切的恒星。它是地球上一切生命的源泉,大气循环、昼夜交替、四季轮转、冷暖变化等都是太阳运动的结果。可以说,没有太阳就没有地球上人类及其他生物体的存在。

人类自古以来就对太阳充满好奇,并尝试通过多种方式对太阳进行观测。传说在帝尧时期,华夏大地就有专司天文的官员——羲仲。到了夏商时期,就有了世界上最早的日食记录。春秋时期,人们已经能够利用土圭观测日影长短,以确定冬至和夏至的日期。到汉成帝时期,中国有了肉眼观测太阳黑子的记录。但真正对太阳进行系统观测则始于伽利略发明天文望远镜之后,人类用望远镜观测和记录太阳黑子,开启了太阳科学观测的时代。随着航天科技的不断发展,人们探测深空的能力不断提高,对太阳的探测和研究也取得了新的进展。自20世纪70年代始,各个国家共发射了70余颗卫星对太阳进行探测,使人类对太阳内部结构、太阳大气动力学、太阳爆发物理机制等有了更为深入的认识。

在太阳探测方面,我国也进行了许多尝试和探索。比如说,2001

年发射升空的神舟二号飞船上搭载了超软 X 射线、X 射线和 γ 射线探测器等用于空间天文观测的太阳和宇宙天体高能辐射检测仪,取得了太阳 X 射线和伽马射线流量数据。2021 年发射升空的首颗晨昏轨道卫星风云三号 E 星搭载了太阳 X 射线极紫外成像仪,能够在太空中一刻不停地对太阳活动进行监测,成功实现了对太阳的多通道、全日面、高灵敏度成像,为太阳物理研究和太阳活动监测提供了重要数据,等等。但长期以来,我们一直没有用于太阳观测的专用卫星。

2021 年,中国首颗太阳探测科学技术试验卫星"羲和号"顺利升空,打破了中国无太阳探测专用卫星的历史,拉开了中国太阳空间探测的序幕。"羲和号"的全名为太阳 Hα 光谱探测与双超平台科学技术试验卫星,简称太阳双超卫星。它有两项主要任务,即科学观测和技术试验。在科学观测方面,羲和号主要通过 Hα 成像光谱仪观测光球层和色球层的动力学过程,通过观测获得了光球层和色球层不同高度处的太阳图像,实现了全日面 Hα 波段的光谱成像。在技术试验方面,"羲和号"将自身卫星平台的控制精度提高到超高指向精度和超高稳定度平台,使 Hα 成像光谱仪不再需要导行系统和稳像系统,就能瞄得快、对得准、拍得稳。自"羲和号"发射以来,已累计下传原始观测数据50Tbit,生成科学数据约 300Tbit,这些数据已向全球开放共享,得到世界各国太阳物理研究学者的广泛应用。

2022 年,中国综合性太阳探测专用卫星"夸父一号"发射升空。"夸父一号"全称为"先进天基太阳天文台",主要研究"一磁两暴"的内在关联,即磁场与耀斑的关系、磁场与日冕物质抛射的关系、日冕物质抛射与耀斑的关系。"羲和号"主要是从技术上验证一种超高指向精度、超高稳定度的"双超"卫星平台,"夸父一号"则是直接看太阳,用遥测遥感的手段观测太阳,对太阳进行成像。为了实现科学目标,"夸父一号"上配了 3 个有效载荷,即全日面矢量磁像仪、莱曼阿尔法太阳望远镜、硬 X 射线成像仪,分别观测太阳磁场、日冕物质抛射和太阳耀斑。自成功发射以来,"夸父一号"已经获取了若干对太阳的科学观测图像,并公布了首批科学图像。

未来,"夸父"与"羲和"将联合进行对日探测,形成"双星逐日"景象。一个关注低层大气,一个关注高层大气,各有侧重,相互补充。目前,我国正在论证太阳空间物理未来发展规划,拟分三步实施"日地 15 点探测""太阳极轨探测""太阳抵近探测"计划,从不同方向和距离观测太阳,以解决诸如太阳磁场产生和演化及其与太阳活动的关系、太阳爆发的物理机制及其对空间天气的影响这类重大科学和应用问题。

第二节　航天英雄人物的逐梦故事

马克思认为,人是一切社会关系的总和,也是历史的创造者。在人类创造历史的实践中,涌现出许多英雄人物,在推进社会发展的实践中发挥了重要作用。在中国航天事业发展的历史实践中,也涌现出一大批英雄人物,他们为了中国航天事业的发展拼搏奋斗、攻坚克难、无私奉献、呕心沥血。他们的英雄事迹更加立体、生动,也更能触及大学生心灵。因此,航天英雄人物的光辉事迹也是航天精神育人的重要资源。

一、"两弹一星"元勋人物

"两弹一星"指原子弹、导弹和人造卫星。1964 年中国第一颗原子弹爆炸成功,1966 年中国第一颗装有核弹头的地地导弹飞行爆炸成功,1967 年中国第一颗氢弹爆炸成功,1970 年中国第一颗人造地球卫星发射成功。短短 6 年时间,"两弹一星"的任务先后完成,这不仅是中国航天事业发展的辉煌成就,也是新中国和中华民族让世界为之瞩目的重要象征。邓小平曾说:"如果六十年代以来中国没有原子弹、氢弹,没有发射卫星,中国就不能叫有重要影响的大国,就没有现在这样的国际地位。这些东西反映一个民族的能力,也是一个民族、一个国家兴旺发达的标志。"①1999 年 9 月,党中央、国务院、中央军委隆重表彰为中国"两弹一星"事业作出突出贡献的 23 位科技专家,并授予他们"两弹一星功勋奖章"。2020 年习近平总书记在给参与"东方红一号"任务的老科学家的回信中指出:"新时代的航天工作者要以老一代航天人为榜样,大力弘扬'两弹一星'精神,敢于战胜一切艰难险阻,勇于攀登航天科技高峰,让中国人探索太空的脚步迈得更稳更远,早日实现建设航天强国的伟大梦想。"②这为我们挖掘"两弹一星"元勋人物的先进事迹培育时代新人提供了依据。

1."两弹一星"功勋科学家:于敏

在氢弹研制过程中,有一个人功不可没,他就是于敏教授。于敏教授 1926 年出生于宁河,他从小就很聪明,热爱钻研,成绩优异。18 岁那年,于敏考入了北京大学,在北京大学读完研究生后,调到中科院近代物理研究所工作。1961 年,钱三强找到于敏,希望他能够领导和从事中国氢弹理论的研究。这意味着他要放弃以前所有的成果和基础,从零开始去研究一个全新的领域。但为了国家的需要,于敏勇挑重担。他说:"这不太符合我的兴趣,但爱国主义压过兴趣。""杜鲁门和艾森豪威尔都曾赤裸裸地讲,他们绝不能让中国搞氢弹,并且派军舰,带着核武器到我们近海来。是可忍孰不可忍,我过去学的东西都可以抛掉,

---

① 《邓小平文选》第 3 卷,人民出版社 1993 年版,第 279 页。
② 《习近平书信选集》第 1 卷,中央文献出版社 2022 年版,第 271 页。

我一定要全力以赴搞氢弹。"在研究中,于敏平易近人,总是认真听取、记录大家的意见,并及时进行判断和总结,寻找解决问题的突破点,在他的带领下,中国的氢弹理论研究迅速步入正轨。1965 年,中国的氢弹理论研究进入攻坚阶段,于敏带队到上海华东计算技术研究所百日会战,验证团队制定的中国氢弹研制方案。当时,只有一台晶体管计算机可以使用,而且每周只有 10 个小时的时间,且大多在深夜。于敏团队就盯着计算机输出的一张张密密麻麻的数据纸带观察物理量的变化。有一天,他突然说有一处物理量错了,大家都认为计算机运算不可能出错。但最终通过检查发现,由于计算机一个晶体管坏了导致数据出现错误。就是在这样艰难的情况下,于敏带领他的团队很快找到了实现氢弹自持热核燃烧的解决方法,形成了一套从原理、材料到构型基本完整的物理方案,仅用五年时间就突破了西方核大国对中国氢弹理论的封锁。1967 年第一颗氢弹空投爆炸,其爆炸威力和于敏计算的结果基本一致。就这样,于敏隐姓埋名从事氢弹研究工作一干就是 20 多年,直到 1988 年,已经 62 岁的于敏正式被解密,他与氢弹的关系才开始陆续被人知晓,连他的妻子都惊叹道:"没想到老于是做这么高级的秘密工作的。"到了晚年,于敏仍兢兢业业致力于为国培养人才。他说:"一个人的名字,早晚是要没有的,能把微薄的力量融入进祖国的强盛中,便足以自慰了。""离乱中寻觅一张安静的书桌,未曾向洋已经砺就了锋锷。受命之日,寝不安席,当年吴钩,申城淬火,十月出塞,大器初成。一句嘱托,许下了一生;一声巨响,惊诧了世界;一个名字,荡涤了人心。"2014 年感动中国栏目组给于敏的颁奖词正是对其最公正的评价。

2."两弹一星"功勋科学家:王大珩

王大珩 1915 年出生于日本东京,刚满半岁时随父回到祖国。他从小就有过目不忘的本领，不满 5 岁就学会了上千个汉字，并掌握了简单的运算。受其父亲影响，王大珩对天文地理、物理化学方面的知识非常感兴趣。有一次，父亲拿来一根筷子，端来一碗水。父亲把筷子插入水中，问王大珩筷子是弯的还是直的，王大珩回答说是弯的。父亲又把筷子从水里拿出来让王大珩再看，王大珩一看筷子是直的，父亲告诉他，这叫光的折射。从此，王大珩记住了光学这个名字，并且一生都在从事光学事业研究。17 岁那年，王大珩被清华大学物理系录取，毕业后又考上英国伦敦大学帝国学院物理系，主攻光学专业。1942 年，王大珩进入世界有名的光学玻璃制造公司昌司玻璃公司，研究稀土光学玻璃，并获得专利，成为英国研究稀土光学玻璃的先行者。1953 年，王大珩主持中国科学院仪器馆工作，面对国家无法制造精密科学仪器设备所需的光学玻璃这一现实问题，他说："我们想吃红烧肉，要从养猪做起。"他把从国外带回的光学玻璃配方及制造的技术资料全部铺开，在长春光机所进行生产光学玻璃的研究和实验，成功熔炼出中国第一炉光学玻璃，结束了中国没有光学玻璃的历史。此后，在他的带领下，光机所在短短三个多月的时间里，先后完成了电子显微镜、高温金相显微镜、多臂投影仪、高精度经纬仪、大型光谱仪、万能工具显微镜、晶体谱仪和光电测距仪"八大件"的研制，同时研制出十余种系列的颜色光学玻璃。1962 年，国防科委核试验基地研究所要求光机所在一年半的时间内，提供测试原子弹爆炸性能的技术途径。在神秘的戈壁滩，面对苏联专家扔下的一堆仪器设备，整整五个月，王大珩带领团队没日没夜地加班干，硬是将全部设备装修完毕并投入运行。后来，在研制原子弹、导弹的过程中，钱学森说："原子弹、导弹中的光学设备一定要让光机所来做！"就是凭着这样的毅力和精神，王大珩和同事们圆满完成了所有的任务。1964 年，中国成功爆炸第一颗原子弹，王大珩与同事们研制的光学测试仪器在试验中取得了令人满意的效果。此外，王大珩还开创了我国自行研制大型精密光测设备的历史。当时，上级要求长春光机所提供一种集光学、精密机械和自动控制等为一体的综合性的大型精密光学跟踪电影经纬仪，用于测量空间飞行体的轨道参数和飞行姿态，王大珩作为总设计师，从方案到预研到成品，一次研制成功，为我国中程导弹发射试验提供了有鉴定性价值的数据，并为以后洲际导弹发射试验及卫星飞行试验提供了宝贵的测量数据和影像资料。

3. "两弹一星"功勋科学家：王希季

王希季 1921 年出生于云南昆明，自幼勤奋刻苦，13 岁参加昆明市小学毕业考试，获全市第一名，被誉为"春城小状元"。17 岁时考入西南联大，为了实现工业报国的梦想，选择了机械专业。1948 年，只身一人赴美国弗吉尼亚理工学院研究院留学，拿到了动力专业和燃料专业的双硕士学位，并于 1950 年放弃读博返回祖国。1958 年，他突然接到上级通知，要求他到上海机电设计院报到，负责火箭和卫星的总体设计。当时，王希季已经是热电厂发电领域的专家，自己的科研项目即将出成果。但他仍然毫不犹豫地放下手中已经取得的成绩，选择服从分配。当时的新中国"一穷二白"，在国际上又被西方国家孤立和封锁，没有火箭方面的专业知识，没有技术资料，没有国际援助，王希季带领着一群平均年龄只有 21 岁的年轻人，搜集资料自己学，用计算尺、手摇计算器或者拨算盘珠子自己算，用自行车打气筒改造成燃料加压设备，用手电筒灯丝裹上硝化棉制成火箭点火装置，用手转动天线代替自动遥测定向天线跟踪火箭，克服重重困难，历时 2 年时间，成功发射了中国第一枚探空火箭"T—7M"，虽然飞行高度只有 8 公里，但却是中国航天史上的里程碑，标志着中国奔向太空的征程迈出关键的一步。在之后的几年里，王希季带领他的团队，陆续研制成功一系列探空火箭。

1970年，"长征一号"运载火箭升空，中国成为世界上第5个独立研制和发射卫星的国家，而此时的王希季又开始了返回式卫星的研究。1975年，中国自主研发的第一颗返回式卫星"尖兵一号"穿云破雾顺利升空，当大家沉浸在发射成功的喜悦中时，王希季却提着行李赶到卫星测控中心等待卫星返回地面，三天三夜没有合眼，直到卫星安全返回，这使中国成为继美苏之后世界上第三个掌握卫星返回技术和航天光学遥感技术的国家。在20世纪80年代我国先后成功发射的8颗返回式卫星中有6颗是王希季负责研制的。虽然王希季在火箭和卫星研制中发挥了不可替代的作用，但因为他一次次为国家需要"转行"，甚至在很长一段时间里，"长征一号"和"东方红一号"的主要研制名单中都没出现过他的名字……直到1999年"两弹一星"功勋科学家表彰大会，78岁的他站在人民大会堂，人们才知道，这个不起眼的白发老人，为中国航天所作的奠基性贡献。80多岁之后，王希季提出"天疆"的概念，提出太空是国家主权的重要部分。90多岁时，满头白发的他依然活跃在办公室，仍然不知疲倦地为中国航天发展思考、研究，为中国航天发展献计献策。如今，已经百岁高龄的王希季，仍在为我国航天事业作贡献，关心着"中国制造2025"，研究着"互联网+航天"的新项目。王希季用一生的奉献践行了他的誓言：我愿做太空的铺路石！

4."两弹一星"功勋科学家：朱光亚

朱光亚1924年出生于湖北宜昌，高中时转学重庆南开中学，在那里，他表现出了对自然科学的美好憧憬。1941年朱光亚考入国立中央大学物理系，大二时又考入西南联大，受教于周培源、王竹溪、叶企荪、吴有训、朱物华、吴大猷等多位知名教授，建立了十分牢固的物理学基础。1946年，进入美国密执安大学继续从事核物理学的学习和研究。1949年，听到新中国成立的消息，刚获得博士学位的朱光亚立即决定回国,并多次组织召开"新中国与科学工作者""赶快组织起来回国去"等主题座谈会,动员留美学生回国。朱光亚牵头组织起草了著名的《给留美同学的一封公开信》,信中写道:"同学们,听吧!祖国在向我们召唤,四万万五千万的父老兄弟在向我们召唤,五千年的光辉在向我们召唤,我们的人民政府在向我们召唤!回去吧!让我们回去把我们的血汗洒在祖国的土地上灌溉出灿烂的花朵……"1959 年,在钱三强的推荐下,35 岁的朱光亚出任第二机械工业部第九研究所副所长、核武器研究主要技术负责人,从此全身心投入中国原子弹氢弹和核工业的伟大建设事业达半个多世纪。在核武器研制初期,朱光亚科学地提出了爆炸第一颗原子弹的奋斗目标,明确了核试验的"两步走"战略,为党中央决策提供了重要参考。在面对有核国家妄图通过禁止大气层核试验阻止他国发展核武器的阴谋时,朱光亚提出将核试验转入地下的建议,并先后组织突破了相关核心技术,推进了我国核武器研制工作。1964 年,中国第一颗原子弹爆炸成功的那个晚上,从未醉过的朱光亚喝醉了,据说也是他一生中唯一一次醉酒。1966 年,朱光亚参与组织领导的氢弹原理实验获得圆满成功。1967 年,中国第一颗氢弹爆炸成功。著名物理学家、诺贝尔物理学奖获得者李政道称赞朱光亚是中国科技的"众帅之帅"。此外,朱光亚不仅组织领导了国防科技和武器装备发展战略制定、"863"计划的专家论证和起草等我国高技术研究发展计划的制订和实施,而且直接负责航天技术领域和先进防御技术领域的领导,参与指导了我国第一代近程、中程、远程、洲际战略核导弹和潜地核导弹以及核潜艇的研制,参与组织和指导中国第一座核电站——秦山核电站的筹建、核燃料加工技术和核放射性同位素应用等项目的研究开发。1994 年,朱光亚被选聘为首批中国工程院院士,并担任中国工程院第一任院长、党组书记,建立了一整套行之有效的工作方法和程序,为中国工程院的初创和发展做了大量奠基性和开拓性的工作。朱光亚说:"我这一辈子主要做的就这一件事——搞中国的核武器。"围绕一个"核"字,他将毕生的心血献给了祖国。而在从事秘密科研的数十年间,他"学"为人师,"行"为世范,为人们留下了一段又一段感人故事。2004 年,朱光亚 80 岁生日时,为表彰他对我国科技事业作出的杰出贡献,我国国家天文台发现的、国际编号 10388 号小行星被命名为"朱光亚星"。在命名仪式上,这位毕生为祖国创造了无数功绩,作出了巨大贡献的科学巨人只是淡淡地说:"以我的名字命名一颗小行星,我很不敢当……我个人只是集体中的一员,做了一些工作。"

5."两弹一星"功勋科学家:孙家栋

孙家栋 1929 年出生于辽宁省瓦房店,3 岁时随父亲迁往黑龙江省哈尔滨市。1948 年考入哈尔滨工业大学预科学习俄语,后转入汽车系。1951 年被派往苏联茹科夫斯基工程学院学习飞机发动机专业,1958 年荣获斯大林金质奖章,被安排到国防部第五研究院从事导弹研究。1967 年,钱学森点将孙家栋担任"东方红一号"卫星技术负责人。在要资料没资料、要经验没经验、要专家没专家的情况下,孙家栋建议先用最短的时间实现卫星上天,在此基础上,再发射有功能的卫星。同时,大胆选定来自不同单位的 18 名技术人员,即中国卫星发展史上著名的"十八勇士",重新制订"东方红一号"的总体技术方案,最终在短短的 3 年时间完成任务,使中国成为继苏联、美国、法国、日本之后,世界上第 5 个能独立发射卫星的国家。1974 年,我国第一颗返回式遥感卫星发射在即,离点火还剩十几秒时,卫星却没有收到"成功转内电"的信号,这意味着火箭送上太空的只是一个毫无用途的铁疙瘩。在这千钧一发的时刻,孙家栋大喊一声:"停止发射!"现场人员检查并排除了故障原因,孙家栋却由于神经高度紧张昏厥过去……2004 年,我国正式启动探月工程，已是 75 岁高龄的孙家栋再次披挂上阵，挑起工程总设计师重任。每当遇到卫星运行的关键节点，他常常凝望着卫星运行数据图，通宵难眠。3 年后，首颗探月卫星"嫦娥一号"成功发射，成功进入环月工作轨道，孙家栋走到一个僻静的角落，悄悄背过身去，掏出手绢默默地擦去了眼泪……太空中的中国卫星，有三分之一是在孙家栋的领导下研制的。作为一名航天科技工作者，孙家栋参加了我国第一颗人造地球卫星、第一颗返回式卫星、第一颗静止轨道试验通信卫星以及卫星导航系统工程、月球探测工程等多个航天工程的研制工作。他担任我国北斗导航系统第一代和第二代工程总设计师，实现了北斗卫星导航系统的组网和应用。作为我国月球探测工程的主要倡导者之一，担任月球探测一期工程的总设计师，树立了我国航天史上新的里程碑。如今，在航天领域的很多重要场合，还经常能看到孙家栋的身影，他笑称自己是"90 后"，他说："历史的接力棒已经交到了新时代航天人的手中，建设航天强国使命在肩，弘扬航天精神薪火相传，在新的征程上，我愿与大家一起继续前进。"

6."两弹一星"功勋科学家：任新民

任新民 1915 年出生于安徽宁国，他自幼勤奋好学，成绩优异。1934 年考入南京中央大学化学工程系。1937 年考入了重庆中央兵工学校大学部造兵系学习兵器制造。1945 年被选送到美国辛辛那提磨床铣床厂实习，并在实习结束后考入密歇根大学机械工程专业攻读研究生，仅用 4 年时间就取得了硕士和博士学位，毕业前被聘为布法罗大学工程系讲师。1949 年，任新民学成归国，开始了他一生为之奋斗并屡建功勋的国防科技事业。1950 年，任新民参与筹建了培养武器装备研制和使用科技人才的哈尔滨军事工程学院。1955 年参与完成了《对我国研制火箭武器和发展火箭技术的建议》。1956 年参与筹建了国防部第五研究院。1958年被任命为"1059"发动机总设计师,靠着严谨负责、一丝不苟的精神,逐一排查零件的质量问题,把关零件生产的工艺、工序,确保了"1059"发动机仿制成功。1963年被聘为首届科技委委员,作为技术负责人领导和参加了"四弹"研制工作。1968年开始常驻戈壁大漠、东北寒地的发射场,领导和参与"东风三号""东风四号""长征一号"等的研制、飞行试验工作。1970年作为"长征一号"的技术总责任人参加领导了用"长征一号"发射我国第一颗人造地球卫星"东方红一号"的工作。1975年领导和指挥了用"长征二号"首次成功发射返回式遥感卫星的工作。1978年被任命为试验卫星通信工程("331"工程)总设计师。1985年被任命为实用卫星通信工程总设计师和运载火箭与应用卫星系列总设计师。1986年先后被任命为"东方红三号"卫星通信工程总技术顾问和发射外国卫星工程总设计师。任新民的一生波澜壮阔,他亲历了中国航天创建发展的全过程,他无悔无怨、勤奋朴实、甘于奉献、光明磊落的人生,成为孕育、铸就和践行航天精神的杰出代表。但他自己却用简单的一句话概括——"我一生只干了航天这一件事"。

7."两弹一星"功勋科学家:吴自良

吴自良1917年出生于浙江浦江。1937年从天津北洋大学工学院航空工程系毕业后,怀揣着航空救国梦到云南垒允中央飞机厂、昆明中央机器厂工作。1943年赴美国匹兹堡卡内基理工学院冶金系学习并获理学博士学位。1949年,他毅然放弃在美优越的生活条件和极具发展前途的工作,历尽艰辛、突破重重阻挠于1950年返回祖国。1956年,国家面对严峻的国际形势,为了抵御帝国主义的武力威胁,打破大国的核讹诈和核垄断,部署了原子弹的研发任务。研制原子弹,最关键的就是研制它的"心脏"——一种叫做"甲种分离膜"的核心元件。当时,全世界只有美国和苏联两个国家掌握这项技术,但面对苏联专家撤离的现实情况,中国亟须自主研制。吴自良抱着"国家的需要就是我的研究方向"的信念和决心,放下自己的研究项目,转而全身心投入这项艰巨的任务中。当时,研制甲种分离膜,没有资料可参考,只能靠大家一起摸索,碰到技术难关,吴自良都和大家一起讨论,并且以自力更生、自强不息的精神鼓舞大家。作为技术总负责,他不仅奋战在攻关一线,而且积极调动其他单位创造条件为"甲种分离膜"的研制做好保障。在科研工作者夜以继日的勤奋工作下,经过反复的探索、试验、分析和总结,分离膜元件研制中的技术难关被逐一攻克。终于在 1963年,试制出了合乎要求、性能达到实际应用的分离膜元件。1964 年,我国第一颗原子弹爆炸成功。那一天,吴自良终生难忘。从此,中国开始拥有保家卫国、捍卫和平的核力量。"甲种分离膜的制造技术"项目,最后被授予 1984 年国家发明奖一等奖和 1985 年国家科技进步奖特等奖的覆盖项目奖。在今天看来,甲种分离膜的研制工作是一段激动人心的传奇,但对当时的吴自良和他的"战友们"来说,这是高度机密的工作,很长时间里不能向外界吐露,甚至不知结果怎样,成败如何。但他们始终怀抱着对党和国家的朴素深情,从而创造了一个又一个被历史铭记的奇迹。作为"甲种分离膜"元件的第一发明人,吴自良却从不认为这项成果是自己的,他常常讲这项技术的完成是响应毛主席大力协同的号召,在党组织正确领导下大家共同努力的结果。吴自良说,"80 岁以前,我是根'链条',被'挂'上了多项任务。每项任务我都超额完成了,堪称是优质'链条人'了!"

8. "两弹一星"功勋科学家:陈芳允

陈芳允 1916 年出生于浙江黄岩,自幼聪明好学。1934 年考入清华大学机械系,坚定了科学救国的理想抱负。1941 年到成都无线电厂研究室工作,研制发明了我国第一架无线电导航仪。1945 年赴英国留学进修,并作为唯一的中国人参与研制了英国第一套船上海用雷达。1948 年回国后在中央研究院生理生化所工作,研制出生物电子学方面的电子仪器设备。1953 年到北京负责电子学研究所的筹建工作。1957 年,陈芳允对苏联发射的第一颗人造卫星进行了无线电多普勒频率测量,并和天文台的同志计算出卫星的轨道参数,该方法成为我国发射人造卫星所采用的跟踪测轨的主要技术之一。1958 年,陈芳允转向脉冲技术研究,研制出国际领先的毫微秒脉冲取样示波器。1963 年,与同事研制出原子弹爆炸测试用的多道脉冲分析器。1964 年,带领团队研制出可在飞机上使用的单脉冲体制雷达,被广泛运用于我国的歼击机之中。1965 年,担任我国第一颗人造地球卫星测量控制的总体技术负责人,承担地面测量控制设备的研制、台站和中心的建设、轨道计算等方面的艰巨任务,解决了卫星是否进入轨道、卫星轨道是否符合预定要求、卫星在何时到达了什么位置等卫星测量的 3 个重要问题。1970 年,为解决通信卫星发射和定点保持时的跟踪、测轨、遥测和遥控问题,陈芳允提出了"微波统一测控系统",既节省了卫星载荷的体积和重量,也大大节省了地面设备的规模和投资。1977 年,中国建造了"远望号"航天远洋测量船,但由于船上多种测量、通信设备,各种设备间电磁干扰严重,影响了正常工作,陈芳允利用频率分配的方法,解决了测量船上众多设备之间的电磁兼容这一重大技术难题。1983 年,陈芳允等科学家提出,利用 2 颗同步定点卫星进行定位导航的设想,即"双星定位系统"。1986 年,陈芳允与王大珩、王淦昌、杨嘉墀联合向中央提交了《关于跟踪研究外国战略性高技术发展的建议》,得到邓小平的高度重视和亲自批示。1997 年,耄耋之年的陈芳允与当年的其他 3 位院士一起提出了中国月球探测技术发展的建议,促成了嫦娥计划的产生与发展。2001 年,经国际天文学联合会小天体命名委员会批准,国际永久编号为 10929 号的小行星被命名为"陈芳允星"。陈芳允对待工作高标准,但生活极为简朴,直到病逝前,家里也没有一件像样的家具,每次出差乘飞机都坐经济舱,宾馆只住标准间,还经常帮助经济困难的同事、资助年轻人参加考试和出国深造,为家乡的母校设立学生奖励基金。

9. "两弹一星"功勋科学家:陈能宽

陈能宽 1923 年出生于湖南慈利县。自幼聪敏好学,读书刻苦。1942 年被保送到交通大学唐山工学院矿冶工程系。1947 年考入美国耶鲁大学,并且仅用一年时间就获得了硕士学位,又用两年时间在耶鲁大学取得物理冶金博士学位。学有所成的陈能宽本想回国贡献自己的力量,但由于朝鲜战争的爆发,直到 1955 年才排除重重干扰回到祖国。1960 年,陈能宽被调入第二机械工业部北京第九研究所,领导组织核装置爆轰物理、炸药和装药物理化学等研究工作,负责设计爆轰波聚焦元件和测定特殊材料的状态方程两项制造原子弹的关键技术攻关任务,陈能宽带领年轻的团队从零开始,从雷管动作到主装药爆轰做功,驱动并压缩核材料,按照严格的时空关系和物理状态匹配要求,做出了第一颗原子弹所需要的起爆元件,为我国首次核试验铺平了道路。1987 年,64 岁的陈能宽出任"863"计划激光领域首任首席科学家,花甲之年履新,他感慨万千:"不甘迟暮,壮心不已;迎接挑战,奋飞莫停。"在初期不明朗的阶段,他鼓励科学论证、百家争鸣,非常注重对国外技术情报资料的分析研究,特别是美苏的一些动态。他组织专家做了大量跟踪、调研、动态分析、评估等工作,以及与"863"计划有关领域的起草、制订和实施工作,为中国强激光技术在世界上占有一席之地打下了坚实基础。作为新中国最早一批科学家之一,从最初的金属材料到核武器研究,再到激光技术的研究,陈能宽用坚韧的品格和强大的韧性完成了祖国交给他的一个又一个艰巨而伟大的任务,始终以"为国做事"为使命与光荣,以自己严谨的作风和学风,培养和影响了一大批高层次人才,是挺起祖国脊梁的科学家。

10."两弹一星"功勋科学家:杨嘉墀

杨嘉墀1919年出生于江苏吴江,1941年毕业于交通大学电机系,1947年留学美国,先后获得哈佛大学硕博士学位。1949年获悉新中国成立的消息后,杨嘉墀迫不及待地想要回到祖国的怀抱,面对各种诱惑,他总是坚定地回复:"我要回中国工作,那里是我的家。"1956年,杨嘉墀变卖家产,倾尽积蓄购买了示波器、振荡器、真空管、电压表等当时国内急需的科研设备,携妻女返回祖国。1958年,毛泽东发出"我们也要搞人造卫星"的号召。面对当时的情形,杨嘉墀建议我国空间事业应该立足于国内现状,坚持自力更生,一步一个脚印,走独立自主研发的道路。在导弹、原子弹、核潜艇等项目的协同攻关中,杨嘉墀带领团队研制了火箭发动机测量仪表、大型热应力实验设备、核潜艇反应堆控制系统模拟计算装置等仪器设备,完成了应用于首枚氢弹试验和首次地下核试验测量仪器的研制工作。1965年,我国重启人造卫星研制计划,杨嘉墀提出了以科学实验卫星为起点,以返回式卫星为重点,全面开展各领域卫星研制工作的发展设想,为中国航天事业的技术发展指明了方向。杨嘉墀反复强调卫星要上天,试验设备必须先行,并提出相关实验室的建设方案。为解决用来测定姿态的"红外地平仪"低温适应难题,杨嘉墀奔波各地,协调各方,统筹攻关,成功攻克难关,确保该仪器可以在-100℃至50℃的温度环境中工作。1970年,我国第一颗人造卫星发射成功,杨嘉墀领导研制的姿态控制系统圆满地完成了任务。1975年,我国第一颗返回式卫星发射后,突然出现氮气压力下降过快的紧急状况,如果气压下降是因氮气泄漏引起的话,靠喷气产生反作用力所实现姿态控制的返回式卫星,有可能永远无法回家。杨嘉墀用沉稳的语调分析说:"根据我的计算判断,气压降低是地面和外太空的悬殊温差导致,过段时间就会稳定下来,我认为实验可以按原计划继续进行。"最后"太空游子"成功着陆,完美履行了杨嘉墀"在轨三天"的设计。作为"863 计划"四位倡导者之一,杨嘉墀参与起草了《关于跟踪研究外国战略性高技术发展的建议》,提出了"要抓住当前世界新技术革命的时机,瞄准高技术的发展前沿、积极跟踪高技术"的倡议。杨嘉墀的创新胆识和前瞻性的战略眼光,都是基于他深厚的科学素养、跨学科理解能力和长期领导大兵团作战积累的经验。他曾说:"搞研究的要看到 20 年之后,光看眼皮底下的,不是好科学家。"从 20 世纪 90 年代起,深谋远虑的杨嘉墀又先后针对我国载人航天和探月工程作出专题报告,对进入 21 世纪后的月球探索和开发作了全方位的分析,并提出切实可行的建议和实施步骤;针对北斗导航的专利化、产业化和商业化,他与其他五位院士讨论后,牵头起草了《关于促进北斗导航系统应用的建议》,受到国务院的高度重视;之后他又与王大珩等多位院士一同向国务院建议振兴仪器仪表工业,对促进相关行业发展起到了重要作用。杨嘉墀还致力于高技术产业化、科技成果转化以及知识产权保护等方面的对策研究,他认为一个国家高科技产业水平的高低,知识产权保护意识的强弱,成果转化的便利程度,将直接决定其是否具备持续且良性的创新能力。直到去世前,他还在为祖国科技强国之梦出谋划策,他嘱咐了几件事:一是要坚持不懈地继续智能自主控制的研究工作,二是要大力发展重点实验室,加强国内外学术交流,三是要抓紧培养青年科技人才……

11."两弹一星"功勋科学家:周光召

周光召1929年出生于湖南长沙。自小对神秘的大自然就有浓厚的兴趣,从小立志要揭示大自然各种神奇之处。1946年,他考取清华大学先修班,毕业后又考取了北京大学研究生。1957年,周光召被国家派去莫斯科杜布纳联合原子核研究所进行高能物理、粒子物理学等方面的研究和学习。1958年,周光召在国际上第一个提出粒子的螺旋态振幅,建立了与之相对应的数学解答方法,引起国际物理学界的轰动。1961年,周光召听从祖国安排,进入中国第二机械工业部第九研究所进行核应用理论研究。当时,中苏关系破裂,苏联全部撤销了对原子弹等核武器研究的援助,各国对原子、核武器方面的知识采取了高度的保密制约措施,中国唯一可供参考的资料是苏联总顾问遗留给我国介绍原子弹情况的一份简要记录。可惜的是,这份口授的记录在数据上有个别的错误,这些错误引起了很多参与原子弹研究的科学家们的争议。周光召凭借着自己独有的敏锐和自己在数学、物理上的智慧,做出了"最大功"的计算,从而解决了资料上的错误和漏洞,结束了中国人内部的激烈大争论。周光召直接参与了中国第一颗原子弹的研制,并且成功地研制出属于中国人自己的核武器,面对大家的赞誉,周光召却谦虚地说道:"科学事业是集体科学家的事业。研制原子弹,好比一篇读起来惊心动魄、让人热血沸腾的文章。这篇文章是无数工人、解放军战士、工程师和众多的科学技术人员一起写下来的,我完成的部分不过是这篇文章的十万分之一而已。"之后,周光召又参与了我国第一颗氢弹的研制工作。在科学研究中,周光召坚持实事求是的严谨作风和科学态度,凡事都要经过严密、严谨的科学研究程序来进行论证,绝不凭借主观上的臆想而妄下定论。在任中国科学院院长期间,周光召"奉行勇于开拓精神,在中科院内形成民主、团结、融洽、活泼的学术氛围,为在科学院工作的科学家们,提供一个舒适、愉快的工作环境"。他认为,"学术民主和百家争鸣,是繁荣科技的唯一途径",中国科学院"绝对不会利用行政手段,干涉学者们的学术自由"。1980年,周光召应邀前往美国弗吉尼亚大学、加州大学任客座教授。他受到了美国物理学界的热烈欢迎,国外的很多物理学研究的同行,都将周光召当作中国理论物理学界的代表性人物。长期以来,周光召一再强调科学是不分国界的,但是科学家是有国界的。面对所获得的荣誉,周光召对记者说:"我认为这不光是我个人的一个荣誉,同时也是中国全体科学家共有的荣誉。这表明,中国科学家这些年的成就,已经得到了国际学术界的普遍认可,这对我才是最大的荣誉和成就。"周光召的回答让记者和很多国际物理学的大师们,对这位热爱祖国的中国物理学家更加钦佩。

12."两弹一星"功勋科学家:钱学森

钱学森1911年出生于上海,被誉为中国航天之父、中国导弹之父、中国自动化控制之父、火箭之父,是中国唯一一位国家杰出贡献科学家荣誉称号获得者。钱学森从小学习就极为认真,在西安交通大学求学时,一次水利学考试得了100分,但他发现自己的试卷有一处笔误,就当场报告老师,老师对同学们说:"钱学森虽然被扣掉了4分,但他实事求是、严格要求自己的学习态度,在我心目中是满分。"1934年,钱学森以清华大学"庚款留学"公费生的身份前往麻省理工学院学习,仅用一年时间就取得航空工程硕士学位。由于当时美国禁止中国留学生到飞机制造厂实习,钱学森愤而离开麻省理工,前往加州理工学院,师从著名空气动力学家冯·卡门,学习航空理论,专攻高速空气动力学,并于1939年获得加州理工学院航空、数学博士学位。在美期间,钱学森解决了一直困扰飞机超音速飞行产生的"声障"世界性难题,并和冯卡门一起完成了空气动力学的"卡门—钱"近似公式,推动了世界航空理论的发展,36 岁就被麻省理工学院评为终身制"正教授"。1949 年,得知新中国成立的消息,钱学森立即准备回国。但美国人说钱学森一个人抵得上 5 个师,宁可枪毙也不能让他回国,对他进行了长达 5 年的软禁。为了能够让钱学森早日回国,周恩来在日内瓦会议上表示可以释放 11 名在朝鲜战场上俘获的美国高级将领,但美国以没有证据表明钱学森想回国为由坚持不让步。恰好钱学森在给陈叔通的信中表达了"无一日、一时、一刻不思归国,想参加伟大的建设高潮"的迫切心情,以此为证,美国无从狡辩,最终以"驱逐犯人"的名义释放钱学森回国。1955 年,钱学森终于回到祖国,受到党和国家的高度重视,被派往东北重工业区考察。在哈尔滨军事工程学院,陈赓问钱学森:"中国人搞导弹行不行?"钱学森毫不犹豫地说:"中国人怎么不行? 外国人能搞的,难道中国人不能搞? 中国人比他们矮一截?"很快,钱学森就向党中央提交了《建立我国国防航空工业意见书》,详细阐述了中国导弹、火箭研制的发展建设规划。在钱学森的建议下,国防部成立了中国第一个导弹、火箭研究机构,即国防部第五研究院,并从全国各地的高校、研究机构等单位选调了相关科技人员,由钱学森负责从事导弹、火箭、卫星研究。为使大家尽快融入,钱学森经常给大家上课讲授导弹、火箭相关知识,并每周召集大家围绕导弹、卫星开"神仙会",集思广益,解决了导弹、卫星的方案、设计等方面的很多重要问题。1960 年,中国第一枚国产导弹问世并成功发射,导弹准确命中目标,试验取得圆满成功。随后,我国又相继研制成功东风二号、东风三号、东风四号中远程导弹,成功进行了原子弹、导弹结合试验,研制成功第一枚出征太空的火箭——长征一号。钱学森还领导完成了我国第一颗人造地球卫星的研制。那些年,钱学森经常奔波在大漠深处,为技术人员解决难题,每次发射试验,他都亲自到发射场,和大家一起啃窝窝头、睡帐篷,勘察试验情况,排除试验故障。此外,钱学森不仅将自己在动力、制导、气动、结构、材料、计算机等方面的丰富知识充分应用到导弹、火箭和卫星研制试验中,而且留下了《工程控制论》《星际航行概论》等不朽学术著作,主持完成了我国导弹火箭的起步和发展,为我国导弹、火箭和卫星事业作出了开天辟地的卓越贡献,使中国的导弹、原子弹发射至少向前推进了20年,被誉为中国"导弹之父"。晚年时,钱学森对妻子蒋英说,这辈子最大的遗憾,就是没到敦煌去看看。但实际上,钱学森早年常年奔波在导弹和卫星研制及发射试验一线,距离敦煌并不远,有一次勘察航区距离敦煌石窟只有十几公里,但钱学森都因为太忙没顾上去看。钱学森从来不向组织提个人要求,直到临终前,一直住在回国时给他安排的老房子里。钱学森一生淡泊名利,有着崇高的人格品质。他曾经说:"我是一个中国的科技工作者,我所学到的科学技术只服务于我的祖国,我活着的目的就是要为全体中国人民服务,如果说我有所求的话,那我想要的最高理想,就是全国人民对我工作的满意。"

13."两弹一星"功勋科学家:屠守锷

屠守锷1917年出生于浙江湖州,他是我国航天事业的开拓者和奠基人之一,是著名的导弹和火箭专家。少年时,屠守锷就有航空救国的志向,立志要亲手造出自己的飞机。1940年,屠守锷从清华大学航空系毕业,1941年到美国麻省理工学院航空工程系攻读硕士学位,1943年毕业后到布法罗寇蒂斯飞机制造厂成为了一名飞机强度分析工程师。1945年,抗日战争胜利,屠守锷毅然辞职回国,从美国东部的布法罗横穿北美大陆,历时40余天到达西海岸的旧金山,搭乘去青岛的运兵船,历经艰辛,整整花了3个月时间才踏上祖国的土地。1957年,聂荣臻元帅邀请屠守锷到国防部第五研究院负责导弹结构强度和环境条件的研究,这对于他来说是一个全新的课题,相当于从零开始。屠守锷放弃了从事多年的飞机结构力学的研究,转身投入导弹研究。他说:"为啥改行搞导弹?国家需要啊!""国家需要我干这一行,我当然要全力以赴!"1961 年,苏联专家全部撤离,屠守锷临危受命,全面主持技术工作。面对工作中的困难,他总是说:"人家能做到的,不信我们做不到""我们自己要掌握这个技术,让别人不敢轻易碰我们"。1963 年,中央决定尽快造出远程导弹,为了完成任务,屠守锷把所有的精力都放在了工作上,不仅说话简明扼要,而且走路节奏快、步子大。1980 年,为了准备洲际导弹的远程发射试验,他每天往返火箭试验阵地和发射阵地之间,有时候一天工作达 20 小时,一个月内体重降了 10 多斤,当导弹安装到发射架上时,他已经两天两夜没合眼了,他又再一次爬上了发射架仔细地进行了最后一遍检查,最后导弹精准命中了万里之外的目标,使我国拥有了洲际打击能力。为了研制更大推力的火箭,屠守锷提出了"捆绑"的方法,并以长征二号 C 为基础,运用捆绑助推器等技术研制出长征二号 E 火箭,即"长二捆"火箭,于 1990 年首次发射成功,创造了用 18 个月研制一枚新型捆绑火箭的世界航天奇迹,为我国运载火箭进入国际市场奠定了基础。对待工作,屠守锷一直坚持严谨、严肃、严格的风格,他认为"科学是来不得半点马虎的,我们糊弄科学,科学就一定会还以颜色""没有好的作风,就没有资格搞航天"。1998 年,屠守锷将自己的私人积蓄 30 万元全部捐赠给了北京航空航天大学,设立了"宏志清寒助学金"资助那些"贫而有志,穷且益坚,愿意改变祖国和家乡面貌;生活朴素,乐于助人;学习态度端正,有追求真理勇气"的学子。从风华正茂,到年逾花甲,屠守锷把自己的全部心血和热情都倾注到了祖国的航天事业。他说:"我感觉到我们搞这一行的人,都是把国家利益放在自己的利益前面,不为个人的名利,而是以航天工作为第一位。"这位从少年时代起便以航空救国为己任的科学家,直至生命尽头,始终奋斗在中国航天事业的第一线。在他看来,"最快乐的就是任务一个个完成"。

14."两弹一星"功勋科学家:黄纬禄

黄纬禄 1916 年出生于安徽芜湖,是我国著名的火箭与导弹控制技术专家。黄纬禄幼年时对算术十分感兴趣,小时候的梦想是长大了当一名算术老师,经常一个人躲在角落里学习算术。1936 年,黄纬禄以总分第一的成绩考入中央大学电机系,在校期间,目睹了山河破碎,亲历了颠沛流离,坚定了科学救国的决心和信念。1943 年,黄纬禄到伦敦标准电话电缆公司实习,一年后转入马可尼无线电公司,成为最早一批接触导弹的中国人。1947 年黄纬禄从英国伦敦大学帝国学院获得硕士学位后,怀着报效祖国的理想毅然回国。他说,人家的国家再好,总是人家的;我的祖国再不好,再贫穷落后,也是生我养我的故土。作为一个中华民族的子孙,我有责任为自己民族的复兴竭尽绵薄之力。1957 年,当时正处于仿制导弹"东风一号"的关键期,黄纬禄调入国防部五院担任导弹控制系统负责人,面对苏联专家全部撤离的局面,他和同事下定决心要搞出自己的"争气弹"。由于多数技术人员从未搞过导弹,也没有计算机来处理导弹控制研究需要的海量计算,黄纬禄就带领同事人工计算导弹在空中的飞行姿态、轨迹、导弹攻击目标的精准度。1960 年,"东风一号"发射成功。1966 年,我国首次由导弹运载发射的原子弹在核试验预定地点成功爆炸。黄纬禄和他的团队仅用了10 年,便实现了我国导弹零的突破,使我国液体战略导弹控制技术达到了较高的水平。1970 年,黄纬禄被任命为固体潜地导弹技术总负责人,他提出在发射台上做试验、在陆上发射筒中打导弹、在舰艇上打遥测弹的"台、筒、艇"三步走的研制试验方案和在南京长江大桥上进行潜艇模拟弹落水试验方案,既简化了试验设施,也节约了经费和时间。

1979 年,黄纬禄被任命为固体潜地导弹"巨浪一号"和陆基机动导弹"东风二十一号"两个型号的总设计师。研制"巨浪一号",需要协调多个单位、多个机构,还要解决攻克各类技术难关。黄纬禄呕心沥血,把全部精力投入其中,在"巨浪一号"发射成功前的 2 个多月里,由于过度操劳,黄纬禄的体重从 64 公斤一下子降到 53 公斤,人们说他是"剜"下自己的血肉,"补"在导弹上了! 1982 年,固体潜地导弹"巨浪一号"成功坠入目标海域,标志着我国已成为具有自行研制潜地导弹和水下发射战略导弹能力的国家。黄纬禄反复强调"品德比技术更重要",他始终以"严于律己,宽以待人"作为人生格言,对待荣誉总是"退避三舍"。在推选"两弹一星功勋奖章"候选人时,黄纬禄主动相让。他说:"功劳是大家的,不能因为我是总师就总把荣誉归到我的头上。"黄纬禄有贡献而不居功自傲,有条件而不贪图安逸,有权力而不搞特殊化。他曾立下"三大纪律":在试验基地,和大家一起排长队买饭,一起搞卫生,一起扫厕所;到外地出差,交通工具能走就行,一日三餐管饱就行,休息住宿能睡就行;使用公车时,私人外出不用车,接送亲友不用车,家人有事不搭车。长期的忘我工作使黄纬禄积劳成疾,白内障、高血压、胃溃疡、输尿管结石、心脏病接踵而来,但他一直坚持工作,顾不上看病吃药。原国家科委主任宋健在谈到黄纬禄的贡献时说:他是把自己对党和祖国的深厚感情倾注到了事业之中,他的心是紧紧和导弹连在一起的,导弹就是他的生命。

15."两弹一星"功勋科学家:程开甲

程开甲 1918 年出生于江苏吴江,1941 年毕业于浙江大学物理系。1946 年赴英国爱丁堡大学留学,留学期间,程开甲时刻惦记着祖国,"我决心珍惜机会,学有所成,报效国家。我相信通过我们的努力,中国会富强起来"。1949 年,程开甲决定回国,回国前,他跑遍了图书馆和书店,收集了固体物理、金属物理方面的知识和资料,这些资料对于刚成立的新中国而言十分宝贵。多年后,有人问程开甲对当初的决定怎样想,程开甲感慨地说:"我不回国,可能会在学术上有更大的成就,但最多是一个国家的二等公民的科学家,绝不会有这样幸福,因为我所做的一切,都和祖国紧紧地联系在一起。"回国后,程开甲开创了国内系统的热力学内耗理论研究,出版了我国第一部《固体物理学》专著,创建了南京大学核物理专业,参与筹建了江苏省原子能研究所,成功研制出一台双聚焦 β 谱仪,研制出南京大学第一台直线加速器,就这样程开甲一次又一次改变自己的专业,从零开始创业,有人也曾劝他,"今天干这个,明天干那个,当心变成万金油,东搞西搞,搞不出什么名堂"。但他说:"我当然清楚自己的优势是在理论研究方面,但组织上决定,我坚决服从,只要国家需要,我义不容辞。"1969 年首次平洞核试验成功,为了掌握地下核爆炸的第一手材料,程开甲等科学家进入核爆炸中心做考察,他们在直径只有 80 厘米的小管洞中匍匐爬行,最后进到爆炸形成的一个巨大空间,洞里温度很高,但他们即便是汗流浃背,也坚持把所有考察工作做完,取得了中国地下核试验现象学的第一手资料。从 1963 年第一次踏进罗布泊到 1985 年,程开甲在核试验基地生活了 20 多年,创立了中国自己的系统核爆炸理论和效应研究,设计和主持了包括首次原子弹、氢弹、导弹核武器、平洞、竖井和增强型原子弹在内的几十次试验,为开创中国核武器研究和核试验事业,倾注了全部心血和才智,为核武器应用奠定了坚实基础,是中国指挥核试验次数最多的科学家,人们称程开甲是"核司令"。对于荣誉和称号,程开甲说:"我只是代表,功劳是大家的,功勋奖章是对'两弹一星'精神的肯定,我们的成就是所有参加者,有名的、无名的英雄们在弯弯曲曲的道路上一步一个脚印去完成的。"伟大的科学家是不求名利的,真正为祖国作出了重大贡献的科学家,祖国和人民不会忘记。

16.“两弹一星”功勋科学家:彭桓武

彭桓武 1915 年出生于吉林长春,16 岁就考入了清华大学物理系,与王竹溪、林家翘、杨振宁等一起被誉为“清华四杰”。1940 年,25 岁的彭桓武获英国爱丁堡大学哲学博士学位。1947 年,彭桓武在比利时参加“大学教授会议”后,绕道法国巴黎看望钱三强,并与钱三强相约:回到中国,报效国家。多年以后,有人问起彭桓武,当年已在英国学术界有了极高的声誉与地位,为何还要选择回国时,彭桓武说:“回国是不需要理由的,不回国才需要理由。”1961 年,国家准备调彭桓武去核武器研究所顶替苏联专家的工作。钱三强问他:“有什么困难没有?”他说:“没有,国家需要我,我去。”彼时,周总理对彭桓武说:“这一次,调你去研制原子弹,可是一项政治任务啊!”彭桓武握着周总理的手连连点头。彭桓武后来说:“周总理的这句话,我记了一辈子。”从此,彭桓武、王淦昌、郭永怀成为我国核武器原子弹研制的最初的三大支柱。在有关部门领导支持下,他以强有力的理论手段,首先完成了原子弹反应过程的初步估算,提出了决定各反应过程的主要物理量,为掌握原子弹反应的基本规律与物理图像起了重要作用。然后,他又亲自领导,精心组织,经过反复论证,引导原子弹理论设计从迷雾中走了出来。1962 年,《原子弹理论设计方案》诞生并投入实施后,彭桓武又率领他的队伍攻向新的课题——氢弹。在一次次的不断探索与讨论中,一个个秘密被揭开,新的理论方案诞生了。1967 年,我国第一颗氢弹爆炸成功。1996 年,彭桓武拿出获得何梁何利基金科学与技术成就奖的奖金 100万港币,设立了“彭桓武纪念赠款”,用这笔钱奖励那些当年为祖国的尖端科学事业作出过贡献的人。彭桓武的一生是为中国科研突破奋斗的一生,他这一辈子并没有享多少福,但是却作出了突出的贡献。他离世后捐出了所有的东西,唯一能够剩下的,便是在遥远星空一颗编号为48798 的小行星,它叫彭桓武星。

17."两弹一星"功勋科学家:王淦昌

王淦昌 1907 年出生于江苏常熟,18 岁时考入清华大学,成为第一届清华大学生。在大学期间,他勤奋好学,经常泡在图书馆和科学馆,一待就是一整天,经常要被管理员反复催促才离开,即便周末也是如此。有一次参加关于气象知识的科研活动,他没日没夜地在图书馆查找资料,在气温零度以下的清晨架设备,做记录,手指都冻僵了,还坚持写下观测数据,整整六个月,一天没有落下过,交出的研究成果得到教授们的连连赞叹。正因孜孜以求的求学态度,他在著名物理学家叶企孙教授的引领下,成为清华大学第一届物理系学生。1930 年,王淦昌从清华大学毕业后到德国柏林大学深造,出发前,他向导师请求到德国哥廷根进修半年学习理论知识,在那里,他不仅拼命学理论,而且利用一切机会学德语,回校后竟用流利的德语和他的导师迈特纳对话交流,这让在世界物理学界享有盛名的迈特纳教授对这个唯一的中国学生赞赏有加。在柏林求学期间,他依然早出晚归勤奋学习,经常因做实验太入迷被锁在研究室,而不得不翻越围墙回宿舍。有一次,他在参加物理学讨论会时,忽然产生了一个测量中子的思路,但没有得到导师的认可。两年后,剑桥大学的查德威克实验成功,发现了中子的存在,获得诺贝尔物理学奖。但令人意想不到的是,他所运用的测量方法,就是王淦昌向迈特纳建议的测量方法。在抗美援朝战役中,为了探究清楚美国所使用的炮弹武器,王淦昌毫不犹豫地接受安排前往战场,并且主动提出要去交战最激烈的地方获取更准确的数据,为了他的生命安全,申请没有被批准。王淦昌在命令范围内,彻夜开展研究工作,专业分析和探究后,向首长们汇报美国各种炮弹的结构、原理,为战场提供了有力的理论数据。1956 年,王淦昌凭借着在国内主持原子弹五年计划的经验,作为中国代表去苏联参加社会主义国家原子核的研究。王淦昌带领的小组在研究中率先发现反西格玛负超子,成为世界物理学界的辉煌成果。正在研究的紧要关头,苏联单方面撕毁和中国的合作协议,撤走所有在中国的原子弹研制专家。王淦昌被紧急召回国,接受国家秘密安排的一项大任务:造中国的原子弹。当钱三强向他传达党中央的决定时,王淦昌放下手中正在研究的、冲刺诺贝尔奖的课题,说了六个字:我愿以身许国! 从此,世界物理学界著名的物理学家王淦昌突然"消失不见",在我国条件恶劣、地域偏僻的大西北,一待就是 17 年。在半沙漠地带的试验场上,大风卷起飞沙走石打在人身上生疼,有时候还会把居住的帐篷吹到半空中,在这样恶劣的条件下,年过半百的王淦昌和年轻的战友们,用自己的青春年华、血肉之躯,为我国原子弹成功爆破默默付出。王淦昌更是不顾年龄和身体的原因,事事都冲在最前沿,一点都不顾虑爆炸实验的危险。终于,在无数的爆炸实验后,1964 年,我国成功爆破第一颗原子弹! 随着我国原子弹事业的成功,执行秘密任务 17 年之久的王淦昌,在 1978 年圆满结束任务回到北京。2002 年,国际小行星命名委员会,用王淦昌的名字命名一颗小行星为"王淦昌星"。王淦昌从小失去双亲,生长在中国最苦难的时代,3 次错过诺贝尔奖,为了国家利益隐姓埋名 17 年,在去世前还双手合十拜托同事们完成核能事业的研究。他舍小家为大家,不计功名、不论得失,一生许国、无怨无悔。这才是中国真正的英雄!

18.“两弹一星”功勋科学家:邓稼先

邓稼先 1924 年出生于安徽怀宁,他是我国著名的核物理学家,中国核武器研制工作的开拓者和奠基者之一。少年时,父亲就叮嘱他要学科学,因为学科学对国家有用。邓稼先牢记父亲嘱托,立志科学报国,并通过自己的努力考入了西南联合大学物理系,后来又到美国普渡大学物理系深造。临行前,他说:"将来祖国建设需要人才,我学成一定回来。"1958年,年仅34岁的邓稼先欣然接受了参与国家放"大炮仗"的光荣任务,成为中国第一颗原子弹的理论设计负责人。在接受研制核弹历史重任的那天夜晚,他对妻子说,以后家里的事我就不能管了,我的生命就献给未来的工作了。做好了这件事,我这一生就过得很有意义,就是为了它死了也值得!在领导核试验的工作中,他总是身先士卒,冲锋在第一线,为了保证第一颗原子弹正常爆炸,先后指挥了15次核试验。即便是在核武器插雷管、铀球加工等危险时刻,他也坚持与操作人员一起工作。有一次氢弹试验中,由于降落伞没有打开,飞机空投的氢弹直接摔到地上,正在现场的他对其他人说:"你们谁也不要去,这是我做的,我知道。你们去了也是白受污染",自己冲进试验场,用双手把裸弹抱了回来。这次与裸弹的零距离接触,致使邓稼先受到了严重的核辐射,肝脏有破损,骨髓侵入了放射物,小便中也带有放射性物质,但他仍然坚持在基地工作。研制原子弹初期,在资料、条件和环境极为匮乏的情况下,邓稼先选定了中子物理、流体力学和高温高压下的物质性质三个方面作为主攻方向,与其他年轻科研人员一起运用手摇和电动计算机、算盘和钢笔等最原始的工具进行夜以继日的繁重数学计算,完成了原子弹理论设计方案,解决了中国原子弹试验成功的关键性难题,确保了第一颗原子弹的成功。邓稼先还与周光召合写了核武器理论设计的开创性著作《我国第一颗原子弹理论研究总结》,为以后的理论设计提供了指导方向,也成为培养科研人员入门的教科书。在生活中,他平易近人,从不摆架子,喜欢同事们喊他"老邓",经常关心年轻同志,做人非常谦虚低调,经常说"核武器事业是成千上万人的努力才取得成功的,我只不过做了一小部分应该做的工作"。1985年7

月,他被检查出直肠癌住进医院,363 天内动了 3 次手术,疼痛不止。即使这样,在生命的最后时光,他脑海想的仍然是中国的核事业,忍着病痛和核物理学家于敏共同书写了《中国核武器发展规划建议书》,在这份建议中,涉及了"星球大战""激光""电磁轨道"等高科技领域,使得中国的核武器技术,继续领先了十年,并且在全面禁止核武器之前,使得我国的核技术达到了实验室的模拟水平。邓稼先具有纵死不悔的抉择和对祖国无限忠诚的情怀:"选择了核武器,就意味着选择了牺牲和付出。可是,我对自己的选择,终生无悔。""假如生命终结之后能够再生,那么,我仍选择中国,选择核事业。"

19."两弹一星"功勋科学家:赵九章

赵九章 1907 年出生于河南开封,从小学习刻苦,1929 年考入清华大学物理系,师从著名的物理学家叶企孙。大学毕业时被选派赴德国柏林大学攻读气象学,博士毕业后拒绝了德国的高薪挽留,于 1938 年回到祖国。1958 年,中央决定搞人造卫星,上级征求赵九章意见;"交给你一项新任务,不能再发表任何文章,你能不能做到?"他不假思索道:"只要是国家需要的,我就去做。"当时的中国,一穷二白,没技术、没资料、没人才,于是赵九章带队赴苏联学习,希望能够得到对方的帮助和支持。然而,对方招待很热情,但谈到卫星时却非常谨慎,完全没有帮助和支持的想法。最后,他们除了看到了卫星的外壳,其他什么也没看到。这让赵九章认识到,"靠天靠地靠不住,我们还是要靠自己的力量,我们一定能制造出中国自己的卫星"。凭借这股不服输的劲儿,他带领团队开始了研制人造卫星的征程。由于各种条件不足,他深知只有一步一步来,稳扎稳打才能最后成功。他提出了"中国发展人造卫星,自力更生,由小到大,由低至高"分步走策略,可以先从探空火箭开始,再搞小卫星,最后搞大卫星。就这样,他带领团队没日没夜地开始摸索和研究,累了饿了就在实验室里啃点馍喝点白开水,趴资料上睡一会儿,每天只休息几个小时,终于研制出了人造卫星用的多普勒测速定位系统和信标机。经过多年的研究,在他的提议下,1965 年,我国人造卫星工程正式立项,取名"东方红 1 号",赵九章担任总负责人。又经过 5 年的攻坚,终于在 1970 年将"东方红 1 号"成功升上了天空,标志着我国第一颗人造卫星正式成功。此外,赵九章深知,凭借一己之力,不可能改变贫穷落后的中国。于是,新中国一成立,赵九章立马写信给国外很多学生和朋友,邀请他们抓紧回国建设祖国。在他的感召下,一大批科学家纷纷回国效力。在生活上,赵九章十分节俭,即便自己已经是西南联合大学的知名教授,但他生活一直过得非常清贫,衣服都是打满了补丁。有次搬家,一辆小推车就将全部的家当装下了。

20."两弹一星"功勋科学家:姚桐斌

姚桐斌 1922 年出生于江苏无锡,他是我国著名的冶金学、航天材料专家、火箭材料及工艺技术专家。他自幼家境贫寒,但成绩优异,高中毕业时同时被武汉大学、湖南大学、交通大学唐山工学院等 7 所大学录取,大学毕业后又到英国伯明翰大学工业冶金系公费攻读研究生。此后,又到联邦德国亚琛工业大学开展金属粘性及流动性研究。在这期间,学识渊博、见解独特而学术成果突出的姚桐斌,很快名声大噪,但他毅然坚持回国。他说:"我是中国人,当年出国就是为了现在回国。现在中国还比较落后,但将来中国一定会强盛起来。"回国后的姚桐斌拒绝了清华大学等单位的邀请,心甘情愿到第五研究院设计部门工作。他总是跟同事们说:要"为设计服务",要"甘当配角","我回来不是为了名誉和地位,而是为了将学到的知识贡献给国家建设。我愿意在基层做一些具体的事情,和大家一起为我国火箭上天贡献力量",并时常用《苏三起解》中梅兰芳和肖长华互相成就博得满堂彩的故事勉励身边的人。为了研制导弹所需的材料,他跑遍了国内的材料研究单位和生产企业,跑遍了图书馆和书店,搜集文献资料和落实材料生产,为我国航天材料的研制奠定了坚实的基础。他提出研制航天材料,既要靠近设计部门,又要靠近材料研究和生产部门的火箭材料研究单位发挥桥梁作用,要"抓两头,带中间",这一创新思路开启了全国协同研制航天新型材料的新局面,促进了我国冶金、化工、建材等工业技术和材料科学的发展。姚桐斌曾经立下铮铮誓言,"只要能把我国的航天事业搞上去,我就是死了也甘心! 同志们,我们大家一起努力吧!"为了提升科研人员的研究能力,姚桐斌百忙之中形成了两万五千字的文章《研究工作方法》,对科研工作的阶段和程序、研究课题的提出及技术要求确定、文献资料的收集整理及总结、科研报告的语言风格等开展研究的科学方法进行了极为翔实的阐述。时至今日,《研究工作方法》仍然是导弹研究院研究工作必须遵循的纲领性文件。姚桐斌一生坚守报效祖国的初心,毕生践行为国奉献的使命,用自己的生命,点燃了我国航天事业的点点火光,他的精神,将被永远铭记和流传。

21."两弹一星"功勋科学家:钱骥

钱骥是我国著名的空间技术和空间物理专家。他 1917 年出生于江苏金坛,自幼家境贫困,为了供其读书,父亲卖了几亩地才凑够了他的学费。后来他回忆说:"在我读中学阶段,家中就常常以典卖土地来维持我的求学费用,家里的人苦熬着,而让我读书的情形,当时我对他们的目的,虽年幼而认识不清楚,但却促使着我读书时非常努力。"为了不增加家庭负担,他放弃了读高中、考大学的机会,而选择了食宿全免的师范学校,后又考入国立中央大学理化系。求学期间,他学习刻苦,成绩优异,而且思想进步。老师评价他"钱骥成绩好,思想觉悟高,还可以组织学生运动,前途无量"。1958 年,卫星研制初期,面对要资料没资料、要条件没条件、要基础没基础的现实情况,钱骥提出了卫星升不了天,可以先让火箭升天的办法。1965 年,钱骥正式向国务院报告关于第一颗人造卫星总体方案,提交了《我国卫星系列发展规划设想》,周总理边看报告边同他说"姓钱很好嘛。我们高尖端科技,核弹导弹卫星,那一样都需要钱",他回答说:"是,是,我们国家需要钱的地方太多了,但愿我能在航天设计上省些钱",这次汇报为我国第一颗人造卫星立项奠定了基础。此后,他跑遍了全国的研究单位,协调资源和进度。他亲自参加了 200 多次项目试验,填补了中国在人造卫星、火箭探空等领域的空白,奠定了卫星上空的基石。1970 年中国第一颗人造地球卫星——"东方红一号"发射成功,目睹卫星升空全过程的钱骥流下了激动的泪水。钱骥时常说,事业就是生命,甘当铺路石。没有目标,生活便失去意义,努力达成目标后,人的精神也随之饱满充沛。"东方红一号"卫星腾空而起后,钱骥又带领中国空间技术研究院科研骨干先后研制了返回式卫星、科学卫星、通信卫星等,还提出了卫星通信的自主、保密安全等问题,推进了我国空间科学技术的发展。1983 年,钱骥患胆囊癌住进医院,在生命最后的时光里,他仍然挂念着他那魂牵梦萦的卫星事业,床头堆满了各种技术资料和刊物,每当有人来看他时,他总是询问卫星研制和技术攻关进度之类的问题。从东方红一号,到中国航天史上多个第一,从返回卫星到通信卫星,中国空间技术沿着钱骥规划的足迹稳步向前,他这一生把卫星事业当作生命,甘做一颗默默无闻的铺路石,为祖国的未来艰苦奋斗,铁马冰河,他用全部的热爱和心血贡献出了他隐秘而伟大的一生,践行了一位航天工作者对祖国的承诺。

22."两弹一星"功勋科学家:钱三强

钱三强是我国著名的核物理学家,原子能事业的创始人,被誉为

"中国原子弹之父"。1913 年出生于浙江湖州,本科毕业于清华大学,后到巴黎大学镭学研究所居里实验室攻读博士学位。诺贝尔化学奖获得者约里奥·居里夫妇在给他的评语中写道:他对科学事业满腔热忱,并且聪慧有创见。1946 年,钱三强与夫人何泽慧合作发现了铀核的三分裂和四分裂现象,成为获得亨利·德巴微物理学奖金的第一位中国学者。基于"虽然科学没有国界,但科学家都是有祖国的"动因,钱三强于 1948 年毅然决然回到战乱中的祖国。1949 年,在"科代会"筹备会议上,钱三强提出要以苏联、法国科学院为雏形,设立中国自己的"国家科学院",并参与起草了《建立人民科学院草案》,勾画了科学院的基本框架,为科学院的筹建工作打下了良好的基础,也为新中国科技事业的发展作出了重大奠基性贡献。新中国成立后,钱三强就全身心投入到了原子能事业创建工作中,从初期负责制定原子能发展规划,到建成中国第一个重水型原子反应堆、第一台回旋加速器等一批重要的仪器设备,再到苏联撤走全部专家后的中国核弹研究技术上的总负责人、总设计师,他为我国进一步发展核科学技术奠定了基础。同时,他还协助北京大学、清华大学、中国科技大学建立起技术物理系、原子核物理系等,为中国核科学和核工业培养人才。早在 1960 年,他就提出:氢弹是要以原子弹做引爆器,但它与原子弹有不同的原理和规律,与轻核聚变反应有关的理论问题,需要有人先做探索,宜早不宜迟。于是,在研究原子弹的同时,他就组织了一批理论物理学家对热核反应机理进行了探索性研究,为氢弹研制作了理论准备,促成了中国在第一颗原子弹爆炸后仅两年零八个月,就研制成功了氢弹。为了更好地发展核事业,他坚持国家利益至上,在全国范围内调兵遣将,将最优秀的人才推荐到核武器研究所,郭永怀、朱光亚、邓稼先、赵忠尧、杨澄中、杨承宗、肖伦等,很多都得到他的推荐。据统计,23 位"两弹一星"功勋科学家中,有 15 人由钱三强动员回国,其中 7 人由他直接推荐到核武器研制一线。他反复强调:舍得把最好、最顶用的人用到最需要、最关键的地方去,不分是你的还是我的。可以说,为了中国原子能科学事业的发展,钱三强呕心沥血、鞠躬尽瘁。周光召曾经这样评价钱三强:"熟悉钱先生的人,不会忘记他那宽阔的胸怀,勇挑重担的气魄,杰出的组织才能,甘为人梯的精神,谦逊朴实的作风,以及只求奉献不求索取的高风亮节。在钱先生身上,科学和道德达到了高度的统一。"而他自己却总是谦虚地说:"我作为一个老科技工作者,能把自己化作卵石、化作沙粒,铺垫在千军万马去夺取胜利的征途上,而感到高兴、欣慰!"由于在学习和科研工作中表现出突出的科研能力和杰出的组织能力,钱先生还是一位优秀的组织工作者,在精神、科学与技术方面,他具备研究机构的领导者所拥有的各种品德。在战乱中献身科学事业,在祖国最需要的时候毅然归国,用自己奉献的一生标注出中国核武器的转折点,他实现了自己"光明的中国,让我的生命为你燃烧"的报国宏愿。

23."两弹一星"功勋科学家:郭永怀

郭永怀是我国著名力学家、应用数学家,核武器事业的先驱,中国近代力学事业的奠基人之一。他 1909 年出生于山东荣成,大学毕业于北京大学物理系,加拿大多伦多大学硕士学位,美国加州理工学院博士学位。在外期间,他同钱学森一起提出"上临界马赫数"概念,为人类突破"声障"难题即跨声速飞行奠定了理论基础,他运用并发展了奇异摄动理论,形成了国际社会公认的 PLK(庞家勒-赖特希尔-郭永怀)数学方法,解决了跨声速气体动力学的一个难题,其在跨声速研究领域的学术成就博得了世界公认。即便已经学有所成且享誉国际,即便美国为其提供了优渥条件,但他毅然选择回到祖国。为了能够回到祖国,他苦等 6 年,甚至烧毁自己的大批科研资料和讲义手稿,终于冲破重重阻挠,踏上阔别16年的土地。谈起回国原因,他曾撰文写道:"这几年来,我国在共产党领导下所获得的辉煌成就,连我们的敌人,也不能不承认。在这样一个千载难逢的时代,我自认为,我作为一个中国人,有责任回到祖国,和人民一道,共同建设我们美丽的山河。"回国后,他便全身心投入到中国力学学科建设、科学研究和人才培养的事业中,先后负责中国科学院力学研究所的科技领导工作、中国科学技术大学化学物理系筹建、制订新中国"十二年科技规划"中力学学科规划等工作,为我国近代力学发展打下了坚实基础。1960年,在钱学森的大力推荐下,郭永怀开始专门从事我国核武器研制,同王淦昌、彭桓武一起组成了中国核武器研究最初的三大支柱。其中,王淦昌负责物理实验,彭桓武负责理论设计,郭永怀负责力学方面的技术领导工作,具体主要负责核武器的结构设计、强度计算和环境试验。关于郭永怀对我国核武器研制作出的贡献,朱光亚院士曾给予这样的评价:在研制我国第一颗原子弹时,郭永怀提出了以"内爆法"原子弹为主攻方向,并领导大家建立了爆轰过程的计算模型和计算方法;同时还出任场外试验委员会的主任委员,经常深入现场指导爆轰试验,为我国原子弹研制工作的突破付出了大量心血。郭永怀十分重视原子弹、氢弹的武器化,领导开展了核武器的总体结构设计、环境模拟试验等与力学相关的工作,建立了一整套设计、试验方法和试验设施,为核航弹试验、导弹原子弹"两弹"结合试验、氢弹试验等一系列重大试验的安全与成功,为我国核武器事业的长远发展作出了重要贡献,他是"两弹一星"元勋中唯一一位在我国核弹、导弹、地球卫星三个重要领域都作出巨大贡献的科学家。1968年,他在我国第一颗热核导弹发射试验中发现了一个重要线索,乘飞机连夜赶回北京时因飞机故障坠毁而不幸遇难,当搜救人员在飞机残骸中找到他的尸体时,发现他跟警卫员紧紧地抱在一起,两个人怀中紧紧抱着的是一个公文包,里面是保护完好的核武器绝密资料。直到生命的最后一刻,郭永怀首先想到的不是个人安危,而是誓死保护好事关国家安全的绝密资料。郭永怀学成归国、报效祖国的爱国精神,追求真理、严谨治学的科学精神,淡泊名利、潜心研究的奉献精神,是留给我们的宝贵精神财富。

二、航天英雄与英雄航天员

古人云:"轰鸣起飞,云散尽,划破戈壁上空。穿越太行,俯瞰道,燕赵大地可歌。"自古以来,人类就对宇宙有强烈的好奇心,从星象占卜到天文观测,再到载人航天,人类正在揭开宇宙神秘的面纱。但宇宙浩瀚无边,尚有许多未知,这也就意味着我们探索宇宙的实践中必然要面临未知的风险和挑战。在中国载人航天事业发展的进程中,涌现出无数的杰出人才和英雄人物,为推进航天事业发展作出了重要贡献。2003 年,中共中央、国务院、中央军委授予杨利伟"航天英雄"荣誉称号,并颁发"航天功勋奖章"。2008 年,翟志刚被中共中央、国务院、中央军委授予"航天英雄"荣誉称号,并获"航天功勋奖章"。他们面对困难挑战、生死考验,敢为天下先的精神值得我们学习。

1. 航天英雄:杨利伟

杨利伟 1965 年出生于辽宁省葫芦岛市绥中县,自幼学习刻苦,成绩优异,尤其对太空充满好奇,梦想自己将来能够成为一名光荣的飞行员。高中毕业时,他通过空军招飞选拔,顺利考入中国人民解放军第八航空学校,正式成为一名空军飞行员学员。在校期间,他以顽强的毅力和专注的精神,不断掌握各种飞行技能,以优异的成绩毕业,并当上一名强击机飞行员,实现了飞上蓝天的儿时梦想。1992 年,杨利伟被调入驻川航空兵某团,在那里,他不断实现技术突破,积累飞行经验,而且以顶尖的飞行素养和专业精神赢得了各种荣誉。在一次超低空飞行日常的飞行训练时,因一台发动机故障导致飞机失去平衡和稳定,他临危不乱,迅速评估形势,凭借出色的操作技巧和丰富的经验,以单发动机的力量飞越高山峻岭,平安返回基地。当得知选拔航天员时,他毫不犹豫就报名参加,并顺利通过基础理论知识和广博的知识数量等理论考试,离心机飞速旋转、七倍体重的超重测试、压力实验舱模拟 5000 米、10000 米高空检查气压功能和低压缺氧耐力、下体负压等挑战自己身体极限的生理机能考试,成为中华人民共和国第一代航天员。2003年,杨利伟登上神舟五号载人飞船,历时 21 小时 23 分钟,完成了 14 圈地球的飞行,顺利返回地球,实现了中华民族千年飞天的愿望,使中国成为全球第三个独立掌握载人航天技术的国家。出舱时,他自豪地说:"作为一名中国人,我为我的祖国感到骄傲!"在这次历史性飞行中,神舟五号在升至约 3 万米的高空时遭遇了强烈的抖动,持续了 26 秒,给他带来了无以用语言描述的痛苦,但他紧咬牙关,凭借冷静与坚韧忍受住了这种折磨。另外,"首飞"本身就意味着用生命去探索未知,很难做到万无一失,但面对未知的风险,杨利伟义无反顾接受这个挑战,这份精神和胆量令我们敬佩。作为中国的航天英雄,杨利伟为中国航天事业作出了卓越的贡献。他的成功飞行不仅使得中国成为能够独立进行载人航天的国家,也将中国的航天事业推向了新的高度。杨利伟的勇气、智慧和奉献精神将继续激励更多人投身航天事业,为实现中国航天梦努力奋斗。2010 年,杨利伟在北京交通大学"为祖国而骄傲"报告会上谈到祖国对当代大学生的要求时,他说:"不管是祖国的航天事业还是其他岗位,需要的是兼具知识、能力和意志的人才,当代大学生应该珍惜大学生活,不仅学习知识,更应学习方法,学习做人、做事,要胸怀祖国、热爱人民、脚踏实地、勤勉自强。"中国的航天技术距离世界顶尖水平还有一定差距,这就需要当代大学生更加勤奋努力,为了中国的荣誉不断开拓和创新。

2.航天英雄:翟志刚

翟志刚 1966 年出生于黑龙江省龙江县,家有 6 个姐弟,父亲早年患病,家境十分贫困,一家全靠母亲炒瓜子和哥哥外出打工维持生计。翟志刚很小就十分懂事,不仅学习用功,而且放学后经常帮家里干活,有时候还到镇上替换母亲炒瓜子卖瓜子。中学时,为了能够更多地帮助母亲,翟志刚一度想放弃读书,但在母亲的强烈坚持下只好又返回校园。高考前夕,空军飞行学校来校招生,翟志刚经过层层选拔最终考入长春第二飞行学院,成为家乡第一个被录取的飞行员。1998 年,翟志刚凭借突出的飞行表现,顺利通过航天员的筛选,成为我国首批航天员。2003 年,翟志刚入选神舟五号首飞梯队,成为神舟五号的备份航天员。虽然最后没有实现飞往太空的梦想,但他并未气馁,而是以更加专注的态度协助队友杨利伟做好了飞船起飞前的各项准备工作。当神舟五号顺利升空并成功返回,他与队友们对飞行过程中产生的问题进行分析和总结后终于能够返家探亲,但迎接他的却是一幅母亲的黑白遗像和满屋的白绫,他在母亲的灵堂前长跪不起,心中满是对母亲的思念和愧疚,他发誓不会让母亲失望,一定会为祖国的航天事业鞠躬尽瘁。2008 年,翟志刚终于被选为航天员,同时兼任飞船指令长,多年来的航天梦想终于实现了。出舱前,警报突然响起:"轨道舱着火了! 轨道舱起火!"虽然检查所有设备没有找到原因,但翟志刚毅然手持中国国旗走出舱门,向祖国和人民报告:"请祖国放心,我们一定坚决完成任务",顺利出舱作业 19 分钟 35 秒,出色地完成了事先布置的任务,完成了中国人的首次太空行走,使中国成为世界上第三个独立掌握空间出舱活动关键技术的国家。2021 年,翟志刚再次出发,担任指令长,与王亚平、叶光富共同执行神舟十三号载人飞行任务,在太空长期驻留 6 个月。翟志刚的伟大成就不仅仅是为了自己,更是为了人类探索太空的梦想。他勇于挑战自我,超越了自己的极限,并向世界展示了中国航天事业的飞速发展,也激励着每一个有追求、有梦想的人,告诉他们只要坚持不懈,就能创造出属于自己的奇迹。

3. 英雄航天员:费俊龙

费俊龙 1965 年出生于江苏昆山,小时候就梦想成为一名军人。1982 年,即将中学毕业的他瞒着父母报名参加了空军招飞,并通过了严格的考核进入长春航校学习。大学期间,他学习刻苦,每门成绩都是优秀。毕业前,学校领导希望他留在五航校任飞行教员,考虑到飞行事业的需要,他放弃了回到条件较好的九航校任教的机会,选择留在大西北,成为了空军第五航空学校的一名飞行教员,一干就是 15 年。1995 年,国家选拔航天员,费俊龙毫不犹豫地报了名。为了能够成为航天员,他戒掉了香烟,并通过了体检和各项航天生理功能特殊检查,从 1500 人中脱颖而出,成为中国首批航天员。在一次媒体见面会上,有记者问费俊龙:"从一名飞行员到航天员,你如何看待自己的选择?"他回答:"作为军人,接受祖国的挑选是我最大的光荣。"为了能够上天执行任务,他总是高标准、严要求、超负荷完成各项训练任务。为了提高航天生理适应能力,他睡觉从来不用枕头,有时还故意把脚抬高,增强自己对血液重新分布的耐受力;为克服耐力不足的问题,他连续几年坚持长跑锻炼,并且总是跑外圈,每次都多跑几公里。为了熟悉飞行程序和操作程序,他经常待在训练模拟器中,直到闭着眼睛就能把座舱里所有仪表、电门的位置都能想得清清楚楚。厚厚的飞行操作手册,他能背诵下来,遇到特殊情况,不看手册也完全能处理好。经过刻苦训练,终于在 2005 年以初选第一的成绩顺利进入神舟六号任务乘组,并圆满完成了任务。飞行期间,他想起此前国外航天员在空间站做的"前滚翻",于是他在舱内连续做了4个前滚翻,动作平稳而标准,他说:"外国航天员能做到的,我们也能做到!"费俊龙还是一个特别注重细节的人,他常说:"不放过疑点,就是只要有怀疑的地方不要放过,就是自己一定要把它弄清楚,自己弄不懂一定要问,问一个人不行,问两个人,一定要搞明白。在飞行前,一定要搞明白这个线路、这个管路,为什么要这么设计,当它出现故障的时候,会连着什么系统,不能光知道这个故障以后怎么处理,还要知道这个故障会引起其他什么系统什么功能。"从太空返回时,他许下一个愿望,"这么美的地方,我还会再来的!"返回后,他从未停止过对太空的向往,直到2022年乘神舟十五号飞船再次出征。17年来,他一直坚持运动锻炼,严格将体重波动控制在一公斤以内,使身体始终保持在最佳状态。他说:"心愿只有一个,就是再次飞向太空"。

4. 英雄航天员:聂海胜

聂海胜是我国首位在轨100天的航天员,首位飞天将军,首批完成驻留太空3个月、实现载人自主快速交会对接,以及第一次完成3个飞行器组合体飞行的航天员。他1964年出生于湖北枣阳,小时候家里十分贫困。但他学习刻苦,成绩名列前茅,而且他还有一个成为飞行员的梦想。初中时,父亲因病去世,为了减轻母亲的负担,他选择了退学。但学校的校长和老师亲自到家了解情况,并免去了他的学宿费。回到校园的他学习更加努力,考入高中后,同学们都回到宿舍,他还在教室里点着煤油灯学习,被老师劝回宿舍后,打着手电在被子里继续学习。为了节省路费,每次开学他都步行30公里到学校,每到放假,他还挤出时间帮家里干农活。有一次,他弄丢了母亲给他的20元钱,他在火车站给人扛了一个学期的包,赚回来20元钱重新交给了母亲。1983年,中国开始招收飞行员,成绩好而且身体好的他,一路过关斩将,最后顺利进入长春航校。航校期间,他的各项成绩都很优秀,并在同批学员中第一个获得了单飞资格。问及诀窍,他说:"正课时间练完了,业余时间加班练。"正是因为这份坚持,让他获得了"苦练标兵"的荣誉。1989年聂海胜在南昌某空军大队担任歼击机飞行员,在某次单飞任务时,飞机发动机出现故障致使飞机在 4000 米的高空停止了运动,战斗机如同断线的风筝急速下坠,他怀着一定要把飞机开回去的念头,接连尝试多次后都未能恢复正常,最后只得在地面指挥一次又一次的催促下紧急跳伞,刚弹出座舱,飞机就在身后一百多米远的山头爆炸了。这次事故发生时,聂海胜刚当上飞行员不到一个月。1996 年中国开始招收航天员,他经过层层选拔,最后成为中国有史以来的第一批航天员。面对基础理论、航天环境耐力、专业技术与生存等八大类上百个科目的高强度训练,他咬紧牙关,靠着毅力坚持了下来。2003 年,他与杨利伟一同踏上了神舟五号,那个载人飞行的历史性时刻。在太空的寂静中,殊荣终被杨利伟夺走,留下聂海胜望着星空,心中充满了遗憾。遗憾并未击垮他的斗志,反而点燃了更加顽强的火焰。他投身于更加艰苦的训练,像钢铁一般坚韧不拔。功夫不负有心人,在 2005 年的一个金秋时刻,他与费俊龙共同踏上了神舟六号飞船,终于圆了自己的飞天梦。之后的 8 年,他始终坚持高强度训练,时刻准备再次飞天。2013 年,他以指令长的身份乘坐神舟十号飞船再次出征。转眼又是一个 8 年,2021 年已经年过半百的聂海胜再次登上了神舟十二号飞船。24 载,三次飞天,三次圆梦。聂海胜的人生旅程如同夜空中闪烁的明星,散发出坚持和勇气的光芒,激励着人们不断追逐自己的梦想,不断前行,创造属于自己的辉煌。他的故事,如同流星划破夜空,让人肃然起敬。他用自己的生命,谱写了一曲壮丽的航天史诗,向着宇宙的辽阔深处,奏响了永恒的乐章。

5. 英雄航天员：刘伯明

刘伯明 1966 年出生于黑龙江依安，从小虽然家境贫寒，但聪颖好学，成绩优秀。中考时，虽然由于没有受到系统的英语学习导致英语考了零分，但仍然考入了重点高中。高中时，为了省下住宿费，他每天早上都要骑 20 多公里到学校，晚上放学后再骑车回家，一骑就是三年，从未迟到过。到了冬天，呼出的热气在他脸上凝成白白的冰霜，同学们总戏称他为"小雪人"。他的班主任评价他："三年我都没见过刘伯明穿过新衣服，每天中午也都是从家带点馒头咸菜吃，他是我教过的学生中最能吃苦的一个孩子。"1985 年，长春飞行学院到学校招收飞行员，从小就想进入部队的他果断报了名，并凭借优异的学习成绩和良好的身体素质通过了层层选拔。经过 5 年的努力，他凭借着优异成绩成为了战斗机飞行员，飞行上千小时时长，被教官称赞为"教科书式的飞行"，获评为一级飞行员。1998 年，国家为神舟五号招募航天员，刘伯明积极报名响应国家号召，并凭借合乎标准的身体素质、超高思想素养以及不断积累和学习的技术支持成功入选首批宇航员，作为神舟五号飞船首飞梯队队员，他的航天梦也从此拉开了序幕。2008 年，在他成为航天员的第十个年头，终于进入太空，在这次飞行中，他不仅实现了太空行走，还和景海鹏、翟志刚一起将中国国旗插在了月球上，他的脚步踏在了偶像阿姆斯特朗曾踏过的月球上，同时他实现了自己的梦想，成为了一名和阿姆斯特朗一样伟大的航天员。在打开舱门之时，轨道舱突然响起刺耳的火灾报警。当时，刘伯明对翟志刚说："如果起火，我们也许就回不去了。不要想别的，按照程序继续吧，把我们该干的活继续干完。"翟志刚迈出舱门，刘伯明调整步骤，将国旗递给他说："即使我们回不去，也要让五星红旗在太空留下永远的瞬间。"后来，出舱任务顺利完成，刘伯明和战友们顺利返回地球。2018 年，52 岁的刘伯明继续深造在读博士。他在白岩松的访问中回答道,活到老学到老,学习使人年轻,也为在天上做实验增加理论功底。正是坚持不懈的精神一直指引着他,热爱学习,这种精神引领着他在事业上不断前行。2021 年,他乘坐神舟十二号飞船再次出征,在太空站驻留三个月,圆满完成任务,成为首位在空间站执行出舱任务的航天员。在此次飞行中,他用毛笔写下了"理想"二字,鼓励学生奋发向上。他说道:"理想是磐石,初心不改,矢志航天,为了让五星红旗在太空高高飘扬,我们的征途一直是星辰大海。"这 13 年,他为了保证自己随时都能再次承担任务,一直控制体重、锻炼体魄。他说:"最难的不是保持体能,是保持激情和热情。""尽管时光匆匆,初心不变。""我庆幸自己赶上了一个伟大的时代,有幸参与载人航天这个伟大的事业,有机会通过多次飞行,来报答党和人民的培养。"再度飞天之际,刘伯明郑重承诺:"我将坚决圆满完成任务,我们已经做好了充分准备。"

6. 英雄航天员:景海鹏

景海鹏是中国唯一一位四次进入太空的航天员,中国飞天高度最高的两名中国人之一,中国首个进入天宫二号的航天员。他 1966 年出生于山西运城,从小就梦想成为一名飞行员。中学毕业时,考入河北保定航校,在校期间,表现十分出色。1996 年,参加了全国范围航天员选拔,并成功入选,于 1998 年光荣成为我国首批预备航天员。为了去掉"预备"二字,他舍弃了许多爱好,晚上 12 点前几乎没有休息过,也没陪家人度过一个完整的周末,甚至没有陪父母过一个春节。用 5 年时间完成了航天医学、自动控制、载人航天技术基础等理论,进行体质训练、心理训练、航天环境耐力与适应性训练、航天专业技术训练、飞行程序与任务模拟训练、救生与生存训练等八大类近百个科目训练任务,顺利通过全面考核,具备了执行飞行任务的资格。2008 年乘坐神舟七号飞船升空,在轨飞行 3 天,并参与完成了中国人首次太空行走这一壮举。当全国上下为之欢呼雀跃时,他平静地说:"这是党和人民给予我们崇高的荣誉,是党和人民培养了我们,是祖国托举着我们飞天。""我只是完成了我的工作。"身体恢复之后,又全力投入到神舟九号任务备战训练当中。为了达到时刻准备执行飞天任务的最佳状态,他经常在完成训练计划之外坚持每晚加练一个小时,每周末加练半天。2012年,景海鹏作为任务指令长乘神舟九号载人飞船再入太空,并圆满完成了首次载人交会对接任务,实现了中国载人航天的又一次重大突破,成为中国首位两度飞天的航天员。有人劝他,你已经功成名就,也快到知天命的年纪了,航天事业风险那么大,没必要再拼了。可他说,作为一名航天员,报效祖国最好的方式就是飞天,只要祖国需要,他就会毫不犹豫再上太空。为了继续追逐飞天梦想,他自觉和年轻的战友们一起学习、训练、承受离心机 8 个 G 的过载,坚持相同的标准,甚至付出更多的努力。2016 年,他乘神舟十一号再次飞天,在中国唯一的空间实验室工作生活一个月,在轨飞行 33 天,首次实现了中国航天员中期在轨驻留,他也成为中国首个三巡太空且飞行时间最长的航天员。2017年,当他作为首位"党代表通道"的代表参加党的十九大时,记者问他:你已经三次飞天了,下一次还飞不飞?他坚定地回答:"我真的十分渴望再上一次太空、再当一回先锋、再打一次胜仗,让浩瀚太空再次见证一名航天战士对党和人民的绝对忠诚、无限忠诚!"神舟十一号任务圆满成功后,他岗位有过变动,但始终以航天员的标准要求自己,随身携带飞行训练资料,定期和教员进行电话沟通交流,利用周末定期回队训练考核。600 个俯卧撑、600 个仰卧起坐、上千次跳绳成为他每天的标配;70 多本手册指南、成千上万条指令都已烂熟于心……经过多年的坚持,景海鹏的身体素质和飞行技能依旧优秀。2022 年,他担任神舟十六号指令长再征太空,尽管已经有了三度飞行经验,他认为自己仍然是一名新兵。出发前,他说:"我们有决心、有信心、有能力圆满完成任务,用我们的双手把所有科学家的心血汗水、智慧梦想变成现实! 我们的期待是,到时候请我们的科研人员端着茶杯、喝着茶,用欣赏的眼光看着我们做实验,我们天地一起享受飞行、分享成果、共享喜悦。"四次进入太空,总飞行时间超过 60 天,创造了多项中国和世界纪录,他用自己的言行传递着对国家、对人民、对事业、对家庭、对梦想的忠诚和热爱,是我们心中的英雄和榜样。

7. 英雄航天员:刘旺

刘旺 1969 年出生于山西平遥,从小学习成绩优异,每次考试都是第一名。中学时,就担任了班长、校学生会副主席,成为了预备党员。而且从入学起,就坚持每天早上跑步将近 3000 米,6 年里风雨无阻。他的班主任评价他:"不爱吭声,性格内敛、低调,但比一般人成熟、稳重,干什么都非常认真,能以身作则,起到带头作用,在同学中威信很高。"1988 年高考前,他因成绩优秀被北京青年政治学院录取,但他执意要当飞行员,以超出高考本科录取线 38 分的优异成绩考入空军飞行学院。在那里,他开始学习航空理论和飞行技术。他耐受夏季座舱中四十多摄氏度的高温,克服冬季零下十几摄氏度的寒冷,坚持高强度、大负荷的飞行训练,最后以 4 年全优的成绩获得学校唯一一份全优学员证书。回忆那段岁月,他说:"真正接触飞行,才知道当一名优秀的飞行员必须付出许多。"1996 年,刘旺参加了我国首批航天员的选拔体检,并顺利通过层层选拔,于 1998 年正式成为中国航天员大队的一员,面向国旗,他庄严宣誓,要为祖国载人航天事业奋斗终生。但直到2012 年才入选神舟九号飞行乘组,回顾一路的坚持,刘旺感慨地说:"人生很多时候必须面对'被选择',但'被选择'之前你是主动的,一定要把自己该做的事情做好。"每一次落选,他都用最短时间进入下一轮训练,等待下一次考核和挑选。有人问他:"这样的日子,过得很累、很苦吧?"刘旺的回答是:"喜欢一件事情,全力以赴去做,就不觉得苦。如同登山,在有些人眼中是辛苦,可对'驴友'来说,反而乐在其中。没有长途跋涉,勇攀高峰,如何领略一览众山小的感觉?"在那次飞行中,左手紧握飞船平移手柄,右手紧握飞船姿态手柄,紧盯背景方盘和十字靶标,以每秒7.8千米的绝对飞行速度,在不到7分钟的时间里,以偏差仅为1.2厘米和0.8度的超高对接精度,打出一记漂亮的"太空十环",让神舟九号与天宫一号紧紧相拥,圆满完成我国首次手控交会对接任务,开创了中国人太空"开飞船"的历史。虽然只有短短的几分钟,但难度相当于"百米穿针"。为了掌握这门技术,他进行了1500多次手控交会对接训练,即使在没有参数辅助的情况下,刘旺也能按照要求实现精准对接。之后,他又手动控制将神舟九号飞船与天宫一号成功分离,这是神舟飞船与目标飞行器第一次实施空间手控分离。进入航天员序列十多年,他从没有放弃理想,更没有丝毫抱怨和懈怠。他说:"多年来,我坚持自己的理想,坚信自己有进入太空的那一天。能够把自己的理想与国家的荣誉、人类的进步联系在一起,这是我的幸运。出舱的那一刻,我非常高兴,这就是坚持的结果。我推崇一句话:人生因奋斗而精彩,不在于结果,而在于整个过程。"

8. 英雄航天员:刘洋

刘洋是我国第一个登上太空的女航天员,我国宇航员登上太空最短训练时间纪录保持者。她1978年出生于河南郑州,19岁时以高出地方重点大学31分的成绩考入空军长春飞行学院。大学期间的训练十分辛苦,但她以远超常人的韧性和毅力通过了各门科目的考核。每天早上的体能训练,学校规定跑5000米,她却每次都跑7000米。第一次野营拉练,她脚上磨出一颗颗小水泡,但她仍坚持走回军营。为了不让父母看到自己辛苦的样子,她甚至拒绝了父母的探望。1999年,刘洋以娴熟的战机驾驶动作,灵活的凌空飞跃技巧,顺利通过战斗飞行员资格考试。2003年,刘洋驾驶战机飞行时,意外遇到飞鸟撞击事件,情况处于极度危急中。但刘洋在危急中,保持了清醒的头脑,依托地面指挥中心的协助,凭借高超的驾驶技术,经过一阵冷静操作后,终于化险为夷,保住了飞机也保住了自己的生命。2009年,国家决定选拔女航天员,刘洋过五关,斩六将,成功拿到了一个面试的机会。面试时,前面的一名飞行员面试后将考题告诉了她,但她进入考场后,坦率地对面试官说道:"主考官,已经考过的考题我已经知道,请出一些新的考题考我。"她的坦率和诚实,给主考官杨利伟留下了深刻的印象。取得预备航天员资格后,刘洋在中国航天员中心进行了一系列严格的训练和测试,仅用了不到两年的时间,完成了其他人需要八年才能完成的基础理论、航天环境适应性、一般航天专业技术、飞行程序与任务模拟训练等多个科目的训练任务。2012年,刘洋终于成为正式的航天员,并与景海鹏、刘旺一起,执行神九飞行计划。虽然只在太空里停留了13天,然而她却超额完成了各项科研任务,当将要返航时,她默默地说了一句:"我很快就会再来。"为了这个约定,她一直坚持学习航天员知识,坚持体能和心理训练,时刻准备着再次踏上飞向宇宙的征程。2019年,刘洋再次入选神舟十四号飞天团队,为了达到完成任务要求的身体标准,她在训练中拼上了全部的心气和精力。水下训练,体重刚过百的她穿着120多公斤的舱外服在水下工作,对她而言压力可想而知。第一次下水时,心率高达140次,监测人员劝她出水休息一下再进行训练,她因水下训练服昂贵不忍国家财产遭受损失,硬是强忍着心悸,浑身冒着虚汗,在水下坚持了近4个小时,等她出水时,手都在不停地颤抖,根本握不成拳。2022年,刘洋作为02号航天员,与陈冬、蔡旭哲一起飞赴太空。出发时她激动地说:"为国出征,把祝福写进满天星辰。"2023年,刘洋在央视《开讲啦》节目中深情地说道:"今天我出现在他们的作文当中,而他们将成为未来孩子们作文当中的素材和心目中的榜样。"她勉励广大学子,要"坚定自己的选择,首先要热爱,并且在不断的学习和了解过程中越来越热爱"。寄语同学们:要更加真诚而热情地狠狠拥抱自己的生活。

9. 英雄航天员:张晓光

张晓光1966年出生于辽宁锦州黑山县,小时候就有飞上蓝天的梦想。初中上地理课看到中国地图,就立志要走出穷山村,到祖国更远的地方工作学习。1985年,锦州航校招飞行员,他错过了班车,自己买了火车票赶到了锦州,在几百名学生中脱颖而出,通过了全部体检和笔试,顺利考入空军飞行学院。在那里,他不仅要学习三十多门大学基础文化课,每天还要进行繁重、严格的军事、体育训练,早上起来要越野跑三千米,还要进行射击、队列、体操、身体平衡机能适应性等基础科目的训练,很多学员都打了退堂鼓,而他不仅坚持下来,而且以优异的成绩毕业成为歼击机飞行员。1996年,我国开始第一批航天员选拔,他积极报名并通过了严格体测和考核,于1998年正式成为了航天员大队的一员。在日常工作和训练中,他勤奋好学、善于思考、肯于钻研,特别是在手控交会对接靶标工效学设计、手柄控制极性与人的认知一致性研究中,多次参与调研、论证和研讨工作。经过多年的航天员训练,张晓光完成了基础理论、航天环境适应性、专业技术等八大类几十个科目的训练任务,以优异成绩通过航天员专业技术综合考核。2013年,张晓光终于入选神舟十号首飞航天员乘组,为练就过硬的手控交会对接本领,他充分发挥15年来对航天知识的研究和积累,在模拟器训练时,请求教员增加实时阴影、光柱、"鬼像"、发动机声响等仿真手段,修正手柄操作响应时效,加大拉偏训练力度,白天不够就晚上"加餐",工作日不够就休息日"开灶",累计进行了 2000 余次训练。最终他在太空中实现了与天宫一号目标飞行器自动对接和手动控制交会对接,圆满完成天宫一号与神舟十号载人飞行任务。张晓光说:实现完美的过程,就是补缺的过程。从入选航天员到执行神舟十号任务,我日复一日地刻苦训练、接受选拔,继续训练、再接受选拔,一次次选拔、一次次落选,心中都有说不出来的苦涩。2013 年,经过 3 轮选拔 5 次考核,我光荣入选神舟十号任务飞行乘组。然而,时间总是那么巧合。2013 年是载人航天飞行第十个年头,"十全十美"看"神十",成为美好的祝福和期盼。我便暗下决心,自己必须做到"十拿十稳"。考虑天地差异性,为确保37 项空间实验圆满成功,我把各项实验怎么做、每一步操作、每一组数据,都烂熟于心、倒背如流,即使是一些简单操作,我都要练上几十遍甚至上百遍。神舟十号任务最大亮点是首次太空授课,由我承担摄像任务。我便从最简单的摄像技巧学起,两个月下来,眼睛常常发酸发胀,摄像技术终于达到专业摄像师的水平。2013 年 6 月 20 日 10 时 06 分,我通过镜头,把亚平太空授课的美妙场景传送到地面,从对授课本身的记录到对主讲人拍摄角度的选择,都要处理得完美到位。这一经历,让我深深体会到,完美源自于不断地补缺完善,源自于坚持不懈地执着追求。"为祖国出征太空是我的职责和使命,也是航天员的人生梦想,我绝不会有一丝一毫的松懈!"张晓光表示,飞天梦想永不停歇,不管谁出征,都是为中国航天事业奋斗,相信中国航天事业将一次次创造辉煌。

10. 英雄航天员:王亚平

王亚平是中国女性太空行走第一人。1980 年出生于山东烟台,小学时成绩优秀,爱好体育。中学毕业时,她看到很多同学报考女飞行员,于是她也跟着报了名,结果竟一路走到最后。进入长春飞行学院后,她一边学习大学课程,一边学习飞行驾驶,非常辛苦。但她告诉自己,既然选择了,就绝不能掉队,绝不能拖后腿。本来她的身体素质就非常好,而且抗压能力强,又经过系统的训练,迅速成长为出色的女飞行员。大学毕业后,她成为一名运输机飞行员,能够熟练驾驶多种机型,多次参加重庆特大旱灾增雨、汶川地震抗震救灾、北京奥运会消云减雨等任务,多次参加战备演习,9 年的时间内,她在天上飞行了 800 多个小时。当看到杨利伟乘坐神舟五号飞船进入太空的那一刻,在她心底萌发了做中国女航天员的梦想。2009 年,中国载人航天工程开始选拔第二批航天员,她顺利通过层层考核,成为第二批预备女航天员。之后的几年,她经受了艰苦的训练,但无论训练多苦、多累,她都坚持了下来。终于在 4 年之后成为神舟十号飞船的航天员,开始了自己的第一次太空之旅。在这次太空旅行中,王亚平为全国 8 万余所中学的6000 余万名师生,上了一堂生动的太空课,轰动全国。鲜花和掌声,并没有让她停下脚步,而是给了她继续前进的巨大动力。为了能够再飞太空,她继续坚持训练,在日常残酷训练结束之后,她还要主动加练一个小时,正是凭借顽强的毅力和辛勤的付出,让王亚平在距离第一次飞天 8 年后再次登上太空,成为中国第一个进驻空间站的女航天员,更是第一个出舱作业的中国女航天员。故事还在继续,飞翔的梦想不会停歇。这个追逐星辰的女子,将继续书写着属于她自己的壮丽篇章。在无尽的宇宙中,她将继续飞翔,用她的勇气和智慧,照亮前行的道路。

11. 英雄航天员:陈冬

陈冬是我国第二批航天员,两次飞上太空,是首位在太空上生活超过 200 天的航天员。他 1978 年出生于河南洛阳,小时候喜欢看电影里手握钢枪的军人把敌人打得落花流水,从小就萌发了从军报国的梦想。

19 岁时参加高考,他就只填报了长春飞行学院一个志愿,并成功被录取,如愿穿上军装,成为一名光荣的飞行学员。刚入校时,学校要求学员能够做 16 个单杠双杠,可他只能做三四个。学校要求跑 1500 米至多不能超 5 分 10 秒,他则需要 7 分钟。为了不被淘汰,他每天早操都要比别人多跑一圈,而且还要在腿上绑上沙袋,每天晚上熄灯后,自己加练俯卧撑和仰卧起坐,然后再跑楼梯。就是这样,凭着不服输的倔劲和自我加压的精神,他的各项成绩都达到了优秀,还当上了区队长。2010 年,陈冬正式成为航天员大队的一员,开启了新的人生。面对陌生的航天基础知识理论课程,他放弃了所有娱乐和休息,每天就是宿舍和教室,晚上总是学习到凌晨,困了就涂风油精提神,靠着近乎"疯狂"的学习状态,硬是在一年内就完成了学习任务。对于航天员所要进行的八大类上百个航天专业技术训练任务,他也完成得十分出色。在这期间,他就像人间蒸发了一样,消失在亲友们的视线里,曾经教过他的姚老师,还在报纸上刊登文章寻找过他。功夫不负有心人,梅花香自苦寒来,时刻准备着的陈冬终于在 2016 年搭乘神舟十一号飞船进入太空,成为第二批航天员中第一个飞上太空的人。此后的陈冬并没有被胜利冲昏头脑,也没有躺在功劳簿上,而是鼓起全身的力气,继续为下一次飞天做着各项准备工作。6 年后,当年的"新手"陈冬,作为神十四的指令长,再度飞天。回顾自己从追梦到圆梦的历程,陈冬说,人这一生是由许许多多的小梦想串联起来的,其中的一些梦想,通过"蹦一蹦""跳一跳"就可以去实现的。所以,只要你定下目标,且梦想贴近现实,就应该不留余力、勇往直前,不要轻言放弃。自从 1997 年考入军校到现在,陈冬为国防事业奋斗了 22 年。"一个人的青春很有限,我的青春能够追逐梦想,能够回报祖国,我感到非常骄傲和自豪。幸福是奋斗出来的!让我们一起加油,在飞天路上顽强拼搏、永远向前。梦想有时虽遥不可及,但却值得我们用生命去追寻,因为拼搏的人生最壮美!"

12. 英雄航天员:汤洪波

汤洪波 1975 年出生于湖南湘潭,从小性格文静,稳重踏实,办事认真仔细。他的高中老师评价他"比较文静,言语不多,却总是在默默努力,有什么事情找他沟通的时候,他都会很淡定地看我一眼,再认真地回答问题"。高中毕业时,他报名参加并顺利通过了空军招飞考核,成为一名飞行员学员。航校毕业后,正式成为一名空军飞行员。他说,他喜欢听飞机起飞时发动机的轰鸣声,也喜欢开着飞机在云层里面钻来钻去,那种直插云霄的感觉很惬意。2003 年杨利伟乘坐神舟五号飞船叩响天门,让汤洪波热血沸腾,他下定决心一定要加入航天员的队伍,为祖国探索浩瀚宇宙贡献自己的力量。终于在 2010 年,他成功入选中国航天员。从飞行员到航天员,过程充满艰辛。无论是航天知识理论学习,还是各项挑战身体和心理极限的训练,对于已经 35 岁的他来说都不容易。但他不甘认输,记不住就强迫自己去记,操作不熟练就一遍一遍地练习,就这样咬牙坚持了下来,高质量完成了航天环境耐力与适应性训练、72 小时狭小环境剥夺睡眠训练等训练任务。这样的日子转眼就是 11 年,他终于在 2021 年搭乘神舟十二号飞船飞向太空,首次入驻我国自主的空间站,圆满完成载人航天任务。出征前,他信心十足,他说:"这一次我的坐骑是火箭,带着我飞向几百公里高的空间站。我期待能够很快地克服失重给我身体带来的不适,尽快建立起空间站核心舱的居住环境,还有我期待我们乘组圆满完成任务的时候,重新返回地球表面的那一刻,我可以说不负梦想,我准备了 11 年,不负重托,我们载人航天任务,这次任务,我们圆满完成了,不负这个时代。"

13. 英雄航天员：叶光富

叶光富 1980 年出生于四川成都，幼年时父亲因病去世，坚强的母亲撑起了整个家庭，看着辛苦的母亲，懂事的他把所有的时间都用在了学习上。初中时，他就对物理特别感兴趣，不仅喜欢追着老师问"为什么"，还喜欢动手操作。有一次，他竟然直接将电风扇拆了，看着一堆细小的零件，不停地研究、琢磨，到后来竟然完美地组装上了。高中时，他对浩瀚的宇宙充满了兴趣，甚至老师都说，这孩子以后可能会从事航天方面的工作。毕业时，他报名参加了空军招飞考试，并凭借卓越的身体素质以及优异的文化成绩成功被长春飞行学院录取，就这样开启了他的飞行生涯。4 年的时间，他完成了高强度的训练、掌握飞行理论和技能，克服了所有困难，顺利从长春飞行学院毕业。之后的他，安全飞行高达 1100 小时，被评为我国一级飞行员，并通过了层层选拔成功入选为我国第二批宇航员，成为了真正意义上的航空探索者。2019 年，叶光富成功入选神舟十三号飞行任务组，并经过 3 年的准备，在 2021 年乘坐神舟十三号飞船进入太空，与战友们完成了 182 天的宇宙探索任务。当时，他是第一个打开舱门并出舱的，他用清晰的声音向地面传达消息说："我已顺利出舱，感觉良好。"出身寒门，逐梦星辰，为了航天事业付出了不懈努力，这种精神激励着我们所有大学生也要不断前进。

14. 英雄航天员：蔡旭哲

蔡旭哲 1976 年出生于河北深州，小时候一听到战斗机的轰鸣声，他总是第一时间从屋子里冲出来仰望，一直到飞机消失不见。那时候，他的偶像是时任空军司令员王海，他梦想自己有一天也成为一名飞行员。中学毕业时，他过关斩将，通过层层考核，终于取得空军飞行学院的通知书。在飞行学院,他刻苦学习,坚持锻炼,迅速成长为一名出色的飞行员。当在电视里看到杨利伟乘坐神舟五号飞船一飞冲天时,他的内心无比激动,他也向往飞得更高,飞向神秘而广袤的太空,去探索新的未知。终于在 2010 年他走进梦寐以求的中国人民解放军航天员大队,成为我国第二批航天员。在那里,他经历了脱胎换骨的淬炼,学习理论,进行体质、心理、航天技术等上百个科目的训练,他迅速地完成了从飞行员到航天员的转变。这个过程中,他克服了太多的困难。比如,转椅训练曾是他的弱项,第一次坐在高速旋转的转椅上,他非常痛苦,脸色苍白,腹内翻江倒海,久久不能恢复,考核结果是二级。虽然及格了,但蔡旭哲坚持:要做就要做到优秀! 回到家后,他就伸直右胳膊,将脑袋贴在右肩上,用左手摸着右耳,原地打转着练习……渐渐地,他克服了转椅训练带来的强烈不适感,考核结果终于达到了一级水平。虽然所有航天员都通过考核,全部具备了执行任务的能力。但是由于飞行任务次数限制,蔡旭哲一直没有机会飞向太空。来到航天员大队10 年,看着战友们陆续飞天,他的心中也有遗憾。终于在 2019 年入选神舟十四号载人飞行任务乘组。出征太空前,蔡旭哲在接受媒体采访时表示,“不管是技术、心理,还是身体,我们都做好了充足的准备。我们有信心,有决心,坚决完成任务,不辜负伟大的新时代,不辜负党和人民的重托!”由于在轨任务安排饱满,神舟十四号乘组被称为空间站任务实施以来的“最忙太空出差三人组”,期间创造了令人叹为观止的八个“首次”。12 年 4380 个日夜,为了成为一名合格的航天员,蔡旭哲经历了脱胎换骨般的淬炼,一步步攀登而上,最终圆梦太空,在璀璨星河,浩瀚太空刻下了中国高度。

15. 英雄航天员:邓清明

邓清明 1966 年出生于江西宜黄,从小就很懂事,很有责任心。高中时为了省点路费,20多里的路程一直坚持步行往返。高中毕业时参加空军招飞,一路绿灯通过了各种体检和考试,成为飞行员学员。后来,又过关斩将,通过层层选拔,成为了中国人民解放军航天员大队首批航天员。为了从飞行员转变为航天员,实现上天梦,他放弃了所有节假日,全身心投入学习和训练中。尽管从航天员公寓到家的路不过几百米,但他一个月也回不了几次。在训练中,他严格要求自己,别人停止训练了,他还要再练一练,就是靠疯魔式学习和训练,使他具备了飞天资格。但并非所有人都有机会上天,在追梦的20多年里,他三次担任备份航天员,但都止步于发射塔前。看着战友一次次飞天成功,邓清明心中有失落,也有痛苦。但他很快走出阴霾,把每次"落选"当作磨砺,且越挫越勇。他说:"这么多年来,我总认为,在追梦和奋斗的道路上,可以停下来休息,可以停下来思考,但是绝对不能放弃。宁可备而不用,决不用而无备。我将继续准备着,接受祖国的挑选,随时准备出征!"三备三落,永不言败。每次落选,邓清明都会从技术上找出与他人存在的微小差距,并努力追赶。他说:"太空不会因为故事感人就向我张开怀抱,25年是一个十分漫长的坚持,作为航天员坚守飞天初心,永不停歇的信念是我的常态,更是我的姿态。宁可备而无用,绝不来而无备。"在经历三次备选积累后,邓清明终于在追梦近25年后,成功进入神舟十五号的飞行乘组。为了更好地完成任务,不辜负大家的期待,他更加刻苦地学习和训练。就在这时,他又一次接受生活的考验,在备飞训练时,已癌症晚期的岳母病危,邓清明由于训练任务特别重,没能请假回老家看望她。在得知岳母去世消息时,他极度悲伤愧疚。但他很快调整好状态,圆满完成飞天任务。25年的期盼,他终于"飞天",圆梦回归。从风华正茂到两鬓斑白,25年饱经坎坷,为梦想而坚持,为事业而奋斗,为一个信仰坚守初心追梦一生,一次次与飞天失之交臂,又一次次重新出发,为航天事业时刻准备着,他说:"无论年龄多大,能够被祖国需要,就是最幸福的!"

16. 英雄航天员:张陆

张陆 1976 年出生于湖南汉寿,从小成绩优异,性格善良。有一次他自己家的鱼塘受了灾,鱼都被河水冲跑了,他非常难过。但在学校组织的一次捐款中,他还是非常慷慨地捐出了自己的零花钱。朋友问他,你自己家受了灾,你怎么还有钱捐给别人呢? 他说,我家很穷,但还过得下去,可是有很多家庭更需要这笔钱,更需要大家的帮助。高中毕业时填报高考志愿,得知有机会成为飞行员,他放弃了当歌手的梦想毫不犹豫选择了飞行,他对考官说:"如果选择当一个歌手,我永远不可能有机会去驾驶飞机飞翔在祖国的蓝天,但是如果我选择当一名飞行员,我会在蓝天骄傲地歌唱",就这样顺利通过了飞行员考试,成为了一名飞行员。和很多现役航天员一样,张陆太空梦的种子源于中国首次载人飞行任务。他说,当看到杨利伟返回时,内心崇敬、仰慕,也很羡慕。这个梦想在 2010 年终于实现了,他经过层层选拔,成为我国第二批航天员的一员。成为航天员后,他靠着坚强的毅力和拼搏精神完成了各项训练。他说,第一次坐离心机,感觉自己整个人都不能呼吸了,但通过几次的调整,最后达到一级水平。成为航天员以来,他多批战友出征太空并凯旋。虽然自己也希望能早上太空,但他理性地告诉自己,航天员这份职业更多需要时间的积淀,因为它要求不仅仅具备对飞船的操作能力,还要具备一定的抗压能力,一个成熟的航天员,时间还是很重要的。也正因为如此,一次次接受选拔,他从未放弃,积蓄力量勇敢追梦,直到 2019 年入选神舟十五号乘组。为了飞天的梦想,他备战 12 年,在发布会上,他对 12 年的艰辛付出仅用一句话概括:"12 年夙兴夜寐、12 年沐雨经霜,12 年里,有一个信念始终在我心头萦绕,那就是飞天,为了个人的梦想飞天,为了民族的梦想飞天!"神舟十五号飞行任务是中国空间站建造阶段的最后一棒,中国空间站后续将转入应用与发展阶段,而对张陆来说,他也将开启一段属于自己的太空之旅。他说:他会把这些所有的感受都记录下来,然后送给我女儿,也送给全国的青少年,点燃更多孩子的科技梦、航天梦。

第四章　航天精神融入大学生思想政治教育现状调查

实证调研在研究中具有重要的价值,不仅可以为研究提供大量客观、真实的数据,而且有助于揭示各相关要素之间的因果关系,佐证和解释过程中发现的问题和提出的观点。航天精神融入大学生思想政治教育,从本质上说是一项具有较强针对性、实践性的思想政治教育活动。通过问卷调查、个别访谈、案例分析等实证调查,概括航天精神融入大学生思想政治教育的现实情况,发现融入过程中存在的问题,并剖析原因,有助于提高对策路径的针对性和实操性。

第一节　航天精神融入大学生思想政治教育现状调查

为了能够全面了解师生对航天精神融入大学生思想政治教育的认知、航天精神融入大学生思想政治教育的高校实践等相关情况,我们在全国范围内选取了 20 多所高校为样本,对在校大学生进行了问卷调查,对相关教师进行了个别访谈,同时选取航天精神育人资源丰富的北华航天工业学院为个案进行了分析,获取了较为丰富的一手资料。

一、问卷调查的设计与实施

1.问卷调查的目的

大学生是航天精神融入大学生思想政治教育的作用对象,他们对航天精神的认知情况和接受情况,以及对航天精神融入大学生思想政治教育过程和效果的反馈,最能体现航天精神融入大学生思想政治教育的现状。为获取相关的信息,掌握航天精神融入大学生思想政治教育的真实情况,探索高校将航天精神融入大学生思想政治教育实践中存在的问题,本研究进行了大量的问卷调查。

2.调查问卷的设计与内容构成

航天精神融入大学生思想政治教育是一项涉及多个环节、多个要素、多个方面的系统工程。其实际效果受到主客体思想认识、融入形式与载体等多重因素影响。要想科学掌握航天精神融入大学生思想政治教育的综合情况,需要从多个方面设计出合理的调查问卷。基于这样的考虑,我们设计了航天精神融入大学生思想政治教育的调查问卷。问卷主要分为"个人基本信息""大学生对航天精神的了解情况""大学生对航天精神融入思想政治教育必要性的态度""大学生对航天精神融入思想政治教育现状的感知""大学生对所在学校航天精神融入大学生思想政治教育的满意度""大学生对航天精神融入思想政治教育存在问题及原因的反馈""大学生对推进航天精神融入思想政治教育的建议"等七方面内容,共24道题。为了能够使问卷更为科学合理,以便于我们全面获取航天精神融入大学生思想政治教育的各方面数据,我们专门邀请了中国海洋大学、中国农业大学、北京科技大学、南开大学等4所学校相关领域的专家学者对问卷进行了评阅,邀请了北方工业大学、北京联合大学、北京印刷学院、河北科技师范学院、北华航天工业学院等 5 所学校从事大学生思想政治教育工作的团学干部和辅导员,对问卷设计的题目进行了征求意见,并根据专家学者和思想政治工作者们的意见建议修改后,形成最终的调查问卷。

3.调查问卷的信度和效度检验

为了能够确认调查问卷的合理性、科学性、可靠性,确保调研数据的真实性、可信性和有效性,我们选取了中国海洋大学、北京科技大学、河北师范大学、北华航天工业学院、北京信息科技大学、新疆科技学院等 6 所高校的 50 名学生进行了试测,并进行了信度和效度检验。

信度检验主要检验可靠性、可信度,即数据的真实性、样本对象有没有认真答题、回答是否可信等。信度检验一般使用克隆巴赫信度系数 α 系数作为测量指标,如果量表的信度系数在 0.9 以上,表示问卷信度非常好,能够实现问卷调查的目的,真实反映了相关情况。如果信度系数在 0.7 以上,表示数据较为真实,能够较好地反映实际情况,可以使用。如果在 0.6 至 0.7 之间,表示数据比较真实,具有一定参考价值,在一般情况下可以使用,如果系数在 0.6 以下,应考虑重新修订量表或增删题项。

表 4-1　问卷的信度检验

Cronbach 信度分析(可靠性分析)				
变量名称	题项	校正项总计相关性(CITC)	项已删除的 α 系数	Cronbach α 系数
问卷信度分析	A1	0.566	0.894	0.9
	A2	0.563	0.894	
	A3	0.603	0.893	
	A4	0.602	0.893	
	A5	0.556	0.894	
	A6	0.591	0.893	
	A7	0.554	0.894	

续表

Cronbach 信度分析(可靠性分析)				
变量名称	题项	校正项总计 相关性(CITC)	项已删除的 α 系数	Cronbach α 系数
问卷信度分析	A8	0.572	0.894	
	A9	0.526	0.896	
	A10	0.506	0.897	
	A11	0.529	0.897	
	A12	0.586	0.893	
	A13	0.578	0.894	
	A14	0.568	0.894	
	A15	0.56	0.894	
	A16	0.559	0.894	
	A17	0.53	0.895	
	A18	0.543	0.895	

经信度检验,本问卷信度分析的题目共有 18 道,信度系数为 0.9,说明研究数据信度质量高。针对问卷分析项的 CITC 值均大于 0.4,说明分析项之间具有良好的相关关系,同时也说明信度水平良好。针对"项已删除的 α 系数",任意题项被删除后,信度系数并不会有明显的上升,因此说明题项不应该被删除处理。综上所述,研究数据的信度系数值高于 0.8,综合说明数据信度质量高,可用于进一步分析。

为了确认数据的准确性,我们对问卷又进行了效度检验。一般来说,效度检验主要看研究项的设计是否具有科学合理性,可分为内容效度和结构效度。内容效度是检验研究项的设计是否具有专业性,直接用文字详细描述即可。结构效度检验主要看研究项的内在逻辑结构是否合理,使用因子分析方法进行。

表 4-2　问卷的效度分析

分析项	效度分析结果			
	因子载荷			共同度（公因子方差）
	因子 1	因子 2	因子 3	
P1	0.793	0.133	0.117	0.661
P2	0.83	0.114	0.092	0.711
P3	0.822	0.118	0.174	0.719
P4	0.846	0.151	0.099	0.749
P5	0.776	0.166	0.089	0.638
P6	0.815	0.133	0.141	0.701
P7	0.811	0.136	0.079	0.683
P8	0.158	0.181	0.842	0.766
P9	0.135	0.133	0.843	0.746
P10	0.143	0.132	0.794	0.668
P11	0.121	0.142	0.859	0.772
P12	0.167	0.842	0.070	0.743
P13	0.172	0.698	0.212	0.562
P14	0.120	0.802	0.133	0.675
P15	0.088	0.830	0.132	0.714
P16	0.142	0.798	0.096	0.667
P17	0.129	0.781	0.072	0.631
P18	0.109	0.799	0.103	0.661
特征根值(旋转前)	7.067	3.152	2.250	
特征根值(旋转后)	4.842	4.634	2.993	
方差解释率%(旋转后)	26.899	25.742	16.629	
累积方差解释率%(旋转后)	26.899	52.641	69.270	
KMO 值	0.934			
巴特球形值	近似卡方 = 5797.336, df = 36			
p 值	0.0			

经检验,本问卷中有 18 个量表题项,5 个维度,二者均有着专业意义上的对应关系情况。通过 Bartlett 球形检验,问卷效度分析的近似卡方值为 5797.336, p = 0.0,小于显著性水平 0.05,拒绝零假设,表明有

显著差异。同时，KMO 值为 0.934，大于 0.8，说明研究数据的效度很好。通过主成分分析法，在对 18 个项目进行因子提取后，最终提取了 3 个特征根大于 1 的公共因子，3 个因子累积解释总体方差的 69.27%，大于 50%，说明提取出来的 3 个因子可以解释出总共 18 项中 69.27% 的信息量，而且 3 个因子的方差解释率（信息提取量）分别为：26.899%、25.742%、16.629%。信息提取量分布较为均匀，综合说明本次因子分析结果良好。综合来说，本次问卷题目设计合理，调研数据可信度高。

4. 调查问卷的对象来源

为了能够获得较为翔实的数据，使研究更具有普遍意义，我们在 2023 年上半年利用 5 月和 6 月两个月的时间，选取了山东大学、中国海洋大学、北京科技大学、西北工业大学、北京航空航天大学、吉林师范大学、北京信息科技大学、北京联合大学、北京印刷学院、重庆大学、同济大学、天津科技大学、海南师范大学、新疆科技学院、北华航天工业学院、福建师范大学、中国传媒大学、河北医科大学、南昌大学、大理大学等 20 多所学校进行了抽样调查，共计发放网络调查问卷 3000 份，回收 2715 份，其中有效问卷 2570 份。这些大学分布区域较广，既有东部的，也有中部和西部的，既有在北、上、广等一线大城市的，也有在省会城市或普通地级城市的，既有教育部直属高校，也有省属重点高校和一般院校，既有公办高校，也有民办高校，具有一定的普遍性。

二、调查结果的描述性分析

调查结果的数据分析是研究的重要环节。科学的数据结果分析能够帮助我们理解、解释和解决研究中的各种问题和情况。我们利用 SPASSAU 软件对问卷调查的数据进行了分析，对航天精神融入大学生思想政治教育的现状进行了全面总结，具体情况分析如下。

1. 调研对象的基本信息情况

对多数高校而言,在校本科大学生是学生群体的主要构成,在研究大学生思想政治教育的过程中也最具有代表性。因此,本次问卷调查主要面向在校本科大学生进行。

表4-3　调查对象的基本情况统计

名称	选项	频数	百分比（%）	累计百分比（%）
您的性别	男	1316	51.21	51.21
	女	1254	48.79	100.00
您的年级	大一	583	22.68	22.68
	大二	687	26.73	49.41
	大三	632	24.59	74.00
	大四	668	26.00	100.00
您的专业	文史类	525	20.43	20.43
	理工类	987	38.40	58.83
	经管类	658	25.60	84.43
	农医类	311	12.10	96.53
	艺体类	85	3.31	99.84
	其他	4	0.16	100.00
您的政治面貌	共产党员(包括预备党员)	175	6.81	6.81
	共青团员	1489	57.94	64.75
	群众	906	35.25	100.00
合计		2570	100.00	100.00

从性别上看,参与本次调研的男生有1316人,女生有1254人,男生占比约51.21%,女生占比约48.79%;从年级上看,大一学生有583人,占比22.68%,大二学生有687人,占比26.73%,大三学生有632人,占比24.59%,大四学生有668人,占比26.00%;从专业类别上看,参与调研的

文史类专业大学生有 525 人,占比 20.43%,理工类专业大学生有 987 人,占比 38.40%,经管类专业大学生有 658 人,占比 25.60%,农医类专业大学生有 311 人,占比 12.10%,艺体类专业大学生有 85 人,占比 3.31%;从政治面貌上看,参与调研的大学生群体中,有共青团员 1489 人,占比 57.94%,群众 906 人,占比 35.25%,共产党员 175 人,占比 6.81%。从各类数据对比分析上看,本次抽样选择的调研对象,总体数量较大,性别、年级、专业、学校层次等各方面较为均衡,与本次调研的样本选择预期较符合,也比较贴合当下高校大学生群体的结构比例,调查样本相对科学合理。

2. 大学生对航天精神的了解情况调查

马克思主义认为,认识来源于实践,又作用于实践。只有形成正确的认识,才能更好地指导实践。换言之,大学生只有充分地了解航天精神,对航天精神的形成过程、核心要义、时代价值等形成正确的认知,才会激发其感知和认同航天精神的主观意愿。也就是说,大学生对航天精神的了解和认同是航天精神融入大学生思想政治教育的基本前提。为了了解大学生对航天精神的认知情况,我们设计了"您是否经常关注中国航天事业的发展""您对航天精神是否了解""您是否愿意拿出时间和精力去学习和了解航天精神"等 3 个题目。分别从大学生对航天事业的关注度、对航天精神的了解度、对航天精神学习的主观意愿等三个方面去把握大学生对航天精神的认知情况。

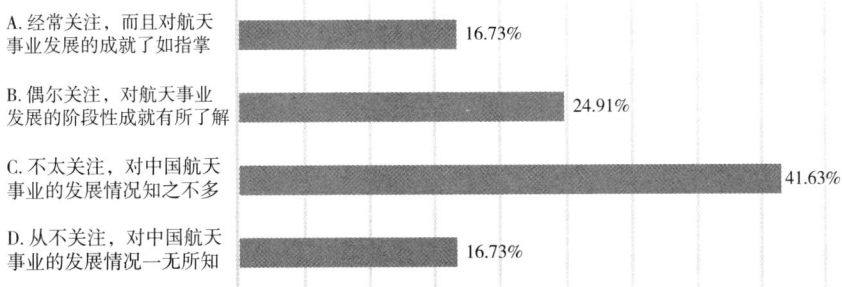

图 4-1　您是否经常关注中国航天事业的发展?

调查结果显示：有16.73%的大学生经常关注中国航天事业的发展，对中国航天事业发展的成就了如指掌；有24.91%的大学生偶尔会关注中国航天事业发展，对航天事业发展的阶段性成就有所了解；有41.63%的大学生不太关注中国航天事业发展，对中国航天事业的发展情况了解不多；有16.73%的大学生从不关注中国航天事业的发展，对中国航天事业的发展情况一无所知。可见，大学生对中国航天事业发展关注度并不高，仅有不到一半的大学生会关注中国航天事业的发展，有近20%的大学生从未关注过中国航天事业的发展。

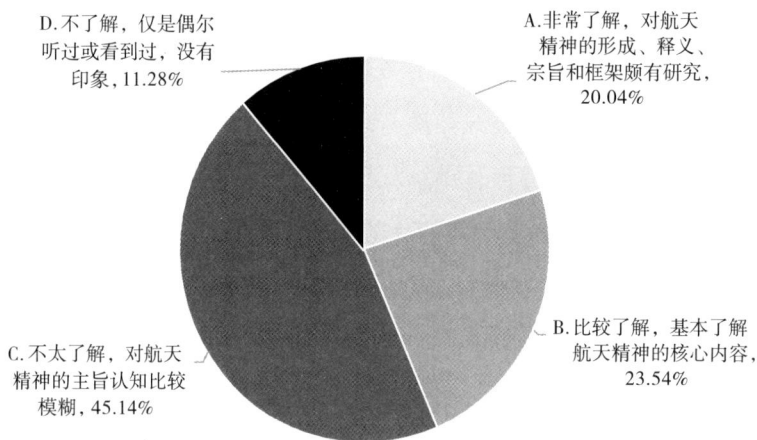

图4-2　您对航天精神是否了解?

关于大学生对航天精神的了解情况，调查结果显示：有20.04%的大学生认为自己对航天精神颇有研究，非常了解航天精神的形成、释义、宗旨和框架等；有23.54%的大学生认为自己对航天精神比较了解，能够知晓航天精神的核心内容；有45.14%的大学生表示对航天精神不太了解，对航天精神的主旨认知比较模糊；有11.28%的大学生表示仅仅是偶尔听过或看到过航天精神的相关内容，自己印象不深，并不了解。可见，虽然有40%多的大学生对航天精神有所了解，但仍有近六成大学生对航天精神了解不多。

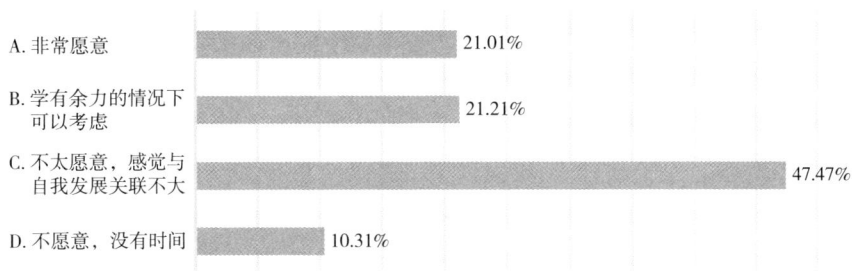

A. 非常愿意　　　　　　　　21.01%

B. 学有余力的情况下
　　可以考虑　　　　　　　21.21%

C. 不太愿意，感觉与
　　自我发展关联不大　　　　　　　　　　　　47.47%

D. 不愿意，没有时间　　10.31%

图4-3　您是否愿意拿出时间和精力去学习和了解航天精神?

关于大学生学习和了解航天精神的主观意愿情况,调查结果显示:有21.01%的大学生有进一步学习和了解航天精神的主观意愿,愿意拿出时间和精力去了解航天精神;有21.21%的大学生表示在自己有时间的情况下,可以考虑去了解航天精神;有47.47%的大学生表示对航天精神不太感兴趣,不太愿意花费时间和精力去学习和了解航天精神;有10.31%的大学生明确表示不愿意学习和了解航天精神。可见,仍有相当一部分大学生学习航天精神的主观意愿不强。

综上,通过调查可知,当前大学生们对航天事业发展的关注度、对航天精神的了解度参差不齐,虽然有许多大学生会关心和关注中国航天事业的发展,对航天事业发展的阶段性成就了如指掌,并且对航天精神的生成、内涵及价值等非常了解,但是仍有相当一部分大学生对航天精神知之不多。并且还有一部分大学生不仅对航天精神认知不深,而且缺少学习和了解航天精神的主观意愿。

3. 大学生对航天精神融入大学生思想政治教育必要性的态度调查

育人是将航天精神融入大学生思想政治教育的根本目的。因此,大学生对航天精神融入大学生思想政治教育是否持有肯定和积极的态度,直接影响着航天精神育人的实际效果。故而,研究航天精神融入大学生思想政治教育,尤其需要了解大学生的态度。为此,我们在问卷中设计了"您认为航天精神对大学生个人成长成才是否有帮助""您认为航天精神对大学生的个人成长成才有哪些帮助""您认为航天精神是否有必要融入大学生思想政治教育"等三个问题,以期了解大学生对航天精神融入大学生思想政治教育持有的态度情况。

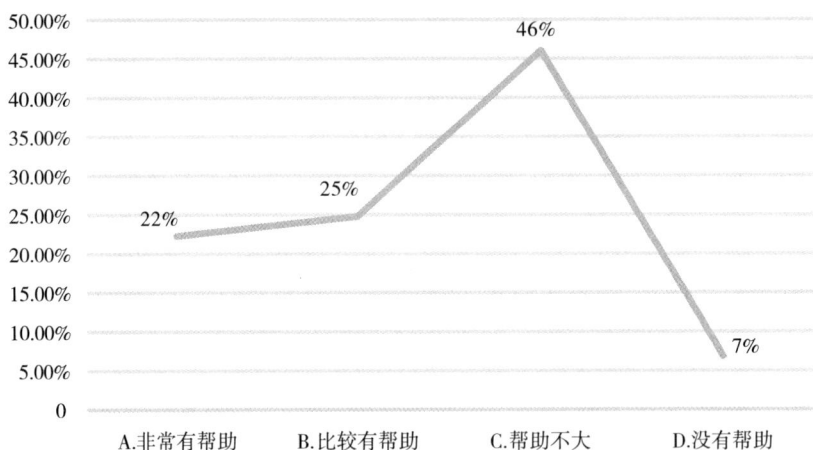

图4-4 您认为航天精神对大学生个人成长成才是否有帮助?

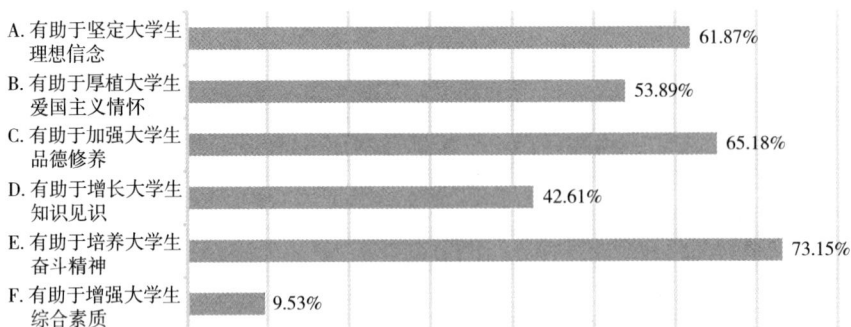

图4-5 您认为航天精神对大学生的个人成长成才有哪些帮助?

大学生是否认同航天精神的育人价值是影响其对航天精神融入大学生思想政治教育必要性态度的决定性因素。当然,这里强调的认同不仅仅是口头上的认同,而应要求大学生能够深刻理解航天精神对大学生成长成才的具体作用。基于这两个层面进行调查的结果显示:有22%的大学生认为航天精神对个人成长成才非常有帮助;有25%的大学生表示航天精神对于自己在增长知识、品德养成等某些方面比较有帮助;有46%的大学生认为航天精神好像与自己距离较远,对自己的实际帮助不大;有7%的大学生认为航天精神与自己的学习生活和个人成长毫不相关,没有帮助。可见,多数大学生能够从主观上认同航天精神的育人价值。为了能够准确掌握大学生对于航天精神育人价值的认知情况,在此基础上就航天精神能够给大学生带来哪些帮助这一问题进行了追问,调查数据显示:有61.87%的大学生认为学习和了解航天精神,有助于坚定大学生理想信念;有53.89%的大学生认为航天精神融入大学生思想政治教育有助于厚植他们的爱国主义情怀;有65.18%的大学生认为航天精神融入大学生思想政治教育有助于加强大学生的品德修养;有42.61%的大学生认为航天精神融入大学生思想政治教育有助于帮助他们增长知识见识;有73.15%的大学生认为航天精神融入大学生思想政治教育有助于培养他们的奋斗精神;有9.53%的大学生认为航天精神融入大学生思想政治教育有助于增强大学生的综合素质。可见,多数学生虽然不能全面而深刻地理解航天精神对其成长成才的具体作用,但都能结合自己的理解有一定认知。

能够认识到航天精神的育人价值,是大学生正确认识航天精神融入大学生思想政治教育的前提。根据调查数据看,多数学生能够从主观上认同航天精神具有育人价值,而且能够结合自身成长的某一方面认识到航天精神对个人成长的帮助。以此为前提,我们以"您认为航天精神是否有必要融入大学生思想政治教育"为题,做了进一步调查,以了解大学生航天精神融入思想政治教育的态度。调查结果显示,有

图 4-6　您认为航天精神是否有必要融入大学生思想政治教育？

17.12%的大学生认为非常有必要，28.41%的大学生认为比较有必要，有23.15%的大学生认为意义不大，有31.32%的大学生认为没有必要。可见，有近半数的大学生持肯定态度，认为航天精神有必要融入大学生思想政治教育。但同时，也有近三成大学生持消极态度，认为航天精神没有必要融入大学生思想政治教育。

综上可知，多数大学生主观上认同航天精神的育人价值，并能结合自身发展认识到航天精神给自己带来的帮助。有相当比例的大学生对航天精神融入大学生思想政治教育持肯定态度，但同时仍有近三分之一的大学生持否定态度。

4.大学生对所在学校航天精神融入大学生思想政治教育的现状感知调查

航天精神融入大学生思想政治教育是高校思想政治工作的重要内容。它不是单个群体、单个部门或者单一层面或形式的阶段性活动，而是涉及多层面、多环节、多群体、多部门的全面性工作。要想有力推进航天精神融入大学生思想政治教育，必须有组织、有计划、多形式、多载体、多途径地全面开展。在此过程中，大学生作为直接作用对象，最有切身感受。因此,立足大学生的感知视角,从多个层面了解航天精神融入大学生思想政治教育的现实情况,能够为发现其中存在的问题提供基础支撑,是调查的重点内容。为此,本问卷设计了"您所在学校的官方网站、微信公众号或其他自媒体是否经常宣传航天精神""您所在学校是否经常组织与弘扬航天精神有关的校园文化活动""您所在学校在课堂教学中融入航天精神的情况如何""您所在学校一般会在思想政治教育的哪些方面融入航天精神""您所在学校在思想政治教育中融入航天精神的常见形式有哪些""您了解航天精神的主要渠道有哪些""您接受航天精神的主要途径有哪些"7 个问题,以期从航天精神融入大学生思想政治教育的经常性、途径、形式等方面全面把握航天精神融入大学生思想政治教育的现实样态。

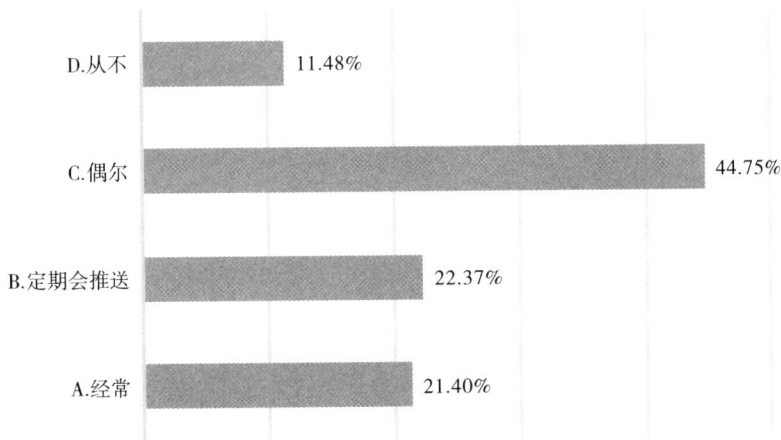

图 4-7 您所在学校的官方网站、微信公众号或其他自媒体是否经常宣传航天精神?

学校是办学的主体,学校层面是否积极主动推进,直接影响着航天精神是否能够有机融入大学生思想政治教育进程。如果学校层面能够给予足够重视,并经常性组织开展相关活动,不仅能够引导校内相关部门或教师群体主动参与其中,也能够形成良好的氛围。在调查中,有

21.40%的大学生表示自己所在学校会经常在官方网站、微信公众号或其他自媒体平台上宣传航天精神;有22.37%的大学生表示自己所在学校也会定期推动航天精神的相关内容;有44.75%的大学生表示自己所在学校在有些情况下也会偶尔推送航天精神的相关内容;有11.48%的大学生表示自己所在学校从未发布或宣传过航天精神的相关内容。可见,绝大多数学校都能够认识到航天精神的育人价值,会积极主动地推送航天精神的相关内容。但也有一小部分高校尚未认识到这一点,从未以相应的形式在校内宣传过航天精神的相关内容。

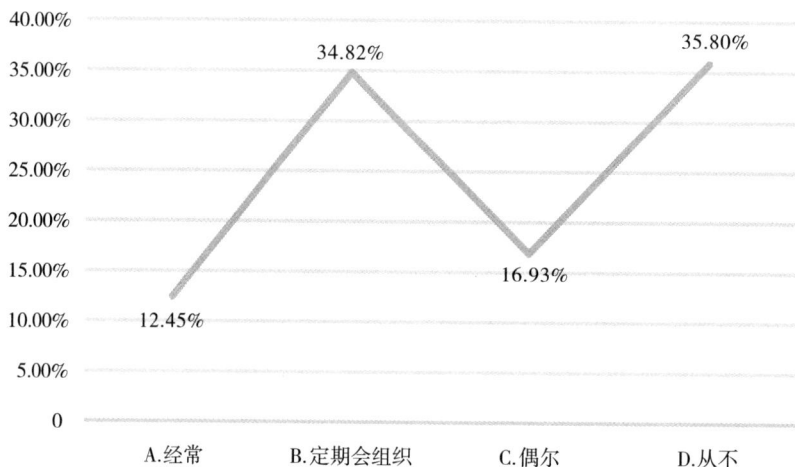

图 4-8 您所在学校是否经常组织与弘扬航天精神有关的校园文化活动?

航天精神属于一种特殊的文化形态,航天精神育人的过程是润物无声的过程,带有鲜明的文化育人属性。而高校作为文化传承的重要阵地,文化育人是高校人才培养的重要方式。因此,航天精神融入校园文化的状态也直接反映着高校将航天精神融入大学生思想政治教育的现实情况。为此,我们从文化育人的视角,选择最具灵活性、效果最明显的校园文化活动育人方式,对航天精神融入校园文化活动的情况进行了调查。调查结果显示:12.45%的大学生表示自己所在学校经常会以各种方式组织开展航天精神主题类相关校园文化活动；有34.82%的大学生表示自己所在学校会定期组织航天精神主题校园文化活动；有16.93%的大学生表示自己所在学校偶尔会在重要节日或航天事业取得重大成就时组织相关活动；有35.80%的大学生表示自己所在学校从未组织过航天精神类校园文化活动。可见，多数学校在校园文化活动中融入了航天精神，但仍有近四成高校从未组织过相关校园文化活动。

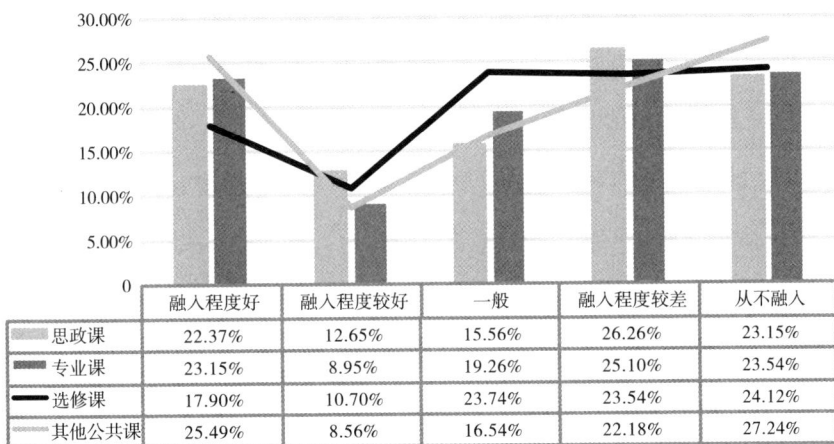

	融入程度好	融入程度较好	一般	融入程度较差	从不融入
思政课	22.37%	12.65%	15.56%	26.26%	23.15%
专业课	23.15%	8.95%	19.26%	25.10%	23.54%
选修课	17.90%	10.70%	23.74%	23.54%	24.12%
其他公共课	25.49%	8.56%	16.54%	22.18%	27.24%

图4-9　您所在学校在课堂教学中融入航天精神的情况如何？

课堂教学是大学生思想政治教育的主阵地。不仅是因为课堂教学是大学生学习的主要方式，在大学生学习生活中持续时间长、占用时间多，还因为在课堂教学过程中，能够更多地学习和了解航天精神的相关知识，在老师的引导和讲解下能够深刻理解航天精神的核心要义，认识到航天精神对个人发展、社会进步和国家安全的重要意义，进而增强学习航天精神的积极性、弘扬航天精神的自觉性。因此，要想实现航天精神的育人价值，需要将其有机融入课堂教学。为此，我们对航天精神融入课堂教学的现实情况进行了调研，调查结果显示：关于航天精神融入思想政治理论课教学的情况，有22.37%的大学生认为老师在思想政治理论课教学中很好地融入了航天精神,有12.65%的大学生认为老师融入得比较好,有15.56%的大学生认为老师融入得一般,有26.26%的大学生认为老师融入得较差,有23.15%的大学生表示老师从未融入过航天精神;关于航天精神融入专业课教学的情况,有23.15%的大学生表示专业课教师在专业课教学过程中很好地融入了航天精神,有8.95%的大学生认为老师在专业课教学中融入航天精神方面做得比较好,有19.26%的大学生认为老师融入得一般,有25.1%的大学生认为老师做得比较差,有23.54%的大学生表示老师在专业课教学中从未融入过航天精神;关于航天精神融入选修课的情况,有17.90%的大学生认为老师融入得好,有10.70%的大学生认为老师融入得比较好,有23.74%的大学生认为老师融入得一般,有23.54%的大学生认为老师融入得比较差,有24.12%的大学生认为老师从未融入过。这表明,老师们在课堂教学中融入航天精神的程度不一,具有较为明显的差异性。

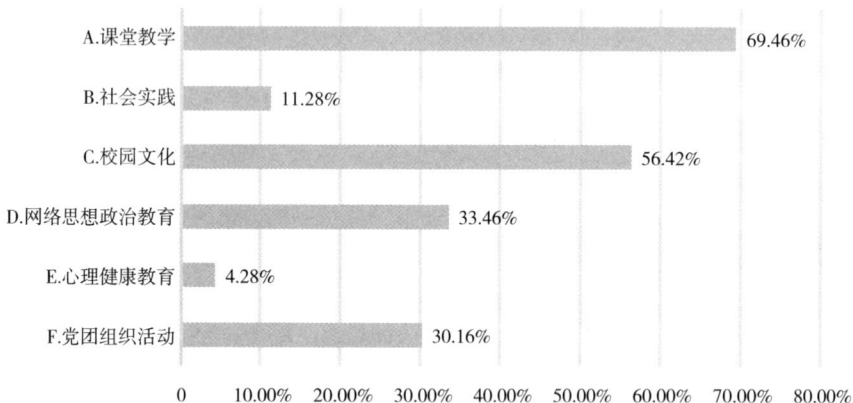

图4-10 您所在学校一般会在思想政治教育的哪些方面融入航天精神?

航天精神融入大学生思想政治教育的途径具有多样性,社会实践、课堂教学、校园文化、网络思想政治教育、心理健康教育等等都是航天精神融入大学生思想政治教育过程中常见而有效的重要途径。调查结果显示：有69.46%的大学生表示自己所在学校将航天精神融入到了课堂教学之中，有11.28%的大学生表示自己所在学校将航天精神融入到了社会实践之中，有56.42%的大学生表示自己所在学校将航天精神融入到了校园文化之中，有33.46%的大学生将航天精神融入到了网络思想政治教育之中，有4.28%的大学生表示自己所在学校将航天精神融入到了心理健康教育之中，有30.16%的大学生表示自己所在学校将航天精神融入到了党团组织活动之中。可见，目前各高校将航天精神融入了大学生思想政治教育的多个方面。

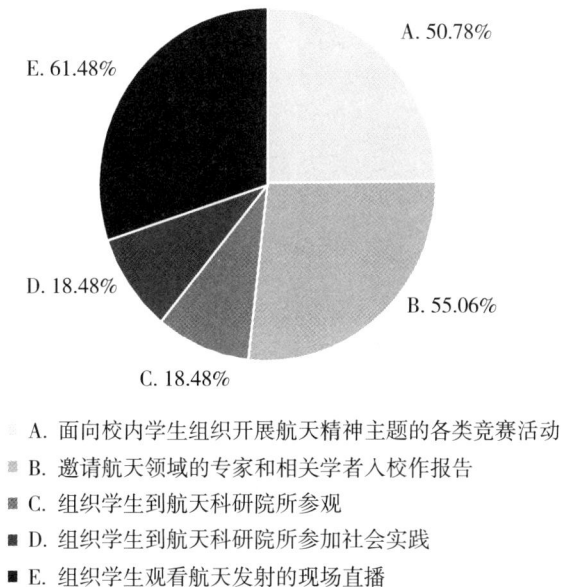

- A. 面向校内学生组织开展航天精神主题的各类竞赛活动
- B. 邀请航天领域的专家和相关学者入校作报告
- C. 组织学生到航天科研院所参观
- D. 组织学生到航天科研院所参加社会实践
- E. 组织学生观看航天发射的现场直播

图4-11　您所在学校在思想政治教育中融入航天精神的常见形式有哪些？

航天精神内涵丰富，可以通过多种形式进行呈现。关于航天精神在大学生思想政治教育中的呈现形式，有50.78%的大学生表示学校会组织开展航天精神主题类竞赛活动，有55.06%的大学生表示自己所在学校会邀请航天领域的专家和相关学者入校作航天精神主题报告，有

18.48%的大学生表示自己所在学校会定期组织学生到航天科研院所等进行实地参观,有18.48%的大学生表示自己所在学校会组织学生围绕航天精神主题开展各类社会实践活动,有61.48%的大学生表示自己所在学校会组织学生观看航天发射的现场直播,等等。这说明,各高校围绕航天精神融入大学生思想政治教育以多种方式做了许多工作,向大学生多样化呈现了航天精神。

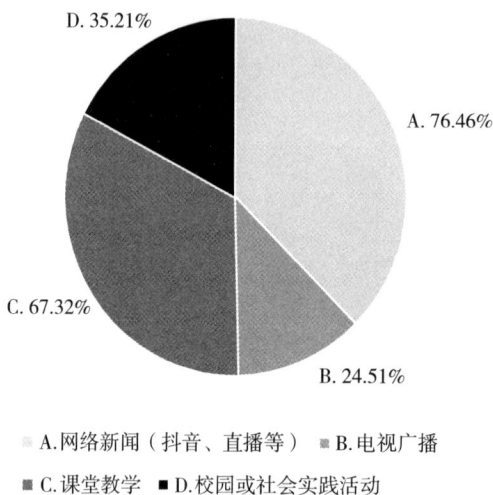

D. 35.21%
A. 76.46%
C. 67.32%
B. 24.51%

□ A.网络新闻(抖音、直播等)　■ B.电视广播
■ C.课堂教学　■ D.校园或社会实践活动

图 4-12　您了解航天精神的主要渠道有哪些?

在网络信息时代,大学生获取信息的方式发生了重要改变。航天精神只有占领了大学生信息获取的主要阵地,才有可能让大学生更多地了解航天精神。在调查中,有76.46%的大学生表示自己主要通过互联网了解航天精神,有24.51%的大学生主要通过电视广播了解航天精神,有67.32%的大学生主要通过课堂教学了解到航天精神的相关知识,有35.21%的大学生主要通过校园或社会实践活动了解航天精神。这说明,大学生了解航天精神的渠道也是多元的,但主要还是通过网络和课堂教学为主。

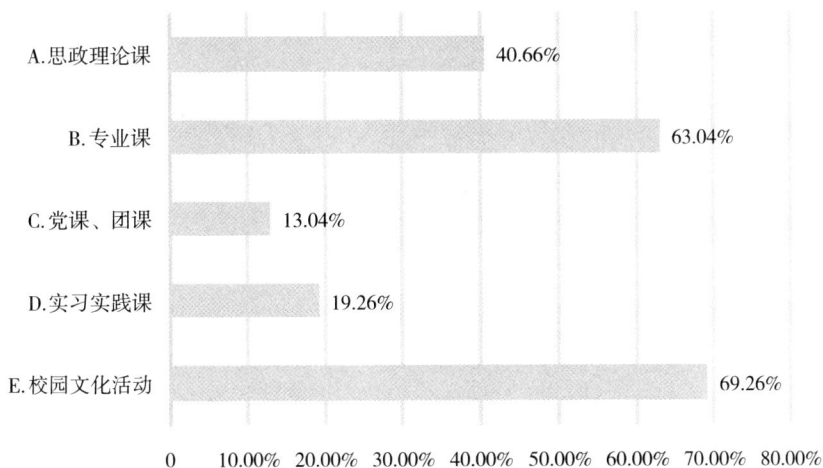

图 4-13　您接受航天精神教育的主要途径有哪些?

关于大学生接受航天精神教育的主要途径,调查结果显示,有40.66%的大学生选择了思想政治理论课,有63.04%的大学生选择了专业课,有13.04%的大学生选择了党课和团课,有19.26%的大学生选择了实习实践课,有69.26%的大学生选择了校园文化活动。可见,思想政治理论课教学、专业课教学和校园文化活动是大学生接受航天精神教育的主要途径。

5. 大学生对所在学校航天精神融入大学生思想政治教育的满意度调查

将航天融入大学生思想政治教育不是单纯地为了在大学生思想政治教育过程中融入航天精神元素,而是要发挥航天精神的育人作用,增强大学生思想政治教育效果,促进大学生全面发展。就目前而言,很多学校在航天精神融入大学生思想政治教育这方面,做了很多工作。

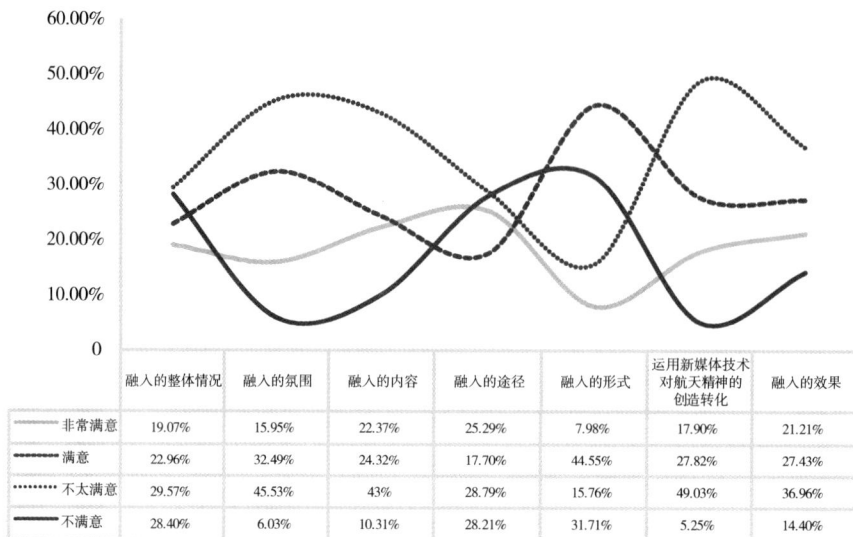

	融入的整体情况	融入的氛围	融入的内容	融入的途径	融入的形式	运用新媒体技术对航天精神的创造转化	融入的效果
非常满意	19.07%	15.95%	22.37%	25.29%	7.98%	17.90%	21.21%
满意	22.96%	32.49%	24.32%	17.70%	44.55%	27.82%	27.43%
不太满意	29.57%	45.53%	43%	28.79%	15.76%	49.03%	36.96%
不满意	28.40%	6.03%	10.31%	28.21%	31.71%	5.25%	14.40%

图 4-14 您对所在学校航天精神融入思想政治教育的现状是否满意?

就融入的整体情况而言,19.07%的大学生表示非常满意,22.96%的大学生表示比较满意,29.57%的大学生表示不太满意,28.4%的大学生表示不满意;就融入的氛围而言,有 15.95%的大学生表示非常满意,32.49%的大学生表示比较满意,有 45.53%的大学生表示不太满意,有 6.03%的大学生表示不满意;就融入的内容而言,有 22.37%的大学生表示非常满意,认为融入的内容丰富,且基本能够满足自我发展需要,有 24.32%的大学生表示比较满意,43%的大学生对融入的内容不太满意,10.31%的大学生对融入的内容不满意;就融入的途径而言,有 25.29%的大学生表示非常满意,认为航天精神融入大学生思想政治教育的途径多样。有 17.7%的大学生表示比较满意,认为航天精神融入大学生思想政治教育的途径符合实际;有 28.79%的大学生表示不太满意,有 28.21%的大学生表示不满意;就融入的形式而言,7.98%的大学生表示非常满意,44.55%的大学生表示比较满意,15.76%的大学生表示不太满意,31.71%的大学生表示不满意;就运用新媒体对航天精神的创造性转化而言,17.9%的大学生表示非常满意,有 27.82%的大学生表示比较满意,49.03%的大学生表示不太满意,5.25%的大学生表示不满意;就融入的效果而言,21.21%的大学生表示非常满意,有 27.43%的大学生表示比较满意,36.96%的大学生表示不太满意,14.4%的大学生表示不满意。综合来看,不管是从整体效果,还是各个环节,对航天精神融入大学生思想政治教育的现状持满意态度的大学生不到半数,明确表示不满意的大学生有近两成。

6. 大学生对航天精神融入大学生思想政治教育存在问题及原因的反馈情况

目前,航天精神融入大学生思想政治教育的实践中,已然开展了很多工作,有了一定的效应,但也仍然存在一些问题。本书立足学生的视角,对存在的问题及原因进行了调查。

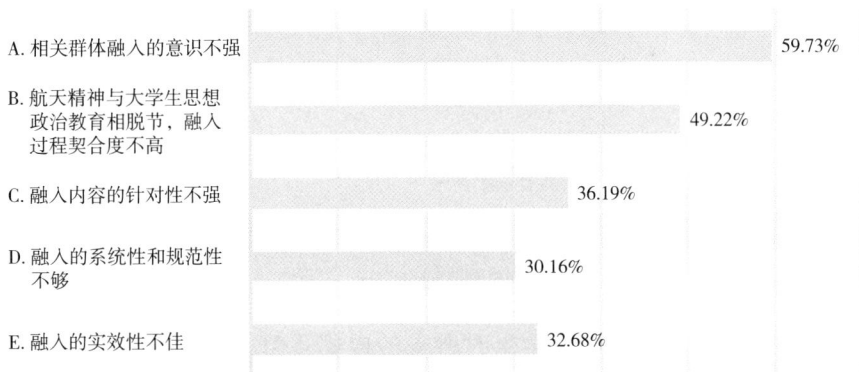

A. 相关群体融入的意识不强	59.73%
B. 航天精神与大学生思想政治教育相脱节,融入过程契合度不高	49.22%
C. 融入内容的针对性不强	36.19%
D. 融入的系统性和规范性不够	30.16%
E. 融入的实效性不佳	32.68%

图 4-15　您认为所在学校航天精神融入思想政治教育过程中存在的问题主要有哪些?

关于航天精神融入大学生思想政治教育中存在的问题调查,有 59.73%的大学生认为相关群体主动参与融入的意识不强,有 49.22%的大学生认为航天精神与大学生思想政治教育相融合的契合度不高,有36.19%的大学生认为融入大学生思想政治教育中的航天精神相关内容与大学生思想政治教育的内容和任务针对性不强,有30.16%的大学生认为当前航天精神融入大学生思想政治教育的过程呈现碎片化、间断性、随意性等,不够系统和规范,有32.68%的大学生认为航天精神融入大学生思想政治教育的实际效果不够明显,等等。这表明,在航天精神融入大学生思想政治教育的过程中,凸显出许多问题。

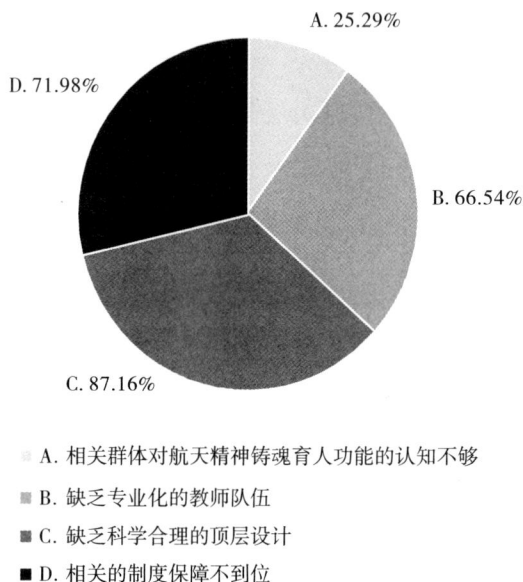

- A. 相关群体对航天精神铸魂育人功能的认知不够
- B. 缺乏专业化的教师队伍
- C. 缺乏科学合理的顶层设计
- D. 相关的制度保障不到位

图4-16 您认为所在学校航天精神融入大学生思想政治教育存在问题的原因有哪些?

关于航天精神融入大学生思想政治教育过程中存在问题的原因,有25.29%的大学生认为是相关群体对航天精神铸魂育人功能的认知不够,有66.54%的大学生认为缺乏专业化的教师队伍,有87.16%的大学生认为学校层面缺乏科学合理的顶层设计,有71.98%的大学生认为学校推进航天精神融入大学生思想政治教育的相关制度保障不到位。总之,这表明影响航天精神融入大学生思想政治教育过程的因素是多方面的,致使其融入过程中存在诸多问题的原因也是多重的。

7.大学生对推进航天精神融入大学生思想政治教育的建议调查

发现问题并解决问题,才能更好地推进工作。为了能让解决措施更贴近学生、更具实效,我们针对大学生反馈的问题做了进一步调查。

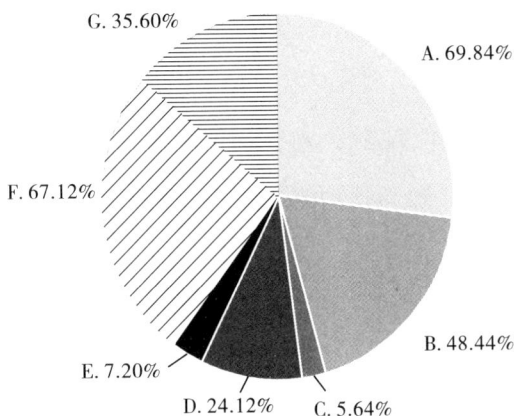

- A.加强宣传增强相关群体对航天精神育人价值的认知
- B.持续优化顶层设计确保航天精神融入思想政治教育的正确方向
- C.加强教师队伍建设壮大航天精神融入大学生思想政治教育的主体力量
- D.运用新媒体技术拓展航天精神融入大学生思想政治教育的载体、形式
- E.结合大学生实际需要精准选择适合大学生的航天精神相关内容
- F.建立协同联动的工作机制确保航天精神融入大学生思想政治教育的系统性
- G.建立健全相应的保障机制

图 4-17　您认为推进航天精神融入大学生思想政治教育的有效途径有哪些?

关于如何解决这些问题,有 69.84% 的大学生提出应通过各种方式加大宣传力度,提高相关群体对航天精神育人价值的认知,增强其主动参与航天精神融入大学生思想政治教育活动的意识;有 48.44% 的大学生提出学校层面要坚持党委领导,持续优化顶层设计,确保航天精神融入大学生思想政治教育的正确方向;有 67.12% 的大学生提出应建立协同联动的工作机制,促使各相关部门各尽其职,形成合力,系统推进;有 35.60% 的大学生提出要从政策支持、资金保障、制度保障等方面完善相应的制度建设,提供必要的制度保障;有 24.12% 的大学生提出要运用好新媒体技术对航天精神进行创造性转化,拓展载体,丰富形式,以大学生喜闻乐见的方式实现航天精神的多元融入;有 7.20% 的大学生认为要结合大学生学习、生活和成长需要,精准选择适合大学生的航天精神相关内容,提高大学生的积极性和主动性;有 5.64% 的大学生认为要加强教师队伍建设,壮大航天精神融入大学生思想政治教育的主体力量;等等。可见,问题和原因都是多重的,解决的对策也要多措并举。

三、航天精神育人案例分析

当前,受所在地域、办学层次、专业类别等多种因素影响,各高校航天精神融入大学生思想政治教育的实践差异性比较明显。一些地域内有航天科研院所,设有航天类相关专业、与航天联系紧密的高校,拥有更为丰富的航天精神育人资源,在航天精神融入大学生思想政治教育方面的工作有声有色。为了更好地把握航天精神融入大学生思想政治教育的过程性和特殊性,我们选取了哈尔滨工业大学、北京航空航天大学、北华航天工业学院、桂林航天工业学院等 4 所具有航空航天背景、与航空航天联系密切的高校为典型,对其将航天精神融入大学生思想政治教育的做法和经验进行了概况和总结。

1. 哈尔滨工业大学

哈尔滨工业大学是航空航天特色鲜明的知名大学,从火箭设计到神舟飞天,从卫星应用到自主研发,从"东方红一号"首巡太空到嫦娥三号登陆月球,都有哈尔滨工业大学的印记。除此之外,哈尔滨工业大学还为中国航天输送了大批高层次人才,载人航天工程总指挥李继耐、长征二号 F 火箭系统总设计师刘竹生、"两弹元勋"孙家栋院士、绕月探测工程总指挥栾恩杰等均毕业于哈尔滨工业大学。可以说,哈尔滨工业大学在中国航天事业发展的历程中作出了突出的贡献。也正因哈尔滨工业大学航空航天特色鲜明,与中国航天事业发展紧密关联,故而其将航天精神融入大学生思想政治教育的工作卓有成效。现对其航天精神育人的主要做法概括梳理如下:

一是打造"两馆一园"向大学生传递航天精神。哈尔滨工业大学为了更好地传承航天精神,始终坚持航天梦教育全覆盖,投入近 2000 万元打造了以哈工大博物馆、哈工大航天馆、哈工大航天园为主体的"两馆一园"航天特色文化育人阵地,使之成为开展航天教育、传播航天精神的重要场所。在哈工大航天馆,不仅有俄罗斯"资源号"返回舱、"长征一号"火箭、"东风二号"导弹等实物,有航天器、发动机、导弹、火箭模型,还有哈工大与中国航天事业同呼吸共命运的奋斗历程。这些展品和历史记忆能够激发大学生的航天热情,引导其树立航天报国之志。

二是组织各类文化活动引导大学生认识时代责任。哈尔滨工业大学牢记习近平总书记 2009 年来校视察时提出的"要主动将自身发展同国家和民族的命运紧密联系在一起"深切嘱托,推出了"航天魂"品牌系列活动,开展航天科普、航天科技讲座等,并选派优秀学生代表赴酒泉、西昌卫星发射中心参观现场发射,切身感受航天精神的伟大。连续近 20 年开展向航天专家马祖光院士学习活动,连续多年坚持邀请航天专家为学生作报告、"航天人引领航天人"先进事迹报告会等品牌活动和"航天行"、卫星发射现场观摩等校外实践活动,用看得见、摸得着的航天梦提振师生精气神。组织一批 80 多岁的航天专家组成"正能量宣讲团",深入学校开展主旋律宣讲 100 余场。通过这些活动,让大学生走进航天、走近航天专家,同时也让航天精神走进了大学生的心灵。

三是组织学生参加各类航天科技竞赛增强学生自信。习近平总书记指出:"抓住新一轮科技革命和产业变革的重大机遇,就是要在新赛场建设之初就加入其中,甚至主导一些赛场建设,从而使我们成为新的竞赛规则的重要制定者、新的竞赛场地的重要主导者。"①多年来,哈工大发挥航天学科优势,牵头搭建了国际大学生航天器创新设计大赛、中俄小卫星创新设计大赛、中俄大学生微纳卫星研习营等平台,引导学生在国际舞台上"以武会友",学生年均获得国际奖项近百项。通过这些比赛,不仅丰富了大学生的学习生活,提供了实践机会,更重要的是培养了大学生的创新思维和团队合作精神。通过与国际同行的互动交流,使大学生得以拓宽眼界,提高自身素质,激发其做中国人的骨气、志气和底气。

四是在真刀实枪的淬炼中引导大学生正确认识远大抱负和脚踏实地。哈尔滨工业大学发挥"规格严格、功夫到家"校训与航天精神内在一致的文化传统优势,以及航天国防项目多、团队多、平台多的科研育人优势,建设了 15 个大学生创新基地和 8 个大学生创业基地,设立了由杰出校友李长春等发起的春晖创新创业奖学金,投入上亿元作为大学生创业专项资金,每年支持创新创业立项 1200 余项,连续十余年举办"祖光杯"创意创新创业大赛,毕业选题中航天背景的比例始终保持在 70% 以上,鼓励学生"真刀实枪"地开展科研攻关。材料学院博士生万龙在国际上首创自支撑搅拌摩擦焊技术,创立了万洲焊接公司,成功破解系列运载火箭贮箱焊缝匙孔等强修复、大飞机法兰螺栓孔修复再制造等难

---

① 《习近平谈治国理政》第 1 卷,外文出版社 2018 年版,第 123 页。

题。这些创新创业机会和平台,能够培养大学生解决实际问题的能力,也能使其更加深刻体悟个人与国家命运相连的关系。

2. 北京航空航天大学

北京航空航天大学是新中国成立的第一所航空航天高等学府,它萌发于民族觉醒之时,诞生于国家奋发之际,成长于民族复兴之中。从航空救国到航空报国、航天报国,再到服务航空强国、航天强国建设,北航始终传承红色基因,把服务国家作为最高追求,矢志不渝培养一流人才,打造国之重器,始终奋进在中国高等教育第一方阵前列。

北京航空航天大学非常注重航天精神育人实践,形成了自己独特的航天精神育人模式。北航围绕立德树人根本任务,以培养航天领军领导人才为目标。切实践行北航"空天报国"精神内涵:传承"听党话,跟党走"的红色基因,坚守为党育人、为国育才的使命担当,传承"爱国奉献,敢为人先"的价值追求。秉承将航天精神与爱国主义相结合、专业教育和思想政治教育相结合、本科教学与学生工作相结合、标准课程与课外实践相结合的"四结合"工作思路,建立起一批有效载体,将航天精神传承落实到具体的教学和培养环节中。

在理念层,一是以航天精神、"两弹一星"精神、载人航天精神这三大精神为主体的航天专业文化。二是北航空天报国精神、校训校风和"四爱"教育传统。三是宇航学院院训:志存高远,航天报国;院风:勤奋,严谨,求实,创新;以及全院师生设计评比的院徽,共同形成航天精神传承的理念层面。这是60多年以来老一辈航天人、北航人在奋斗中凝练形成的精神财富,是培养学生坚定理想信念、增强爱国情怀、提升道德品质的一面思想旗帜。

在课程层,一是面向低年级本科生开设宇航论道课。戚发轫院士、院长、党委书记和各专业教授负责授课。主要内容是航天历史、航天精神、大学适应、各专业介绍、航天科技前沿等。二是坚持生产实习课程。长年坚持到上海、洛阳、成都、北京等地航天院所、工厂进行生产实习，坚持学生到第一线，坚持学生亲自动手。三是开设航天科技创新第二课堂。形成项目指南制度、三级评审机制、指导教师团队、实验室开放、基地建设、科技创新课堂为要素的科技创新实践体系。其中航天特色科技项目比例高达50%。

在宣传层，一是打造"北航航天文化节"。每年依托"航天日"开展院士总师大讲堂、航天嘉年华、航天知识擂台赛、中学生进北航、线上线下百米长卷等系列宣传活动。二是全力打造沙河文化空间，包括"党建创新成果展""中国航天史""从火箭系到宇航学院""导学照片墙"等系列宣传阵地。三是开展"口述宇航"历史记录工作。学生作为志愿者，参与采访从火箭系到宇航学院历史见证者，将文字稿进行全面整理出版。

在实践层，一是每年组建暑期社会实践队，前往酒泉、文昌与基地官兵、校友交流，观看发射，亲身体验一线航天人的工作生活。二是利用周末、学习日的时间，面向全校学生提供到航天院所、人工智能企业等单位参观实践的机会。三是组建航天知识宣讲团。在全国近200所中小学进行志愿宣讲服务。

3. 北华航天工业学院

北华航天工业学院是河北省人民政府直属、省政府与国家国防科技工业局、中国航天科技集团有限公司、中国航天科工集团有限公司共建的一所航天院校，自建校以来始终秉持"航天精神铸魂育人"的办学理念，坚持传承航天精神和培养时代新人相结合，探索出一条发挥航天院校行业特色，落实立德树人根本任务的"航天路"。

一是紧抓教学改革，占领课堂育人"主阵地"。教学是人才培养的主渠道,课堂教学是教书育人的主阵地,故而传承航天精神培育时代新人必须首先充分发挥课堂教学的主导作用。依照"牵牛要牵牛鼻子"的方法逻辑,学院紧紧抓住"教师、教材和教法"改革,第一,采取新教师入职即进行航天文化知识专门培训、定期组织教师赴卫星发射中心现场观摩火箭发射和设立航天奖教金相结合的方式持续激发教师在课堂教学中以航天精神育人的思想自觉;第二,专门组织教师发掘航天事业巨大成就的生动事例和为之作出突出贡献的航天专家的先进事迹蕴涵的育人元素,充实现有教材和编写专门教材,并应用于"思想政治理论课+专业课程+通识选修课程""三位一体"的课程教学实践,进而实现在航天文化的知识传授中融入航天精神的思想教育的良好效果;第三,在提倡"启发式""体验式""互动式"教学的基础之上,连续十年举办"航天专家进校园"的主题报告会,先后邀请了梁思礼、孙家栋、翟志刚、戚发轫、张柏楠等航天领域的院士专家、航天英雄做客"华航讲堂",现身说法,以生动化、具体化、形象化的呈现方式提高以航天精神培育时代新人的实际效果。此外,学院开办的研究生教育实行与航天科研院所共同培养的"1+1"模式,学生"一年在校内学理论知识"和"一年在航天院所顶岗学专门技能"教学形式,在提高学生理论联系实际能力的同时让学生实地感受航天精神的伟大力量。学院还遴选了一批品德好学业精的优秀学生,专门成立了钱学森班、高凤林工匠班,邀请航天领域的专家学者来校授课,培养其敢为人先、积极进取的奋斗精神。

二是打造特色校园,唱响文化育人"主旋律"。校园文化具有重要的育人功能,具有鲜明航天特色的浓郁校园文化有利于形成优良的校风、教风和学风,进而实现航天文化渗透育人的效果。为此,学院精心设计航天特色校园物质文化,不仅主教学楼、图书馆等校内主建筑参照航天火箭式样设计和建造,校内主干道命名、各类灯具设计也都融入航天元素,而且在校门、广场等醒目位置陈列有航天火箭模型,无处不在向学生传递源于航天的深厚情感;学院聘请了"两弹一星"功勋、著名运载火箭与卫星技术专家、国家最高科学技术奖和"共和国勋章"获得者孙家栋院士为名誉校长,聘请了钱永刚教授任航天博物馆馆长,提振了全校师生的航天自信;学院还打造了以航天博物馆、人民科学家钱学森生平事迹展为主体的"一馆一展"文化育人阵地,博物馆陈列有航天实物、模型、飞船搭载物等,生动诠释了航天精神的深刻内涵,坚定了青年学生航天报国的志向;学院每年还组织开展包括航天模型制作设计大赛、航天专家主题报告会、航天科普知识竞赛、航天高峰论坛等在内"航天日"系列活动,利用航天事业发展的重大事件和开学典礼、毕业典礼等关键节点开展传承航天精神的主题教育活动,利用校园网、新媒体平台、广告宣传栏等加强航天精神的宣传,积极打造良好的航天文化环境。

三是融入日常管理,探索实践育人"主渠道"。社会实践是把航天精神融入日常管理的重要渠道,对于促进青年学生了解航天、走进航天、传承航天精神、培养时代品格有不可替代的作用。因而,学院除了做好对新生进行校史校情教育、组织学生开展航天类主题演讲、征文、科技创新活动、鼓励和引导学生到航天企业就业等管理工作外,尤其注重组织学生在参与社会实践过程中实现航天精神育人的实际效果。不仅将其纳入人才培养方案,规定了学时和学分,设立了专项经费,而且根据课程的实际需要有计划地组织学生到中国空间技术研究院、北京卫星制造厂、天津航天长征火箭制造有限公司、中国航天电子技术研究院等校外实习基地参加实习实训,使学生在航天院所的实践中深切感悟航天精神,进而内化为个人的品德修养。另外,学校每年暑期还组织学生开展弘扬航天精神主题社会实践活动,走访航天基地、参观航天院所,聆听航天故事,观看航天成就,感悟航天精神,进而厚植学生航天情怀,增强学生航天报国的责任感和使命感。学院还注重引导校内学生社团、学生党团组织开展弘扬航天精神系列社会调查、志愿服务、公益活动、科技竞赛等社会实践活动,从而增强青年学生在力所能及的社会实践中传承航天精神的体验感。

四是加强顶层设计,厘定三全育人"主基调"。无规矩不成方圆,传承航天精神培育时代新人不仅要充分发挥制度的保障作用,还要构建全员、全方位、全过程育人的教育体系。基于此,学院不仅在办学章程中明确了学校服务航天的办学定位,而且提出了传承航天精神和培养航天人才的目标,并且将其作为学校年度重点工作来抓,进而统领学校各项工作。学院成立了专项工作领导小组,由学校党委书记亲自抓,党办、宣传部门牵头管,各相关单位协同做,形成了协同机制,有效保证了航天精神育人的有序推进;并且在学科建设发展规划、教学管理办法、教学单位和教师考核管理等重要文件中明确了重点加强航天类学科专业建设、教学中融入航天精神、教学单位和教师考核增列航天精神育人指标等内容,为传承航天精神培育时代新人提供了制度保障;组织开展传承航天精神培育时代新人的思想教育观念大讨论,使其科普为家喻户晓的普遍共识,进而形成全员参与的合力效应。

4. 桂林航天工业学院

桂林航天工业学院坚持把航空航天精神作为加强和改进大学生思想政治教育的重要资源,实施了以航空航天精神育人的"六个一"工程,通过航空航天精神的宣传教育推进航天精神在大学生中落地生根。

一是组织学生听一场航空航天题材的报告会。学校以丰富的校友资源为依托,以"桂航大讲堂"为平台,通过聘请包括刘永才院士在内的航空航天领域的知名专家学者,向广大学子作"以航空航天精神育人,育航空航天精神新人"的主题报告。

二是要求学生阅读一本航空航天题材的书籍。学校图书馆购置了与航空航天领域相关的种类齐全的书籍,定期发布推荐书目,组织航空航天主题读书活动和征文活动,通过阅读的力量,让航空航天精神进驻学生头脑、融入学生血液。

三是组织召开一次以航空航天为主题的座谈会。结合思想政治理论课和形势政策教学,以党支部、团支部、班会和社团组织等为单位,组织学生定期交流学习心得体会,结合自身的成长经历和学习体会,使航空航天精神实现生活化、大众化。

四是组织学生看一次航空航天主题的展览。学校有关部门专门建设了体现航空航天事业发展全过程的航空航天文化展示长廊,通过日积月累的反复灌输,向广大学子展示航空航天故事、航空航天历史、航空航天精神。

五是举办一次"弘扬航空航天精神、立志成才"的演讲比赛。学校每学期组织学生开展以航空航天为主题的演讲比赛,在准备演讲资料、查阅演讲内容、研究演讲主题的过程中熟悉了解航空航天,在活动中体悟航空航天精神。

六是撰写一篇弘扬航空航天精神、立志成才的心得体会。学校要求学生在社会实践和党课培训中撰写弘扬航空航天精神、立志成才的心得体会,让学生在实践中增长航空航天知识,认知航空航天精神,升华思想认识,牢固确立社会主义核心价值观。

通过实施航空航天精神育人"六个一"工程,实现了广大学生从对航空航天精神认知到认同再到自觉践行的育人目的,广大学生从灵魂深处加深了对社会主义核心价值观的认知、认同,真正使社会主义核心价值观入头脑、进人心、接地气。

通过以上案例的做法和经验,我们可知,一些具有航空航天背景的高校在将航天精神融入大学生思想政治教育方面已经做出了很多成就,结合自身实际基本形成了较为成熟的航天精神育人模式,为航天事业发展持续不断地培养了大批高素质人才。这也充分佐证了航天精神融入大学生思想政治教育的重要意义。

第二节　航天精神融入大学生思想政治教育的成效

中国航天事业的蓬勃发展使航天与人们的生产生活日益密切,使航天精神具有了更加广泛的影响力。航天精神在培养大学生的思想品质和道德观念方面的重要价值日渐成为共识。如何发掘航天精神的育人价值逐渐成为大学生思想政治教育的重要内容。学术界对航天精神的育人机制、途径和方法进行了深入探讨,提出了一系列理论观点和教育策略。许多高校通过各种方式积极探索航天精神融入大学生思想政治教育的有效路径,取得了一定的成效。

一、航天精神的思想政治教育价值得到师生的普遍认同

认同是教育的前提,只有从思想上认同,才有可能在行为上跟随和趋同。因此,高校师生是否认同航天精神的思想政治教育价值是航天精神能否融入大学生思想政治教育的基础条件。从另一个层面来说,教师和学生是航天精神融入大学生思想政治教育的主体和客体,是航天精神融入大学生思想政治教育过程中起决定性作用的"人"的因素,只有他们认同航天精神的思想政治教育价值,才能产生共同的主观意愿,相互配合、共同推进航天精神融入大学生思想政治教育。由于中国

航天事业发展只有 60 多年的时间,而且在相当长一段时间内航天事业发展的科技成果都处于保密阶段,因此对很多人而言,航天是一个比较神秘的概念,对航天精神了解得也不多。但近年来,中国航天事业发展不断取得新成就,党和国家也高度重视航天事业发展,并提出要建设航天强国。这使得中国航天事业及航天精神逐渐走进人们的视野,同时也走进了高校。鉴于航天精神独有的育人价值,使得航天精神育人也成为高校开展大学生思想政治教育的重要方面,航天精神的思想政治教育价值日渐得到广大师生认同。主要表现在以下几个方面:

一是师生对中国航天事业发展的认识不断深化。党的十八大以来,中国航天事业发展迅速,成就令世人瞩目。党和国家将发展航天事业作为国家战略进行部署和推动,明确提出建设航天强国是实现中国梦的重要组成部分。习近平总书记在多个场合就中国航天事业发展作出了一系列重要指示批示,强调指出航天梦与中国梦紧密相连,要加快建设航天强国,并在党的二十大报告中,对航天强国建设进行了重要部署,将其作为实现中国式现代化的关键支撑之一。当下,中国航天事业的辉煌历程、科技成就及其广泛应用等,通过互联网等媒体得到了广泛宣传,使得全社会对中国航天有了更全面而深入的了解。这使得人们不仅认识到了中国航天之于国家富强和民族振兴的重要意义,也使人们对中国航天事业充满了敬畏和向往。大学,作为知识分子聚集地和人才培养的主要场所,广大师生无疑对航天事业的发展更为关注,对中国航天的认识也更为深刻。问卷调查显示,多于半数的大学生开始关注中国航天事业发展,对中国航天的了解日益增多。在个别访谈中,有老师承认之前对航天知之不多,认为航天距离自己很遥远,似乎只属于国家战略层面。但随着航天科技产品民用化的产业发展趋势,自己在日常生活中已经接触到北斗导航、遥感应用等相关航天科技产品,认识到航天不仅是一种科技力量的展示,更是与自己的生活息息相关。也有学生表达了自己对中国航天事业的认识不断深化的感受,每当在屏幕前看到航天发射成功的震撼场面、看到天地通话的神奇时刻,内心无比激动,为生在这样的祖国感到幸福和自豪,如果将来有机会,也愿意投身航天事业。这充分表明,广大师生对中国航天的关注度、了解度都在不断提升。

二是师生对航天精神核心要义的认知不断深化。航天精神是航天人在航天事业发展中孕育而成的宝贵精神财富,为航天事业发展提供了强大的精神动力。作为一种特殊的精神文化形态,航天精神的核心要义就是追求卓越,它蕴含着对未知的探索、对科技创新的追求、对自我的不断超越、对国家和民族的责任、对职业道德的坚守等高贵品质。它要求科技工作者要在科技攻关中精益求精,追求杰出的科学成就和技术突破。它要求航天人在克服技术困难和风险时要有持之以恒的毅力和勇气。它要求航天人要具备团队合作和协作能力,积极参与到多学科的合作中去,共同完成航天任务。它要求航天人要深知自己肩负的责任,自觉将个人利益融入国家和人类的大局中,以实际行动回报社会。它要求航天人必须恪守科学的精神原则。它要求航天人遵循职业操守,坚持诚信、专业、标准化的工作态度和行为规范,不断提升自身素质和能力,等等。可以说,航天精神内蕴丰富,不仅仅适用于航天事业发展,这些优秀品质和道德要求同样适用于其他领域和社会群体。在对师生进行个别访谈时,有很多师生表示,起初他们对航天精神的理解比较片面,认为航天精神具有航天特色和航天属性,只是针对航天事业发展和航天人而言,对于其他不同的领域和行业群体并不适用。但是,随着他们对航天事业的认识不断深化,他们对航天精神的核心要义也有了更为深刻的认知,能够认识到航天精神作为一种先进的意识形态,对社会进步的积极作用,对个人发展的积极影响。

三是师生对航天精神突出的育人价值更加认同。航天精神作为中国共产党人精神谱系的重要组成,是中华民族精神在航天领域的具体呈现。作为中国特色社会主义先进文化的重要内容,航天精神具有特殊的育人价值。例如,航天精神追求卓越的品质能够激发大学生在个人学习和成长过程中,勇于创新和面对挑战,不断提高自己的专业知识和技能;航天精神注重科学方法和创新思维的品质,有助于帮助大学生更好地理解科学的重要性,引导大学生掌握科学思维和实验技能,提高科学素养,运用科学方法解决实际问题;航天精神注重团队合作的品质,有助于引导大学生学会换位思考,懂得与他人合作、协调分工,培养其团结协作的良好习惯;航天精神突出强调家国天下的爱国主义情怀,有助于帮助大学生正确认识自身的历史责任和时代使命,激发其投身中国特色社会主义伟大事业的热情;航天精神要求科研人员遵守科学规范和道德准则,有助于大学生形成良好的学术道德规范和职业操守,等等。随着航天精神育人实践在高校的日渐推广,虽然尚有部分师生不能完全认识到航天精神的育人价值,但多数师生已经能够结合自身发展实践去理性审视航天精神的育人价值,而且基本认同航天精神的思想政治教育价值。

二、部分高校运用航天精神融入大学生思想政治教育的实效显著

太空是重要的战略资源,这使得中国航天事业从发展之初就备受关注,尤其是近年来中国航天事业发展迅速,不断刷新太空高度,极大彰显了中国智慧、中国方案和中国力量,在很大程度上鼓舞了国人的士气。这让很多高校看到了航天精神内蕴的思想政治教育价值,再加上

党和国家提倡在全社会大力弘扬航天精神,因此很多高校结合自身实际,进行了许多运用航天精神培育时代新人的积极探索,并取得了一定的实际效果。

当前,从高校将航天精神融入大学生思想政治教育的实际情况看,能够在这方面开展一些工作,并取得一定成效的高校,主要有以下四类:一是在航天事业发展中作出重要贡献的高校。如北京航空航天大学、北京理工大学、哈尔滨工业大学、西北工业大学、哈尔滨工程大学、南京航空航天大学、南京理工大学等直属工业和信息化部的 7 所学校,这七所学校不仅直接参与并解决了中国航天科技攻关的重大难题,为中国航天事业发展作出了重要贡献,而且持续不断地为中国航天输送了大批优秀人才,在此过程中也日渐形成了较为成熟的航天精神育人体系。二是以航空航天为办学特色的高校。如沈阳航空航天大学、南昌航空大学、北华航天工业学院、桂林航天工业学院、江西航空职业技术学院、西安航空职业技术学院、长沙航空职业技术学院、陕西航空工业职业技术学院、郑州航空工业管理学院、成都航空工业技术学院等,这些学校具有突出的航天航空办学特色,大多与中国航天有较为密切的渊源或者有长期的合作关系,因此也更易于掌握丰富的航天资源,在航天精神融入大学生思想政治教育方面有很多特色做法。三是开设有航空航天相关专业的综合性大学。如清华大学、北京大学、重庆大学、复旦大学、上海交通大学、同济大学、西安交通大学、厦门大学、中南大学、大连理工大学、上海工程技术大学、吉林大学、电子科技大学、中山大学、河北科技大学、合肥工业大学等高校,这些高校都开设有航空类相关专业,因此在课堂教学、科学研究、校园文化活动等方面不可避免地要运用到航天精神教育和引导大学生。四是与航空航天有相应关系的军队院校。如国防科技大学、火箭军工程大学、空军航空大学、海军航空大学、陆军航空兵学院等高校。此外，还有中国民航大学、中国民用航空飞行学院、航海民航职业技术学院等民办类航空学校，也在航天精神育人方面有很多好的做法。

从诸多高校推进航天精神融入大学生思想政治教育的实践看，虽做法各不相同，程度也高低不一，但都取得了较为显著的实际效果，一定程度上丰富和发展了航天精神育人的实践。主要表现在：一是部分师生在参与航天精神育人过程中表现出积极主动。在问卷调查和个别访谈中都发现，有一部分教师和学生经常性关注中国航天事业发展，对中国航天的发展历程、不同时期的典型成就、航天科技创新的核心技术、航天事业发展的未来方向等等非常了解，能够积极参与学校组织的各类航天精神主题活动，并发挥了表率作用。二是航天精神融入大学生思想政治教育的做法日渐多样。最初航天精神主要通过课堂教学和校园文化活动两种方式融入大学生思想政治教育之中，不论是形式还是载体都较为单一和固化，难以吸引广大师生的关注和兴趣，效果不明显。但从当下的实践看，融入的做法、形式、载体和途径都有了很大改变。观看航天发射现场直播、邀请航天领域的专家学者入校作报告、编排航天类主题话剧、拍摄航天精神类主题视频、推送航天精神阐释文章、安排学生到航天科研院所参加实习实训、开展航天精神主题社会实践活动、组织学生参加航天科技竞赛活动等等，这些做法在当前航天精神融入大学生思想政治教育的实践中都有涉及，效果也较为明显。很多大学生纷纷表示，通过参加这些活动，自己对航天有了新的认识，对航天精神有了新的理解，对航天精神的育人价值有了更深刻的感触。三是部分高校航天精神育人的典型经验和做法在一定范围内得到宣传和推广。如哈尔滨工业大学、北京航空航天大学、西北工业大学、北华航天工业学院、桂林航天工业学院等高校构建的航天精神育人体系，在

《光明日报》《人民日报》《中国教育报》等权威报纸和人民网、新华网、光明网等网站，以及其他媒体进行了宣传和推广，为其他高校推进航天精神融入大学生思想政治教育提供了借鉴。

三、航天精神融入大学生思想政治教育的空间日渐拓展

马克思主义认为，一切事物都是在一定的空间内发生和发展的，必然要受到外在环境的影响。航天精神融入大学生思想政治教育作为一项具体而又有鲜明特征的思想政治教育活动，也必然要受外在环境的影响。从空间维度看，当前航天精神融入大学生思想政治教育的空间正在日渐拓展。

1. 扬航天精神培育时代新人的时代呼唤和社会回应不断提升

党的十八大以来，中国航天在太空领域不断取得的新成就极大提升了中国的综合国力，彰显了中国的科技实力，提振了国人士气，也使得中国航天事业发展得到了社会各个领域的广泛关注。尤其是党和国家高度重视，习近平总书记在多个场合反复强调要实现航天梦，并在党的二十大报告中对建设航天强国进行了安排部署。这为航天事业的快速发展、航天精神的赓续弘扬提供了突出的政治基础条件。同时，中国航天的光辉历程、科学成就、科技成果等在各大媒体、网络空间也得到了广泛传播，在全社会大力弘扬航天精神的呼声与日俱增，这都极大提高了航天精神的社会影响力，拓展了中国航天事业在各个领域的地位和空间。这也使得航天精神的思想政治教育功能得以备受关注，使航天精神育人成为了高校提高思想政治教育工作实效的一个重要途径。再加上，一些高校在航天精神育人方面卓有成效的做法，更是将航天精神育人提升到一定高度，引发了学术界对其进行系统研究的兴趣，调动

了高校探索航天精神育人实践的积极性。

2. 航天精神已然在高校办学治校的各个方面有所体现

对大学生进行思想政治教育是关乎一所大学办学治校的基础性工作,地位尤其重要,而且涉及高校办学治校的各个方面。从目前的实际情况看,有些学校不仅将航天精神育人纳入了学校的五年发展规划,而且在学校年度重点工作中明确了具体任务和指标要求。有的学校为了更好地实现航天精神育人的效果,责成宣传部、学生处等相关部门专门制定了实施方案。有的学校结合学校办学特点和地域特点,挖掘航天资源,打造了具有鲜明航天特色的校园文化。也有的学校在思想政治理论课教学改革中打造了航天精神育人品牌活动,以行走的课堂模式到航天科研院所、展览场馆等地进行教学活动,等等。从这些情况看,虽然并非所有的学校都能够将航天精神育人活动开展得有声有色,但至少从现有的实践看,航天精神已然充满了大学校园的各个方面,航天精神在校园中的空间得到拓展。

3. 航天精神融入到了大学生思想政治教育的各个环节

大学生思想政治教育是一个贯穿人才培养全过程、持续大学全阶段、覆盖学生全方面,且具有系统性、渗透性和持续性特征的教育活动。要想发挥航天精神的育人功能,必须将航天精神全面融入思想政治教育的各个方面、各个环节和各个阶段。从已有的实践看,鲜有高校能够做到这一点,但许多高校将航天精神融入大学生日常管理、课堂教学、社会实践、网络思想政治教育等方面的探索,既确证了航天精神可与大学生思想政治教育深度融合的内在逻辑,也说明了航天精神在大学生思想政治教育空间中的地位和范围得到拓展。如有的理工科高校航空航天相关专业的辅导员老师将航天精神融入到了新生入学教育之中,增进大学生对所学专业的了解,培养大学生航天报国的意识;有的高校结合中国航天日专门组织开展航天类主题党日和团日活动,淬炼大学生的党性意识;有的高校建设专门的航天精神主题网站;等等。

第三节　航天精神融入大学生思想政治教育存在的主要问题

恩格斯曾在《反杜林论》中指出:"运动本身就是矛盾"①。毛泽东也指出:"矛盾存在于一切事物的发展过程中""每一事物的发展过程中存在着自始至终的矛盾运动。"②也就是说,任何事物的发展都不会像预想的那样顺利,过程中必定出现这样或那样的问题。同样的,航天精神融入大学生思想政治教育的实践也不可能一蹴而就。虽然经过多年的实践和努力,已经取得了一定的成效,但我们要清醒地认识到,在此过程中仍然还存在许多问题,影响和制约了航天精神育人价值的实效。只有发现并解决这些问题,才能更好地推进航天精神融入大学生思想政治教育。因此,梳理航天精神融入大学生思想政治教育中存在的问题,是我们开展本研究的重中之重。

一、教育主体的胜任力有待提高

人类社会中的任何一项实践活动都具有属人性,实践主体的认识、能力、行为等直接影响着实践活动的实际效果。对于航天精神融入大学生思想政治教育的实践活动而言,教师在整个活动中居于主体地位,是整个活动的组织者和实施者。因此,教师对航天精神的认识、运用航

① 《马克思恩格斯选集》第3卷,人民出版社2012年版,第498页。
② 《毛泽东选集》第1卷,人民出版社1991年版,第305页。

天精神育人的能力以及现实中的具体行为表现直接决定了航天精神融入大学生思想政治教育的进程和效果。长期以来，由于航天事业发展的神秘性、大学生思想政治教育的复杂性等因素影响，许多教师对航天精神的认知程度有待提高，运用航天精神育人的能力素养和思想自觉有待提高。

1. 部分教师对航天精神的认知程度有待提高

俗话说："要给学生一碗水，教师先要有一桶水。"言外之意，教师要想在航天精神融入大学生思想政治教育的过程中发挥好主导作用，使大学生深刻理解航天精神的内涵，必须自己对航天精神有系统而全面的了解，这是前提条件。在与教师的个别访谈中，我们发现教师群体对航天精神的认知程度不一，有相当一部分教师尚停留在浅层次。有的专业课教师在谈起对航天精神的了解情况时说："我是学文科的，虽然平时能够通过电视了解到航天事业发展的一些成就，比如说一些重大发射任务，尤其载人航天工程的突出进展等等，但实事求是地说，对航天事业发展的历程所知不多。至于航天精神的育人价值，自己从爱国、奉献、理想等方面也有一定的观点，但思考得不多。"有的辅导员说："自己能够清晰地认识到航天精神的育人价值，也想着在学生日常管理、党团课活动、校园文化活动中融入一些航天精神的相关元素，但自己确实了解的不多，需要先花费很多功夫自己去学习和研究。但由于自己的工作很忙，难以拿出足够的时间和精力去好好研究，等等。"这充分说明，教师在航天精神融入大学生思想政治教育方面的知识储备不足，对航天精神及其育人价值的认知尚有不足。

2. 部分教师运用航天精神对大学生进行思想政治教育的能力不足

大学生思想政治教育本身就是一项复杂的教育活动，相较于单纯的专业课教学和日常管理等工作,对教师能力素养的要求更高。尤其具体到航天精神对大学生思想政治教育的实践活动,对教师各方面的能力提出了更为专业的要求。比如说理论解读能力、人际沟通能力、活动组织能力、心理疏导能力、新媒体运用能力,等等。在现实中,高校在招聘教师时根据具体岗位不同侧重的能力测评也不同,如专任教师岗更侧重教师的理论水平和科研能力,辅导员岗更侧重在解决实际问题时的应变能力,机关岗更侧重文字水平和日常事务处理能力,等等。但在全员育人的时代背景下,他们也要承担教书育人的双重责任。这就使得相当一部分教师在大学生思想政治教育过程中暴露出能力不足的问题。正如有的老师在访谈中表示,自己理科专业出身,本身就对思想政治教育的相关理论兴趣不浓,平时虽然也对学生进行思想教育和价值引导,但大多情况下都是凭个人经验,按照自己的方式方法进行。有的老师说,自己性格比较直,与学生沟通起来非常吃力,明明是好心,但有时候学生并不买账。

3.部分教师在航天精神融入大学生思想政治教育的实践中积极主动性不够

人与动物的一个本质性区别在于人有主观能动性。在事物发展过程中,如果能够充分发挥人的主观能动性,使政策、思想、计划、方案等转化为人的主动行为,就能够加快事物发展进程。同样,只有充分发挥教师的主观能动性,使其能够在航天精神融入大学生思想政治教育的实践中主动参与、主动思考和主动作为,才能实现航天精神的育人价值。但是现实实践中,囿于高校现行的岗位考核机制、职称评审机制、职务晋升机制等因素影响,很多教师把更多的时间和精力放在了教学、科研等方面,在航天精神育人方面投入的精力少、花费的时间少、有效的举措少。在访谈中,有的年轻教师表示,自己每周的课程任务很重,而且为了评职称要申请课题,撰写研究论文,自己有心想参与一些大学生思想政治教育工作,但确实自顾不暇,精力不够。有的老教师表示,自己马上面临退休,多年的实践告诉自己,大学生的思想政治教育工作不好做,所以自己也不想再耗神费力。

二、航天精神育人资源开发不足

马克思主义认为,人的认识来源于实践,最终要指导实践。在此过程中,人们首先需要获取到丰富而又符合实际的感性材料,并通过理性思考,对感性材料进行去粗取精、去伪存真、由此及彼、由表及里的加工,才能从感性认识上升到理性认识。这是理性认识形成的必经过程。这其中,大量丰富的感性材料和结合实际的理性思考两个条件缺一不可。同样,要想发挥航天精神对大学生的思想教育和价值引领功能,使大学生能够形成对航天精神的理性认识,进而指导自己实践,也需要具备这两个条件。从目前的情况看,航天精神的许多内容已经在大学生思想政治教育之中有所体现,但对其有效利用缺少系统开发和理性思考。

1. 融入大学生思想政治教育过程中的航天精神育人资源精准度不够

从当下高校推进航天精神融入大学生思想政治教育的实际情况看,中国航天事业发展的光辉历程、中国航天事业取得的辉煌成就、中国航天人彰显的航天精神品格、中国航天英雄人物的生动事迹、中国航天科技成果的广泛应用、中国航天事业发展的未来方向、中国航天与各行业领域的关系等等已然通过各种渠道在大学生思想政治教育的实践中有所体现。可以说,融入的内容覆盖了航天事业发展的各个方面,内容丰富而广泛。但就从发挥其育人功能的视角进行审视,仅有丰富的感性材料还不够,还需要结合大学生思想政治教育的特点进行筛选,挑选出那些适合大学生身心发展特点、能够给大学生带来深刻启迪、能够满足大学生成长需要的内容,将其分门别类地进行梳理,然后再呈现在大学生面前,才会让大学生得到更深刻的感悟。显然,高校在推进航天精神融入大学生思想政治教育的过程中这方面做得还不到位。在访谈中,多数教师表示自己所在学校没有对航天精神育人资源进行梳理,没有设立专门的航天精神资源库。有的老师表示,自己在引入航天精神相关内容时,大多随意性比较强,融入的内容也较零碎,往往是看到一篇文章,或者是发现一个视频,就顺手转发给学生。

2.航天精神育人资源与大学生思想政治教育相融合契合度不够

大学生思想政治教育具有内容的选择性,根据不同任务需要选择不同的资源,只有选择的内容与大学生思想政治教育的任务相吻合,才能更好地引发大学生的思考,从而形成正确的价值观念和人生选择。比如,在对大学生进行爱国主义教育时,易选择能彰显爱国之情、报国之志、强国之行的英雄事迹;在对大学生进行理想信念教育时,易选择那些能够体现社会主义制度优越性、彰显中国智慧的重大科技成果和突出成就;在对大学生进行心理健康教育时,易选择那些成功人士坚韧不拔、自强不息的励志故事;在对大学生进行使命教育和责任教育时,易选择先锋模范人物为了国家和民族利益无私奉献的生动故事;等等。因此,航天精神的育人资源也要与大学生思想政治教育的目的、任务、内容等相契合。但在现实调查中,许多老师表示,自己在这方面考虑得比较少。在融入航天精神育人资源时,认为只要把对学生有启发的东西传递给他就好了,缺少必要的引导,对最终的实效考虑不多。

3. 对航天精神育人资源的深度挖掘不够

大学生虽然具备了一定的知识水平,相比较而言,有较强的理解力和领悟力,但客观而言,他们看社会、想问题、处关系多种情况下仍停留在事物表面和浅层次,有时候更多凭个人好恶,也易受他人影响,难以体悟透社会现象的本质,这需要教师对其积极引导。同样,我们在开发航天精神的育人资源时,也不能仅仅是提供了丰富的感性材料,还需要对其进行深度解读,引导大学生形成正确的认知。但从当下的高校实践看,教师在大学生思想政治教育中引入航天精神的育人资源,更多的是简单、直接地硬融入,缺少对其内在价值的深度挖掘。访谈中,有的老师说:自己本身对航天精神了解得就不多,有时候想发挥一下,但是又怕自己说的不对、不准,误导了学生。

三、多元融入的方式欠佳

采用正确而又恰当的方式方法是思想政治教育取得实效的必要条件。航天精神融入大学生思想政治教育的实践活动,从本质上而言,仍从属于大学生思想政治教育范畴,在融入方式上要与大学生思想政治教育的目标、内容、对象和环境等相适应,而且要根据时代发展变化而革新。当然,在融入方式方法上的革新,也并非全然摒弃原来的方式方法,而应该是坚持传统与现代相结合、单一与多元相融合的多样化融入方式。从这一视角审视当下航天精神融入大学生思想政治教育的过程,一定程度上存在着多元融入方式欠佳的问题。

1. 理论与实践相结合的二维融入方式欠佳

理论与实践相结合是思想政治教育途径应遵循的基本原则,只有同时具备理论上的清醒和实践中的体悟,才能增强育人的实际效果。

这要求相关教师群体在推进航天精神融入大学生思想政治教育的路径上,既要注重理论上的宣灌,也要注重实践中的淬炼,双管齐下,才能让大学生深刻体悟航天精神的深刻内涵和时代价值,促进其成长。但从现实的实践看,很多高校教师忽视了二者的融合,要么重理论轻实践,要么重实践轻理论,未能利用两种方式相融合的优势转化为育人的实际效果。甚至有些教师无论是理论宣灌,还是实践淬炼,两个方面做得都不好。如有的教师在课堂教学中阐释航天精神的深刻内涵时,直接从网络上下载两篇他人的研究论文,照本宣科,不能够结合本校校情和学生情况进行深入浅出的分析和讲解;有的教师不能结合航天事业发展的最新成就阐发其内在精神的重要意义,从理论到理论,空谈大道理,味同嚼蜡;等等。这就很难让大学生产生兴趣,引发其共鸣。有的教师组织了航天精神主题征文、主题班会、航天科技比赛、讲好航天员的故事等一系列活动,虽然从形式上看丰富多样,而且很好地融入了航天精神的元素,但在过程中偏离育人方向,走了过场,搞成了形式主义。

2. 利用新媒体技术搞活航天精神育人工作的实效欠佳

新媒体"依托现代信息网络技术,突破了传统媒体'一对多'的大众传播模式,使人人都可以成为传播者,拓展了信息源的广泛性,提升了信息传播的互动性,丰富了信息获取的个性化"[1]。新媒体凭借其特有的魅力,一进入高校就备受大学生青睐,迅速成为大学生信息获取、人际交往、学习生活等的主要方式。新媒体时代的到来革新了航天精神在高校的传播模式,为高校传播航天精神带来了新契机。在这样的背景下,教师可以快捷地从互联网空间获取航天精神的各类育人资源,

---

[1]　赵宝、徐宁、杜蕾:《新媒体时代高校正能量文化的传播路径》,《青年记者》2018 年第 14 期。

而且可以利用微博、微信公众号、知乎、抖音等各种平台将航天精神的育人资源,以图、文、音、视频等多样化的方式传递给大学生。也可以将搜集到的与航天精神相关的专题报道、文章、视频等各类资源汇总梳理,设置校内航天精神育人资源库。可以结合所教课程,录制航天精神育人文化课程视频。还可以组织学生开展类似"向航天英雄致敬"的短视频比赛或征文比赛等活动。可以说,新媒体技术为教师运用航天精神开展大学生思想政治教育带来了机遇,不仅为创新航天精神的出场方式提供了条件,也拓展了航天精神融入大学生思想政治教育的渠道和载体。但在现实实践中,有些教师没有做到因势而新,对新媒体育人的认同度较低,自身的新媒体技术水平较差,仍然保持传统的教育方式,未能发挥出新媒体技术助力航天精神育人的真正效果。

3. 话语表达方式与大学生存在脱节现象

马克思曾引用过古罗马历史学家塔西佗的一句话:"当你能够想你愿意想的东西,并且能够把你所想的东西说出来的时候,这是非常幸福的时候。"[①]感觉是一种特殊的心理现象,是个体通过感觉器官对客观事物的心理反应。如果想让他人了解你的感觉,那就需要将其通过语言描述出来。从教育的范畴说,这就是教育过程中的话语表达。在具体的实践中,教育主体能否针对教育客体和教育内容的属性等以准确、生动的话语表达方式将信息传递给教育客体,直接影响着教育的实际效果。对于航天精神育人而言,由于多数大学生对航天精神的认知尚浅,对航天精神育人的认同尚有待提高,因此如何以恰当的话语表达方式,使其感受到航天精神之于个人发展的价值,十分重要。从当前的实际看,教师在航天精神融入大学生思想政治教育的实践中,一定程度

---

① 《马克思恩格斯全集》第 1 卷,人民出版社 1995 年版,第 134—135 页。

上存在话语表达方式与大学生相脱节的现象。主要表现在以下几个方面:首先,话语表达方式过于宏大。有些教师在阐释航天精神时,习惯将其与国际竞争、国家安全、政治博弈等联系在一起,突出强调爱国、奉献、奋斗、自强、协作等品格,注重引导大学生要将自己命运与国家和民族的命运联系在一起,培养大学生为中华之崛起而奋斗的意识。从某种程度上而言,这种话语表达政治立场鲜明、育人指向明确,但没有关注大学生的个体体验和感受,没能与大学生的实际生活相联系,收效甚微。其次,普遍存在灌输式话语表达方式。大学生思想政治教育过程中,虽然教师处于主导地位,但只有得到学生的积极回应,发挥学生的主动性,才能得到更好的效果。但是在航天精神融入大学生思想政治教育的实践中,教师的主导地位过于突出,融入的内容、呈现的方式、输送的途径等等往往都是教师来确定,对航天精神的育人价值及作用更多情况下靠枯燥的说教、单纯的灌输来进行,不仅难以调动大学生的积极性,有时还会让大学生感到反感。最后,情感话语表达缺失。在大学生思想政治教育过程中,既要说理帮助大学生明悟道理,又要重情,让大学生在平等交流中得到感悟。但有些教师在航天精神育人实践中,过多注重晓之以理,忽视了动之以情,缺少了人情味和亲和力,难以增进大学生对航天精神的情感认同。

四、协同推进的合力尚未形成

恩格斯指出:"许多人协作,许多力量融合为一个总的力量,用马克思的话来说,就产生'新力量',这种力量和它的单个力量的总和有本质的差别。"①航天精神融入大学生思想政治教育作为高校思想政治

---

① 《马克思恩格斯选集》第3卷,人民出版社2012年版,第505页。

工作的重要组成和具体形式,也应当在高校办学治校的实践中处于重要的地位,只有充分发挥各岗位、各群体、各部门的力量,加强协作,形成合力,才能更好推进航天精神更好地融入大学生思想政治教育过程中。虽然许多高校在探索航天精神融入大学生思想政治教育的实践中,通过各种方式形成了良好的氛围,但客观而言,尚未形成协同推进的合力。

1. 未能覆盖校内各管理部门

根据教育部大学设置的条件和要求,一所大学想要办学,必须要有固定的场所、一定的规模、完整的机构等等,也就是说,高校办学治校是一个系统工程,需要各个部门、各岗位的不同群体根据岗位职责各司其职,共同完成立德树人的根本任务。在这样的情况下,不同岗位、不同部门都有了明确的任务和分工。如学生处主要负责大学生的日常管理和教育,教务处主要负责对大学生的理论教育,宣传部主要负责学校内外宣传工作,团委主要负责学校共青团工作,等等。因此,在绝大多数学校,各单位、各群体各司其职。这就使得在具体实践中,有些部门的负责同志,有些岗位的教师群体,没有认识到航天精神融入大学生思想政治教育的属性和定位,误认为其就是对大学生进行日常教育和管理,就应该由学生处全权负责。因此造成了此项工作在很多高校都主要由学生处负责,其他部门参与不同的局面。

2. 未能充分调动全体教师的积极性

总体来说,航天精神的育人价值已然被绝大多数教师认可,并且也有相当一部分教师参与到推进航天精神融入大学生思想政治教育的实践中。但是在具体的访谈中发现,真正在航天精神融入大学生思想政治教育实践中积极发挥作用的,大多还是从事与思想政治教育工作相关的教师群体,如辅导员、思政课教师、航空航天类相关专业任课教师、党团组织干部等等。至于其他岗位上的教师群体,参与的积极性不高。

3. 大学生的主动参与度不高

大学生是航天精神融入大学生思想政治教育的作用对象,也是旨趣所在。只有让大学生充分参与进来,才可能让航天精神的育人资源与大学生亲密接触,从而让其真切感受到航天精神对个人成长的益处。而且,大学生最了解自己,最清楚用什么样的方式、话语、内容更能有好的效果。但是在具体实践中,仍有相当一部分大学生并未参与其中。

第四节　航天精神融入大学生思想政治教育
存在问题的成因

根据调研结果和访谈情况,航天精神融入大学生思想政治教育的实践活动已经取得了一定的成效,但同时也仍然存在一些不容忽视的问题。只有深刻剖析存在这些问题的原因,透过现象看本质,找到解决这些问题的正确方法,才能在推进航天精神融入大学生思想政治教育的实践中有的放矢。本书通过问卷调查、个别访谈情况,结合个人工作实际感受,从宏观和微观两个方面进行了思考。

一、宏观社会环境的影响

社会环境是人的一切活动发生的空间场所。人的活动在改造和推进社会发展进步的同时,也不可避免地受到社会环境的影响。从宏观层面,造成航天精神融入大学生思想政治教育存在问题的原因,主要表现为经济的快速发展弱化了大学生的精神追求、多元文化思潮弱化了大学生对航天精神的认同、新媒体的广泛应用淡化了航天精神育人的效果。

1. 经济的快速发展弱化了大学生的精神追求

马克思主义认为,经济基础决定上层建筑和意识形态。一个国家的经济发展水平决定着这个国家的经济发展方式和人们的思想道德水平。自新中国成立以来,尤其是改革开放以来,在短短几十年的时间里,中国的经济始终保持着快速发展的良性状态,极大改善了人们的物质生活条件。由于"物质带有一种令人愉悦的、诗意的诱惑力",这在一定程度上诱惑人们放松了对精神生活的追求。

首先,经济体制改革影响了人们的社会心态。我国的社会主义市场经济是同社会主义制度紧密结合在一起的,与资本主义社会的市场经济体制有着本质不同。在所有制结构上,坚持公有制经济和非公有制经济共同发展。在分配制度上,坚持按劳分配和多种分配方式并存,兼顾效率与公平。在宏观调控上,坚持市场调节和宏观调控相结合。为了能够更好地发挥社会主义市场经济制度的优越性,我国持续推进经济体制改革,确保了经济的快速发展。但同时,也衍生出新的社会关系、利益关系和生产方式,形成了个体思维、竞争意识等多元心态,诱发了公平与效率、发展与生态的冲突,造成了经济利益主体多元、收入差距扩大、贫富差距分化等问题,一定程度激化了社会矛盾。这使得现实生活中的人们,受功利主义、消费主义、个人主义等观念影响,过于注重利益。其次,激烈的经济竞争影响了人们的价值选择。竞争已经成为现代社会的重要标准,无论哪个行业和领域,都存在竞争。优胜劣汰、适者生存的淘汰法则体现得淋漓尽致,尤其在经济生活领域,表现得更为突出和深刻。也许今天还是商界大亨,明天或许就变成了债台高筑的"老赖"。这种激烈的经济竞争环境,使很多人为了保住饭碗或者是肩负起家庭责任,在面对道德和利益时不得不逐利而行。这就极大削弱了爱国主义、奉献精神、协作意识等主导价值观念的示范价值。最后,经济全球化的冲击造成了人们的价值偏差。在经济全球化时代,人们的经济行为空间得到放大,人们的经济自由化程度得到提高,与此同时人们的思想意识也因此受到冲击。尤其是在社会主义制度和资本主义制度两种社会制度持续博弈的背景下,人们的经济行为不可避免地伴随着价值观念上的交融与交锋。受西方资本主义经济制度基础上形成的个人主义、功利主义、享乐主义观念等影响,部分人们出现了信仰危机、诚信缺失、责任意识薄弱等方面的价值偏差。

大学生,虽然还没有收入,不是独立的经济个体,但由于生活需要也不可避免地要参与到经济社会生活中,受到来自经济社会生活等各方面的影响。部分经济行为主体在精神追求上的懈怠、在价值选择上的逐利行为以及个人道德上的诚信缺失、责任感缺失等,也影响了大学生的身心发展和价值选择。

2. 多元文化弱化了大学生对航天精神的价值认同

文化是人类精神成果的存在和表现形式,在其形成和发展的过程中不仅反映着人们的精神活动、思想状态和道德品质,也不断影响和熏陶着社会成员的思想意识。文化是一个民族和国家的灵魂,也是一个国家和民族不同于其他国家的重要标志。在长期的历史实践中,不同民族和国家都形成了具有本民族或本国家特色的自身文化,并影响着其社会成员的思想意识。随着社会的进步,国与国之间的交流日益增多,不同文化也在此过程中碰撞、交融,使不同国家和民族的文化都呈现出多元化特征。文化的多元化,也必定带来价值的多元化,在丰富和拓展人们生活空间和意义世界的同时,也给人们带来了价值选择的迷茫和道德判断的困惑,在某种程度上弱化了大学生对航天精神的价值认同。

习近平总书记指出:当今世界正面临百年未有之大变局,"意识形态领域斗争依然复杂,国家安全面临新情况"①。各种社会思潮的涌入给人们带来了理性思维、情感认同、价值取向等方面的挑战。如反对马克思主义指导地位、遵行资本主义政治制度、推崇大众式民众参与价值追求等的民主社会主义思潮,强调"自由市场经济""市场交换主义""否定集体主义""拜金主义""个人至上"等理念,主张市场经济要由市场自行调节、反对国家干预国内经济的新自由主义思潮,主张获取快乐和满足欲望的人生目的,倡导"及时行乐""好逸恶劳""金钱至上"的人生态度和精神追求的享乐主义思潮,等等。这些社会思潮直接挑战了我国公民既有的价值结构,使公民的社会焦虑情绪更加明显,患得患失心态愈加严重,极大影响了公民层面核心价值观培育效果。而高校大学生,他们对新兴事物具有强烈的好奇心,思维活跃,但对事物的本质属性缺少鉴别能力,很容易受到西方社会思潮的影响,进而成为其积极的参与者、追随者、传播者,所以他们也是西方社会思潮渗透的重点对象。

随着全媒体时代的到来,西方社会思潮借助全媒体之势以碎片化传播形态迅速扩散开来,与现实社会生活中的传播形成现实加虚拟的二元传播态势,逐渐渗透入我国社会生活的各个领域。高校作为知识分子聚集体、文化传承的主阵地,对文化的交融具有包容性和开放性,更是为西方社会思潮在高校的传播提供了条件,给了西方资本主义国家一些别有用心之人可乘之机。他们用文化对其政治价值观念进行重

---

① 习近平:《决胜全面建成小康社会 夺取新时代中国特色社会主义伟大胜利——在中国共产党第十九次全国代表大会上的报告》,人民出版社 2017 年版,第 9 页。

新包装,打着文化全球化的幌子,在网络空间大肆兜售各种西方社会思潮,宣传资本主义的世界观、人生观和价值观。这给部分大学生思考人生价值、人生追求、社会责任、理想信念、道德观念等带来了困扰,影响了其对社会主义核心价值观、中华民族精神、社会主义公民道德等的认同。

3. 新媒体时代带来了挑战

进入新媒体时代,人们信息传播的方式得到革新。新媒体传播速度的瞬时化、传播内容的海量性、传播空间的无限性、传播形式的立体化、传播主题的匿名化、传播渠道的多样化等特征,为航天精神融入大学生思想政治教育提供了新的机遇。同时也带来了挑战。

一方面,在新媒体时代,网络空间信息极大丰富,信息内容良莠不齐。其中,有关于航天发展历程、航天科技成就、航天英雄人物事迹等推送文章,也有航天主题的系列音视频,还有弘扬航天精神的主题歌曲等等,为航天精神育人提供了丰富的素材。但是,由于网络传播内容缺少把关者,也存在一些不实的信息,会给大学生正确认识航天事业发展和航天精神的深刻内涵带来不利影响。另一方面,新媒体背景下产生的意见领袖一定程度上会削弱教育者的话语权。随着新媒体技术的迅速发展,有一些新媒体用户,由于其特殊的身份地位或者是个人魅力,在新媒体空间成为备受关注的公众人物,他们的言论和观点得到了众多粉丝的认可和追捧。每当有热点话题或者热门新闻时,这些意见领袖往往会通过个人账号发表意见,某种程度上影响着公众的思想、认知和行为。与这些人相比,教育者们更多关注的是现实环境中的教育活动,媒体传播意识薄弱,未能很好地发挥新媒体在航天精神育人中的作用。另外,有些意见领袖因为自身知识水平或者专业背景等方面的原因,对航天精神的理解不够深刻,对航天精神育人的规律把握不准,有时候发表的一些言论,有可能误导大学生对航天精神的认知。

此外,新媒体自身的娱乐属性某种程度上弱化了航天精神的育人功能。新媒体是新的技术支撑体系下出现的媒体形态,如数字杂志、数字报纸、数字广播、手机短信、移动电视、网络、桌面视窗、数字电视、数字电影、触摸媒体等。正是由于其传播渠道的广泛性、传播内容的丰富性、传播形式的可视性、传播状态的立体性等特点,使得新媒体在宣传推广、思想教育、生活学习、娱乐休闲等各个方面都表现出强大的功能。当前,很多大学生都利用新媒体获取信息、休闲娱乐、交友社交等等,在此过程中,QQ、微信、微博、直播等网络社交平台,还有各种各样的游戏软件等等备受大学生青睐,有些大学生将大量的时间用在了刷视频、玩游戏、聊天上。这种情况下,利用新媒体推进航天精神育人的效用被削弱。虽然新媒体空间中也有很多关于航天精神的内容,但是大学生关注的不多。

二、微观校园环境的影响

校园环境是航天精神融入大学生思想政治教育发生的现实环境,也是与其息息相关的具体微观环境。一个好的校园环境,有助于实现航天精神的育人价值。但是从现实情况看,航天精神融入大学生思想政治教育的过程中之所以存在诸多问题,很大一个原因是尚未形成好的校园环境氛围。

1. 学校管理者的重视不够

学校管理者是一所大学办学治校的关键,他们的认知、思想和行为很大程度上决定了学校各项工作的思路、方法和落实。对于航天精神融入大学生思想政治教育这一问题而言,学校管理者们的认知不一,部分学校管理者没有从思想上真正理解航天精神的育人价值,没有在行动上给予必要的重视和支持。如有的学校管理者认为,不管是航天精神育人也好,还是红船精神育人也好,都是对学生进行思想教育和价值引领的教育活动,这些活动更应该由辅导员、党团干部、思想政治理论课教师等相关教师群体来完成,专业课教师的任务就是教好专业课程,没有必要参与到这里面来。有的学校管理者认为,育人的效果没有明确的指标,也不好衡量,所以只要不出事就行。学校应该把工作重心放在教学、科研这些方面,多出一些成果,能够提升学校的社会影响力。还有的学校管理者认为,思想政治教育育人资源是丰富多样的,只要是能够给大学生以启发的内容都可以,自己熟悉哪块就用哪块,自己哪个领域了解得多就多从哪个领域入手就行,没有必要非得专门去挖掘航天精神的育人资源。基于这样的认知,在很多学校,管理层面没有统一思想,对航天精神融入大学生思想政治教育的重视程度不够,也没有专门就这一问题进行专题研究、系统规划,致使本学校航天精神融入大学生思想政治教育的过程中缺少必要的顶层设计。

2. 缺乏必要的条件保障和制度保障

教育活动的开展需要有相应的条件和制度为支撑。这里的条件保障,主要是指活动开展所需的人、财、物等方面的保障。制度保障,是指为了确保活动进行而制定的制度、建立的机制等。在当前航天精神融入大学生思想政治教育的过程中,很多学校都没有给予相应的条件保障和制度保障,影响和制约了航天精神育人价值的实现。

从条件保障看,首先,航天精神融入大学生思想政治教育活动,不仅需要有相应数量的教师群体,而且要求这些教师群体既对航天精神有所研究,也对大学生思想政治教育规律有一定把握。但是,很多学校这方面的力量都不强。如,辅导员是推进航天精神融入大学生思想政治教育的重要力量,但是很多学校都没有按教育部要求配齐配足辅导员队伍。有的学校在辅导员的招聘过程中,专业选择过于宽泛,总认为干辅导员工作没有技术含量,什么专业都能干。这就使得很多学校的辅导员并不具备思想政治教育的相关专业背景,缺少系统的思想政治教育理论知识,难以胜任航天精神育人的要求。再有就是相关的培训不够。如果能够对相关教师进行针对性培训,促使其能够更加了解航天精神,提高开展思想政治教育工作方面的能力和水平,运用新媒体技术对航天精神进行创造性转化的能力,也可以为航天精神融入大学生思想政治教育提供助力。但很多学校并没有认识到这一点。其次,航天精神融入大学生思想政治教育的过程中还需要有相应的经费支持。比如组织大学生到航天场馆参观,可能发生交通费、保险费、门票费、讲解费等费用。在校内组织大学生开展航天精神主题的校园文化活动,需要发生材料费、场地租赁费、设备租赁费、宣传费等费用。这就要求学校应根据自身情况设置专项经费,但很多学校也没有做到这一点。最后,打造航天特色校园文化,在校园内开辟航天精神文化长廊,在醒目位置树立航天人物雕塑等,都需要学校提供必要的场所空间和资产设备支持。在调研走访中发现,做到这一点的并不多。

从制度保障看,首先,航天精神融入大学生思想政治教育需要有实操性强的实施方案。在方案中,要明确航天精神融入大学生思想政治教育的指导思想、目的、内容、形式、任务、责任部门、要求等等。只有根据方案,有计划、有组织地推进,才会有好的结果。但很多学校的此项工作随意性比较强,没有硬性要求,也没有规范的实施方案。其次,航天精神融入大学生思想政治教育要有较为细致和完善的具体制度体系。如在校园文化活动方面,相关部门要结合部门岗位职责和活动形式出台制度。以团委组织的航天精神主题文艺活动而言,要对节目的题材、寓意、形式等进行明确规定。宣传部要对涉及航天精神宣传的所有内容进行审核把关,制定弘扬航天精神的规范。科技处应制定航天精神育人研究课题专项管理办法,对航天精神育人研究课题的选题、申报流程、成果等进行明确规定。目前,有些学校在这方面做了一些工作,但多数学校没有建立相应的制度。最后,航天精神融入大学生思想政治教育要有相应的机制,比如协同推进机制。航天精神育人绝不仅仅是哪一个部门的职责,需要多个部门来完成,必须要建立多元协同的机制。再如奖励激励机制,对于那些能够很好地运用航天精神育人的老师,那些能够鼓励教师开展航天精神育人活动的二级学院,那些在航天精神育人方面效果突出的品牌项目责任者,要给予相应的物质奖励和精神奖励,以更好地发挥他们的积极性。

第五章　航天精神融入大学生思想政治教育的对策

党的二十大擘画了全面建设社会主义现代化强国的宏伟蓝图,明确了青年大学生的使命和责任,给高校开展大学生思想政治教育提出了更高要求。航天精神作为具有强大凝聚力和引领力的社会主义意识形态,要想将其融入大学生思想政治教育之中,发挥其突出的育人价值,培养出堪当民族复兴大任的时代新人,必须系统而准确地把握好航天精神融入大学生思想政治教育的原则、方法和着力点,结合大学生思想政治教育的现实实践,从多个视角探讨具体路径。

第一节　遵循新时代大学生思想政治教育原则

马克思主义认为,一切事物的发展都有其内在规律性。只有在准确把握其规律、遵循其规律的前提下,才能通过发挥人的主观能动性推进事物发展。大学生思想政治教育是对大学生进行思想教育和价值引领的教育实践活动,其发生、发展具有规律性。将航天精神融入大学生思想政治教育,要正确认识大学生思想政治教育的规律,遵循大学生思想政治教育原则。

一、主体性与客体性相统一

思想政治教育是教育者和受教育者双向互动的教育过程。要想实现思想政治教育的效果,既要充分发挥教育者的主体性作用,也要注重发挥受教育者的客体性作用。教育者的主体性,是指教育者要在思想政治教育过程中清晰地认识到自己的主体地位,并能够以自身的思想、知识、情感、信仰等对受教育者施加影响,进而引导其发生思想的转变。受教育者的客体性就是指受教育者要从主观上认同和接受教育者的引导,并结合自身情况学习和思考,积极主动地配合教育活动的开展。在思想政治教育过程中,只有坚持主体性与客体性相统一的原则,同时发挥好教育者的主体性作用和受教育者的客体性作用,教育者和受教育者形成良性互动,才能增强思想政治教育的实际效果。

航天精神融入大学生思想政治教育的实践活动,教师是教育者,是主体,大学生是受教育者,是客体,二者在这一实践活动中都至关重要。航天精神作为一种先进的意识形态,其本身并不能实现其育人功能,需要教师充分发挥主体性作用,结合大学生的理解能力、接受程度和个人发展需要,广泛发掘能够彰显航天精神深刻内涵的育人素材,并以大学生喜闻乐见的方式传递给大学生,才能促进航天精神走近大学生,更好地帮助大学生理解、认同、接受航天精神,从而内化为指导自我实践的理性认识。作为受教育者的大学生,只有自己从思想上认识到肩负的时代使命、认识到个人之于社会乃至国家的重要价值,才能形成积极向上的主观意愿,能够更为深刻地理解航天事业发展之于国家的重要意义、航天英雄人物深厚的爱国主义情怀,从而在思想政治教育活动中积极配合教师的育人活动,并进行思考。概而言之,如果没有教师的积极引导,很多学生也许不会主动去了解航天精神,也就不可能从航天精神中汲取奋进力量。如果学生对教师的航天精神育人活动不感兴趣、不积极配合，那么航天精神的育人功能也难以实现。因此，在航天精神融入大学生思想政治教育的具体实践中，要正确审视教育者和受教育者之间的主客体关系，做到坚持教师主体性和大学生客体性相统一的原则，既注重教师的主体性作用，也兼顾大学生的客体性作用，避免出现单纯强调或过分注重发挥教师主体性作用或大学生客体性作用的现象。

二、全面性与选择性相统一

大学生思想政治教育是一项贯穿整个大学阶段，覆盖大学生学习生活各个方面，而且涉及课堂教学、校园文化、网络思政、党团建设、日常管理等各个环节的长期性、系统性、全面性的实践活动。

全面性是大学生思想政治教育的重要特征。从教育主体层面看，所有教师都肩负着教书育人的双重责任，因此大学生思想政治教育的主体包括了学校管理者、专任教师、思想政治工作者、党团干部等各个群体。从教育内容层面看，无论哪个行业领域的育人资源，只要能够启迪大学生奋发向上、帮助大学生健康成长、促进大学生全面发展，都可以成为大学生思想政治教育的内容。从教育途径看，思想政治理论课教学、校园文化活动、社会实践、网络思想政治教育等等，大学生思想政治教育的途径是多元的。从教育载体看，校训、校风、教风、学风、校园宣传栏、建筑物标识、校园新媒体等等，只要是大学生喜闻乐见且经常使用的信息传播载体，都可以成为思想教育的载体。从教育环境看，无论是校园物质文化环境、校园精神文化环境等宏观环境，还是班级文化环境、宿舍文化环境、社团文化环境等微观环境，都直接或间接影响着大学生思想政治教育的效果。

　　大学生思想政治教育还具有突出的选择性。首先,大学生思想政治教育具有主导选择性。虽然所有教师都有对大学生进行思想政治教育的义务,但就高校大学生思想政治教育的实际看,由于不同教师专业背景、岗位职责、知识结构、时间精力等方面的差异,他们在大学生思想政治教育中的地位和作用并不相同。一般来说,辅导员、班主任、党团干部等思想政治教育工作者在大学生思想政治教育中居于主导地位,是骨干力量要充分发挥他们的带动作用。其次,大学生思想政治教育具有内容选择性。马克思主义理论、中国特色社会主义理论、习近平新时代中国特色社会主义思想、社会主义核心价值观、集体主义、爱国主义、中华优秀传统文化等都是大学生思想政治教育的优质内容,但我们不可能将如此多的内容都融入大学生思想政治教育之中,而是要选择那些最贴近大学生学习和生活、最能让大学生有所启发的内容。再次,大学生思想政治教育具有对象选择性。当代大学生因成长环境、个人性格等不同,使其表现出强烈的个性化差异,这要求大学生思想政治教育不可能一个模式,而要根据不同类型的大学生采取恰当的方式来进行。最后,大学生思想政治教育具有方式选择性。信息技术的发展深刻改变了大学生的学习和生活,也给大学生思想政治教育提供了更多的方式。在大学生思想政治教育中,要根据实际情况选择最合适的方式,才能达到良好的效果。

　　综上而言,大学生思想政治教育兼具全面性和选择性特征,要想增强大学生思想政治教育的效果,既要注重全面性,还要兼顾选择性,做到全面性和选择性相统一。航天精神融入大学生思想政治教育的过程也同样如此,既要想方设法将航天精神有机融入大学生思想政治教育的各个方面,又要注重发掘最有育人价值的优质资源,采用大学生最易于接受的方式来进行,只有这样才能真正发挥航天精神的育人作用。

三、整体性和层次性相统一

大学生思想政治教育既是面向全体大学生进行的思想政治教育活动,具有突出的整体性,同时又是一个循序渐进的过程,因不同阶段大学生的差异性而表现出明显的层次性。因此,对大学生进行思想政治教育要坚持整体性和层次性相统一。

从整体性上看,大学生思想政治教育旨在培养德智体美劳全面发展的时代新人,是要全面提高大学生的思想道德素质、政治觉悟和人格发展,是促进人的全面发展的教育活动。同时,在教育内容上,无论是课本知识,还是文化活动,抑或是网络信息,凡是对大学生成长成才有益的元素都可以是大学生思想政治教育的内容,从某种程度上,这些信息相互联系,共同构成了一个庞大而又完整的思想教育体系。在教育途径和方法上,课堂教学、校园文化活动、社会实践、网络思想政治教育等是所有高校都在普遍运用的思想政治教育途径和方法,这些途径和方法各有其特点,具有相对独立性,但又彼此相关联,都是大学生思想政治教育的重要组成部分。从教育评价看,大学生思想政治教育的整体性评价是当下许多高校普遍适用的评价方法。概括而言,大学生思想政治教育是一项整体性活动。

从层次性上看,大学生思想政治教育从大学生入校开始一直持续到大学生毕业离校,在这一过程中,不同年级、不同专业、不同地域的学生表现出相应的差异性,这要求大学生思想政治教育也要因地制宜、因人而异地制定具体可行的计划和方法。另外,从心理学的角度,一个人的思想的变化,总是要经历从感性认识到理性认识的过程,从主观认知到情感认同,再到信念生成、巩固意志,最后到行为实践。大学生思想政治教育活动也必须要遵循大学生身心发展规律,循序渐进。在方法上也要注重层次性,如大一学生由于刚入大学,认知尚浅,更宜采用思想引导法。大三或大四的学生思想已趋于成熟,更易于引导其自行探究。

由上可知,大学生思想政治教育过程中必须坚持整体性和层次性相统一,才能实现其效果。因此,在航天精神融入大学生思想政治教育的具体过程中,也要充分认识到整体性和层次性的重要性,根据学生的实际情况制定实操性的具体方法,注重内容和方法的运用,因材施教。

四、理论性与实践性相统一

习近平总书记曾指出:"我们党一贯重视理论工作,强调理论必须同实践相统一。理论一旦脱离了实践,就会成为僵化的教条,失去活力和生命力。实践如果没有正确理论的指导,也容易'盲人骑瞎马,夜半临深池'。"①理论与实践相结合是我们党开展思想政治教育工作的优良传统。对于大学生思想政治教育而言,也需要坚持理论性与实践性相统一。

理论是思想的先导,思想是行为的指南。思想上的清醒来源于理论上的成熟,理论上的成熟是政治上清醒的基础。一个人只有通过不断地学习和思考,才能树立正确的世界观、人生观和价值观,不断形成思考问题、解决问题的科学思维,在社会行为中做出正确的价值选择。大学生思想政治教育的一个主要任务就是对大学生进行思想理论教育。因为,大学生的思想道德素质和科学文化素质直接影响着国家和民族的发展。要通过思想理论教育,使大学生能够学习马克思主义、毛

①　习近平:《辩证唯物主义是中国共产党人的世界观和方法论》,《求是》2019 年第 1 期。

泽东思想、邓小平理论、"三个代表"重要思想、科学发展观、习近平新时代中国特色社会主义思想等中国共产党在长期的革命、建设和改革实践中形成的宝贵理论成果,从而坚定大学生的理想信念,使其成长为合格的社会主义建设者和接班人,为实现中华民族伟大复兴的中国梦做出积极贡献。因此,理论性是大学生思想政治教育必须要坚持的重要原则。

当然,大学生思想政治教育的目的不是培养一批纯粹的理论家,而是要通过对大学生的思想教育和引导,使其得到各个方面的发展,从而投身于中国特色社会主义的伟大实践中,为实现中华民族伟大复兴做出应有的贡献。因此,大学生思想政治教育活动本身就是一项实践性活动。为了实现这样的目的,要求大学生思想政治教育过程中也要注重理论与实践相结合,要注重结合大学生学习和生活的实际情况,围绕他们关心关注的话题和遇到的实际困难,通过开展主题班会、党团活动、志愿服务、社会实践等各类活动,使其能够更好地去理解科学理论中蕴藏的世界观和方法论,切实提高实践能力。

大学生思想政治教育理应坚持的理论性和实践性相统一的原则,要求我们在航天精神融入大学生思想政治教育的具体过程中,不仅要讲清楚航天精神内在的爱国情怀、自力更生的奋斗精神、淡泊名利的奉献精神、勇攀高峰的创新精神,而且要引导他们将其转化为实际行动。

五、传统性与现代性相统一

习近平总书记在第二届世界互联网大会的开幕式上指出:"以互联网为代表的信息技术日新月异,引领了社会生产新变革,创造了人类生活新空间,拓展了国家治理新领域,极大提高了人类认识世界、改造世界的能力。"①同时,也带来了大学生思想政治教育的深刻变革。一方面,将大学生思想政治教育拓展到网络空间;另一方面,丰富了大学生思想政治教育的内容、方式、载体和途径。从某种意义上,使大学生思想政治教育的现代性特征更加明显。

虽然,信息技术的发展为大学生思想政治教育带来许多便利条件,而且运用新媒体技术进行大学生思想政治教育具有传统背景下大学生思想政治教育无可比拟的优势。但这并不意味着就可以完全舍弃传统的思想政治教育方式。因为,长期以来在大学生思想政治教育过程中积淀形成了许多好的做法,如组织大学生开展丰富的主题校园文化活动、定期或不定期与大学生进行谈心谈话、到特困学生家中家访、经常性参加学生组织的班级活动等等,这些传统的思想政治教育方式能够很好地实现师生互动,增进学生对教师的信任感,进而增强育人效果。即便是在新媒体时代,这些方式方法仍要继续传承下去。当然,身处新时代,面对大学生主要从网络中获取信息的现实情况,我们也很有必要用好新媒体等现代信息技术开展好大学生思想政治教育。只有这样,我们才能更好地与时代同频共振,与大学生的实际生活接轨,达到更为理想的教育效果。

因此,在将航天精神融入大学生思想政治教育的过程中,我们也应坚持传统性与现代性相结合,既运用好课堂教学、校园文化活动、日常班级管理等传统的方式方法,也运用好新媒体技术拓展传播渠道、更新话语表达、创新呈现形式。

---

① 习近平:《在第二届世界互联网大会开幕式上的讲话》,《人民日报》2015 年 12 月 17 日。

第二节　创新航天精神融入大学生思想政治
教育的方法

"所谓方法,就是人们在认识和改造世界的过程中,为了达到预期目的所采用的手段或方式。"①在具体实践中,方法是正确处理主客体、中介及各要素关系的桥梁,方法正确,事半功倍,方法不当,事倍功半。尤其对于大学生思想政治教育这一改造人、影响人、激励人的特殊教育过程而言,正确而灵活地运用各种教育方法至关重要。基于此,我们探究航天精神融入大学生思想政治教育的实践,应该着眼具体实践中存在的方法问题,根据航天精神的时代特征,结合新时代大学生群体的思想行为特点,选择更符合时代发展特征和大学生身心发展规律的教育方法。

一、理论教育与实践教育相结合的方法

理论与实践相结合是开展思想政治教育的重要方法。理论教育法也被称为理论灌输或者理论学习法,这种教育方法是指由教育者有目的、有计划地向受教育者进行马克思主义理论教育,或者是受教育者自主系统学习马克思主义理论,逐步树立科学世界观、人生观和价值观的教育方法。这种教育方法有助于受教育者正面获取理论知识,更好地理解信息中蕴藏的思想内涵,长期以来都是思想政治教育中的重要方法。随着信息化时代的发展,理论教育法因其一定程度的被动性、单向灌输的单一性、大学生信息获取的多元性、大学生自我意识的增强等多

---

①　郑永廷主编:《思想政治教育方法论》,高等教育出版社 2010 年版,第 2 页。

种因素,虽然在大学生思想政治教育中仍然占有不可替代的地位,但其教育效果却大打折扣。

实践教育法是教育者有计划、有目的地组织、引导人们参加各种社会实践,从而提高其思想觉悟和认识能力的教育方法。这种教育方法以现实社会的真实场景为阵地,让受教育者在实践过程中进行观察、思考、分析,应用所获取的理论知识来解决问题,不仅可以帮助受教育者更加深入地理解和掌握知识,培养受教育者的创新思维和综合分析能力,激发受教育者的兴趣和好奇心,而且能够培养受教育者的合作精神和团队意识。

在航天精神融入大学生思想政治教育的具体实践中,通过思想政治理论课教学、航天类公共选修课、航天专业相关课程等教学活动,能够使许多大学生了解到航天事业发展的历程、航天科技进步的突出成果和航天功勋人物的英雄事迹,能够使大学生对航天精神有初步的认识,但仅仅通过这些课程的理论教育,难以使大学生深刻理解航天精神内在的思想精髓,需要辅助形式多样的实践教育形式。比如说,可以组织大学生到航天发射场现场观摩航天器发射,到航天科研院所参观了解高精尖端的航天科技产品等等。这样能够进一步加深大学生对航天精神的理解,激发大学生对航天精神的学习热情。因此,在航天精神育人的过程中,教育者既要注重理论教育,也要注重实践教育,只有将二者结合起来,才能增强航天精神的育人效果。

二、显性教育和隐性教育相结合的方法

显性教育和隐性教育是两种不同的教育方法,各有其内涵和特征,在大学生思想政治教育中都发挥着重要作用,但二者并非对立关系,反而密切相关联,都是落实立德树人根本任务的重要方法,将二者相结合

是增强大学生思想政治教育的有效方法。

所谓显性教育,是指正规的课堂教育,有一定的计划性,教育方式一般以灌输为主,具有一定的直接性、公开性和略带强制性。[1] 这种教育方法在大学生思想政治教育中由来已久,并长期占据着主导地位。一般来说,这种教育方法主要表现为思政课教学、专题报告会、校园文化活动、日常行为管理等形态。在显性教育过程中,教育者和受教育者的地位主次分明,其教育内容更具有计划性和系统性,其教育方式更为直接、公开和强烈,这种教育方法往往能够激发受教育者的学习欲望,帮助其更好地理解思想政治教育的内容,最终内化于心、外化于行。所谓隐性教育,是相对于显性教育而言的,它是指"引导学生在学校教育性环境中,直接体验和潜移默化地获取有益于个体身心健康和个性全面发展的教育性经验的活动方式和过程"[2]。这种教育方法相对比较复杂,其本质上是通过潜在的方式将教育内容渗透进受教育者头脑之中,并让其在受教育者心中慢慢沉淀,最终达到"润物细无声"的效果。相比于显性教育方法,隐性教育过程中,受教育者具有较强的主体能动性,能够根据自己的发展需要和兴趣偏好选择教育内容和方式,可以与教育者公平交流思想。另外,隐性教育的场域还具有开放性,它依托受教育者的日常生活而进行,使受教育者能够在无意识的状态下时时刻刻接受思想教育。从当下的大学生思想政治教育实际而言,显性教育和隐性教育既相互独立,又相互影响。某种程度上,显性教育往往决定和引导着隐性教育的内容,而隐性教育的开展往往能够强化显性教育的效果。因此,坚持显性教育和隐性教育相结

---

[1]　陈志章:《美国社会隐性教育研究》,中国社会科学出版社 2017 年版,第 1 页。
[2]　贾克水、朱建平、张如山:《隐性教育概念界定及本质特征》,《教育研究》2000年第 8 期。

合是增强大学生思想政治教育的重要方法。

在将航天精神融入大学生思想政治教育的过程中,也要坚持显性教育和隐性教育相结合的方法。既要通过课程教学、文化活动、专题活动、社会实践、党团活动、班级活动等显性教育方法,使大学生能够获取与航天精神相关的丰富感性材料,使大学生形成对航天精神的感性认识。又要通过打造具有浓郁航天文化气息的校园物质文化环境、凝聚彰显航天精神的大学精神、营造勇攀高峰的创新精神等各类隐性教育方式,使大学生能够在自觉梳理丰富感性材料的基础上,吸取航天精神内涵的精神养分。

三、共性教育与个性教育相结合的方法

大学生思想政治教育既有一般思想政治教育的特征,也有其自身特征,这决定了在大学生思想政治教育过程中要坚持共性教育和个性教育相结合的教育方法。

所谓共性教育,是面向所有受教育者,基于其共同需求选定统一的教育内容,采用普遍的教育方式,进行教育的方法。这种教育方法一定程度上能够帮助绝大多数受教育者提高基本素养和能力,使其能够掌握必要的知识和技能,具备从事某一行业或参与一定社会分工的能力。当前,高等教育实践中,多数高校主要采取的都是共性教育模式。所谓个性教育,是基于受教育者的个性差异,遵循受教育者的兴趣、行为习惯、性格特质等,根据其需要和理解程度而进行的个别化教育方法。相较于共性教育方法,个性教育更加注重发掘个人的潜能和自我教育能力,来满足其自我发展需要。在大学生思想政治教育中,共性教育十分普遍。比如各类课程教学中,一所学校同一专业的所有学生所使用的教材都是一样的,课程安排、上课时间、任课教师等都是一样的,所有的

教学活动也都是按既定的模式开展的。当然,有些学校也根据自己的实际情况,在分层教学、分类教育方面进行了许多探索,比如根据生源地情况实行英语等公共课程分层教学,根据学生家庭情况进行思想教育等。这些方法都十分有效,如能在大学生思想政治教育过程中将二者有机结合,既重视共性知识和素养的培养,又注重满足学生的个体差异和发展需求,根据学生的不同需求和个性特点,提供更全面和个性化的教育,将能使每个学生能够得到充分的发展和成长。

在航天精神融入大学生思想政治教育的调查中,我们发现大学生对航天精神的了解程度、认知程度,包括在航天精神育人实践活动中的主动性和参与度都表现出明显的差异性。因此,要想真正发挥出航天精神的育人功能,我们尤其要关注这一现实问题,结合大学生的实际情况,根据不同层次学生的理解程度和自身需要,分门别类地精选内容,有针对性地组织相关活动,灵活运用共性教育和个性教育相结合的教育方法,使每一个大学生都能有所受益。

第三节 把准航天精神融入大学生思想政治教育的着力点

航天精神融入大学生思想政治教育的过程,受到教育主体、教育客体、教育环境、教育中介等多方面因素的影响。推进航天精神更好地融入大学生思想政治教育,需要从众多影响因素中把准关键要素,找准着力点,针对性发力。

一、优化顶层设计是基础

顶层设计是科学运用系统思维,在对涉及事物发生发展的环节、要

素、环境等进行分析的基础上，明确任务重点，确定实施方案，从而实现
目标的方法。科学的顶层设计能够为推进事物发展指明方向，加快任
务目标的实现。航天精神融入大学生思想政治教育的过程，也是一项
涉及多主体、多环节、多要素的综合性复杂性工程，做好顶层设计十分
重要。

一是学校管理层要形成航天精神育人的思想共识。学校管理层是
学校办学的决策层，他们对航天精神育人的认知和态度，直接影响着航
天精神融入大学生思想政治教育的进程。只有学校管理层能够深刻认
识到航天精神突出的思想政治教育价值，认识到航天精神与大学生思
想政治教育的内在关联，才能够形成推进航天精神融入大学生思想政
治教育的思想共识，从而在办学治校的具体实践中给予重视和支持，这
也是优化航天精神融入大学生思想政治教育顶层设计的基础条件。因
此，要采取多种方式增进学校管理层对航天精神育人及大学生思想政
治教育的认同。一方面，要组织校级领导系统学习教育部等部门关于
大学生思想政治教育工作的相关文件。学校办公室或宣传部可以购买
有关习近平总书记关于教育重要论述的书籍等发放给领导自学，同时
也可以邀请教育部制定文件的相关部门责任者到校解读或辅导，使学
校领导认识到思想政治教育工作在落实立德树人根本任务过程中的重
要作用。另一方面，要搜集或购买航天事业发展、航天科技成就、航天
人物事迹等彰显航天精神的书籍或相关资料发给领导，或者组织校领
导到航天科研院所、航天发射基地等观摩，使其体悟航天事业发展的辉
煌历程，以及航天事业发展之于国家安全的重要价值。与此同时，要在
党委常委会和校长办公会等校领导集体参加的重要会议上，设置专项
议题，通过深度的沟通交流，使校领导形成推进航天精神融入大学生思
想政治教育的共识。

二是成立航天精神育人的专门组织机构。航天精神融入大学生思想政治教育不是简单地植入，或者是只言片语的引用，而是要将其全方位融入办学治校、教学管理、日常教育等各个方面，贯穿于大学生思想政治教育的全过程。扎实推进此项工作，必须要有相应的组织机构来保障实施。首先，必须要有领导机构，即航天精神融入大学生思想政治教育工作领导小组。由学校党委书记和校长任组长，由分管意识形态和分管学生工作的副校级领导担任常务副组长，其他校领导担任副组长，成员单位应将校内各个二级单位涵盖进来。这样的机构设置，既能凸显思想政治教育的政治性特征，也便于协调推进过程中的各种问题，还便于顶层设计的落实。其次，可以设立专门的研究机构。由于航天精神融入大学生思想政治教育的专业性、科学性、系统性要求，学校层面围绕航天精神融入大学生思想政治教育的具体实践成立多个专门的研究机构。如航天文化研究中心、航天科普研究中心、航天文创作品研究中心、航天功勋人物宣讲团等。通过这些机构的深入研究，从而在融入内容、融入方式、融入载体等方面为航天精神融入大学生思想政治教育提供指导。

三是要制定和出台航天精神融入大学生思想政治教育的具体实施方案。思想的价值要通过具体的行动和良好的效果来体现，因此，优化顶层设计的主要表现就是要制定出符合实际的、切实可行的具体实施方案，确保航天精神不仅能够有机融入大学生政治教育过程，而且能够实现良好的育人效果。在具体方案中，首先是要明确牵头部门和主要协同部门。家有千口，主事一人，推进航天精神融入大学生思想政治教育也是如此。要明确一个部门为主牵头具体负责，同时明确与之关联密切的几个部门为主协同推进，才能形成合力。在许多高校，根据岗位职责，一般应由宣传部或学生处来牵头推进，办公室、教务处、科技处、团委等部门协同推进。其次是要明确各相关部门的具体职责。任务明确而清晰,才有利于具体落实。航天精神融入大学生思想政治教育工作领导小组要坚持整体与部分相统一的原则,明确好各部门在推进航天精神融入大学生思想政治教育中的分工和具体任务,甚至要细化到具体指标要求。最后是要定期召开专题会议及时解决过程中发现的问题,不断调整和优化方案。智者千虑必有一失。通常情况下,我们很难预估到实践过程中的所有问题。因此,制定的方案再详细、再合理也往往会在实践中出现漏项,这要求我们在具体过程中通过专题会议的形式,定期沟通信息,汇总存在的问题,探讨解决的方案,不断优化方案,经过长期而持续的优化,我们的方案才会更加科学合理,航天精神融入大学生思想政治教育的进程才会更加顺利而有效。

二、打造一支高素质教师队伍是关键

人是生产力最活跃的因素,也是最决定性的力量。同样,在航天精神融入大学生思想政治教育的过程中,教师作为整个活动的教育主体,是遴选彰显航天精神优质素材、阐释航天精神深刻内涵、拓展航天精神融入渠道、创新航天精神融入形式等各项任务的具体实施者,他们的能力和素养直接影响着航天精神融入大学生思想政治教育的实际效果。因此,推进航天精神融入大学生思想政治教育,打造一支具有广博的航天精神知识储备、熟谙大学生思想政治教育规律、能够善于利用新媒体技术的高水平、高素质教师队伍十分关键。

一是把好"入口关",优选一批理论功底深厚、人文素养高、思想品德良的青年教师充实到大学生思想政治教育队伍中来。针对当前许多高校普遍存在的辅导员队伍数量不足、质量不够高、专业化不够强等现实问题,高校人事部门要制定专门的人才引进计划和科学的招聘方案,不仅保障好数量,而且要通过严格考核来确保质量。如在考核环节要侧重其思想政治素养、人文道德素养、人际交往能力、语言表达能力、信息技术能力等方面的考察。在专业的选择上，要优先考虑哲学、马克思主义理论、思想政治教育、历史学、社会学、教育学等相关专业的学生，相比较而言，这类毕业生接受过相对系统的思想政治教育课程学习，思维比较活跃，更适合大学生思想政治教育工作。

二是要把好"培训关"，通过定期或专门培训提高教师将航天精神融入大学生思想政治教育的能力素养。要想胜任航天精神融入大学生思想政治教育的具体工作，要求教师不仅要对航天事业的发展历程、航天科技进步的重要成果、航天英雄人物的事迹等与航天精神相关的航天育人素材十分了解，而且要具备高超的语言艺术、人际交往及信息技术应用等多种素养。客观而言，无论是辅导员，还是专业课教师，抑或是思政课教师，大多都很难具备所有的条件。因此，要想推进航天精神融入大学生思想政治教育，高校应该制定好培训计划，通过培训的方式提升教师的能力素养。首先，要开展好红色主题教育培训。要通过党史学习教育强化教师的政治意识，坚定教师的马克思主义信仰，提高教师的思想道德品质，这是从事大学生思想政治教育工作的基本要求。其次，要开展好航天精神学习教育培训。要使教师能够针对学生的身心发展和理解程度，搜集能够被大学生理解和接受的航天精神育人资源，解决好融入内容选择的问题。再次，要开展好大学生思想政治教育专项培训。大学生思想政治教育有其特殊性，做好大学生思想政治教育规律要求教师掌握与学生沟通的技巧、相处的法则和引导的策略，要通过专项培训使教师掌握这些能力。最后，要开展好信息技术应用培训。要围绕大学生经常性使用、参与度高的微信、微博、短视频、直播等社交平台，教会教师使用方法，以便于其能利用好这些平台更好地将航天精神传递给大学生。

三是要把好"师德关",通过榜样示范和失范惩戒双向导引教师教书育人。习近平总书记指出:"好老师应该执着于教书育人"①,做学生为学、为事、为人的大先生,成为被社会尊重的楷模,成为世人效法的榜样②。因此,确保教师队伍始终保持推进航天精神融入大学生思想政治教育的战斗力,需要不断加强师德师风建设。一方面,要通过榜样示范带动,传递正能量,营造协同共进的良好局面。要不断发现在航天精神融入大学生思想政治教育过程中有想法、有思路、有举措、有创新、有成效的典型代表,树立标杆和榜样,请他们现身说法,分享自己的心得体会,推广经验做法。或者以榜样为核心,组建团队,以一带多的模式,共同推进航天精神融入大学生思想政治教育。另一方面,要通过失范惩戒,反向激励教师积极投入到航天精神融入大学生思想政治教育的实践中。学校航天精神融入大学生思想政治教育的领导机构要定期对各相关部门的工作开展情况,对于在航天精神融入大学生思想政治教育过程中推进不力的单位或个人,要予以惩戒,并通过会议等形式进行通报,发挥他律的激励作用,引导更多的教师参与到航天精神育人的实践中。

三、健全航天精神育人制度是保障

毛泽东曾经指出:"人是生活在制度中的,同样是那些人,施行这种制度,人们就不积极,敲锣打鼓,积极性也提不起来;实施另外一种制度,人们就积极起来了……制度对头了,思想问题也容易解决。"③就当

---

① 习近平:《做党和人民满意的好老师——同北京师范大学师生代表座谈时的讲话》,人民出版社 2014 年版,第 7 页。
② 《习近平在中国人民大学考察时强调　坚持党的领导传承红色基因扎根中国大地　走出一条建设中国特色世界一流大学新路》,《人民日报》2022 年 4 月 26 日。
③ 转引自薄一波:《若干重大决策与事件的回顾(修订本)》(下卷),人民出版社 1997 年版,第 809 页。

下高校在推进航天精神融入大学生思想政治教育方面的制度建设情况而言，虽然许多高校针对整个过程或者是其中的某个环节出台了相应的制度，但仍然不够完善，而且有些制度可行性差，未能发挥出制度的保障作用。因此，推进航天精神融入大学生思想政治教育，必须建立健全相应的制度。

一是更新和完善航天精神育人的运行机制。航天精神融入大学生思想政治教育是一项系统工程，涉及多主体、多部门、多环节、多要素，只有建立和完善相应的运行机制，协调好内部诸要素环节的关系，才能保障航天精神融入大学生思想政治教育实践的顺利进行。首先，学校层面要将航天精神融入大学生思想政治教育纳入学校年度重点工作计划，明确责任部门和责任人。其次，学校决策层应在党委常委会、校长办公会上专题讨论航天精神融入大学生思想政治教育的必要性、存在的问题、解决的方法、评价指标等相关问题，拿出符合实际的具体行动方案。再次，要通过思想政治教育工作会，或者专门组织召开航天精神融入大学生思想政治教育部署会，细化分工，扎实推进。最后，要加强督促检查，将其列为校领导到基层调研的重要组成部分，督促落实。

二是建立和完善航天精神育人的激励机制。激励，是指行为主体在外部因素的刺激下，产生朝着目标前进的强大动力的心理活动过程。在航天精神融入大学生思想政治教育的过程中建立和完善激励机制，一方面能够充分调动教师群体参与航天精神融入大学生思想政治教育过程的积极性、主动性和创造性，形成育人合力。另一方面，能够激发大学生对航天精神的兴趣，调动他们参与到航天精神育人实践中来的积极性和主动性。在建立和完善激励机制的过程中，一要注重主客体差异，做到公平公正。无论教师群体，还是大学生，他们由于个人成长环境、专业背景、知识结构等方面的因素影响，表现出较为明显的差异性。如果不能分级分层分类设定奖励政策,有一部分将永远无法获得奖励。因此,要针对不同群体制定相应的奖励政策,才能产生先知带动后知、先进带动后进、后进追赶先进的良好局面。二要坚持物质奖励和精神奖励相结合。既要有奖品、奖金等物质层面的奖励,也要有标兵、称号、先进等精神层面的奖励,鼓舞在航天精神育人实践中表现优秀的师生发挥更大的作用。三要坚持激励过程中的正负强化相结合。对于在航天精神融入大学生思想政治教育中表现突出的先进群体要给予表扬和奖励,对于那些敷衍塞责、应付了事的消极群体,要进行批评和惩罚,只有这样才能更好地激发其内在动力。

三是建立和完善航天精神育人的主客体互动机制。在航天精神融入大学生思想政治教育的实践中,教师是主体,居于主导地位,大学生是客体,居于受动地位。教师和学生之间只有形成良性互动,才能更好地提升航天精神的育人效果。首先,要树立教师与学生平等互动的育人理念。航天精神融入大学生思想政治教育的过程不是单向度的理论灌输,而是教师与学生双向互动的实践过程。只有教师和学生互相尊重、平等沟通、互相配合,才能达到教学相长的效果。也就是说,我们既要注重教师的主体地位,也要充分发挥大学生的主观能动性。如可开设航天人物故事讲堂、航天精神翻转课堂、航天精神主题大学生活动等。其次,要搭建教师和学生平等互动的交流平台。可以利用腾讯会议等线上软件,定期开展线上谈心谈话活动,或者围绕航天精神开展主题征文等活动。可以建立 QQ 群、微信群,共同探讨和交流对航天精神的认知。教师也可以在线下找学生深入交流育人中存在的问题。最后,要建立教师和学生定期沟通交流机制。如有些学校会定期召开师生座谈会,对于教学或育人中存在的问题,倾听学生意见,商讨解决方案。有些学校会定期邀请教师代表给学生做专题讲座等等。这些方法能够更好地促进师生沟通交流,形成良好的互动,在增进感情的同时增强育人效果。

四是建立和完善动态反馈机制。一切事物都是在不断发展变化的,无论是事物内部,还是外在环境都在发生变化,只有及时察觉并做好调整,才能做到因时而变、因变而动,不断向前发展。同样,航天精神融入大学生思想政治教育的实践活动也不是僵死的、固定的,其内容、载体、形式、方法、途径等都因时代发展、师生特点、学校情况差异而有不同的要求,即便是在具体实践过程中,也会因多重因素影响而变化。因此,建立和完善动态反馈机制,不断调整和优化整个实践过程,对于增强航天精神的育人效果很有必要。首先,要建立自上而下的动态反馈机制。航天精神融入大学生思想政治教育活动是自上而下的全员性活动,只有上下畅通,决策者才能及时了解过程中的问题并提出解决方案,执行者才能不折不扣地将方案和任务落实到位。其次,要建立同向同行的协同沟通机制。航天精神融入大学生思想政治教育的过程,涉及校内各个单位,各个单位之间只有相互配合,协同合作,建立起联动机制,才能保障航天精神全方位融入大学生思想政治教育之中。

第四节　拓展航天精神融入大学生思想政治教育的路径

"理论的方案需要通过实际经验的大量积累才臻于完善。"①"正确的理论必须结合具体情况并根据现存条件加以阐明和发挥。"②马克思关于理论和实践的这些经典论述,充分说明了实践对于理论验证的

---

① 《马克思恩格斯全集》第42卷,人民出版社2016年版,第390页。
② 《马克思恩格斯全集》第47卷,人民出版社2004年版,第35页。

重要性,也为探讨航天精神融入大学生思想政治教育的有效路径提供了理论依据。面对复杂多变的国际形势,应对经济社会发展给思想政治教育工作带来的新挑战,发挥航天精神的铸魂育人功能,我们需要不断拓展航天精神融入大学生思想政治教育的路径,推陈出新,增强大学生思想政治教育的实际效果。

一、课程育人:融入课堂教学

课堂教学是大学生思想政治教育主要阵地。它不仅能帮助学生获取知识和技能,提高自主学习和合作能力,培养创新思维与问题解决能力,增进师生情感交流,而且能够对学生进行思想教育和价值引领。另外,课程教学也是高校人才培养的核心环节,是师生互动交流最直接的方式,贯穿于大学生校园学习生活的始终,在大学生思想政治教育过程中占据着不可替代的作用。因此,推进航天精神融入大学生思想政治教育首先要占领课堂。

一是将航天精神育人资源引入课堂理论教学。航天精神蕴含丰富的思想内涵,对于大学生成长成才有重要价值。但其内在的思想精髓具有潜隐性,需要深入发掘,并进行阐释,才能被大学生所理解和接受,进而发挥其育人功能。因此,将航天精神育人资源引入课堂教学,首先要找准结合点,融入思想政治理论课。习近平总书记指出:"思政课是落实立德树人根本任务的关键课程,思政课作用不可替代,思政课教师队伍责任重大。"①航天精神因其时代性和发展性而拥有日益丰富的内容,不仅涵盖了航天人为了推进航天科技发展而不懈努力的奋斗足迹,也描述了中华民族探索浩瀚宇宙的宏大蓝图,极大彰显了中华民族深

---

① 习近平:《思政课是落实立德树人根本任务的关键课程》,人民出版社 2020 年版,第 2 页。

厚的爱国主义情怀、自强奋斗精神和锐意进取精神,将其融入思政课教学中,能够坚定大学生理想信念,厚植其爱国主义情怀,锻造其高尚的道德情操。但需要注意的是,在航天事业发展的历程中,有大量的素材都集中彰显了航天精神,但这些资源繁多而杂乱,有很多内容并不适合用来对大学生进行思想教育,需要教师进行梳理,从中挑选出合适的内容,这是航天精神育人资源融入课堂理论教学的前提。在此基础上,再将其融入思政课教学中。但这个过程,也并非将航天精神的育人素材直接附加在课程教学上,而是要根据课程教学任务、课程教学内容、课程教学重点、课程教学计划找准结合点,实现有机融入。这样才能达到既增强大学生对航天精神的认知,又能以航天精神为引辅助大学生深刻理解课程教学内容的双重效果。同时还要注意航天精神在思政课教学中的话语表达和呈现方式,不能照本宣科,或者是枯燥乏味说教。其次,开展航天精神育人的专题报告课。航天精神育人对教师的能力素养提出了更好的要求,围绕航天精神育人实践中的诸多问题,邀请对航天精神育人有深入研究的专家学者或者是在实践中卓有成效的教师进行专题报告,能够帮助更多的思想政治教育者提高航天精神育人的能力,增强其主动运用航天精神育人的自觉。正如习近平总书记所说:"思政课教师只有自己信仰坚定,对所讲内容高度认同,做学习和实践马克思主义的典范,才能讲得有底气,讲深讲透,才能有效引导学生真学、真懂、真信、真用。"①在专题报告后,要组织教师进行座谈交流,谈问题,找方法,帮助教师结合个人实际情况明确参与航天精神融入大学生思想政治教育的方向和路径。最后,组织形式多样的航天精神理论教学。目前,理论灌输是课程理论教学的主

①　习近平:《思政课是落实立德树人根本任务的关键课程》,人民出版社 2020 年版,第 12 页。

要方式,其优势在于能够条理分明、逻辑清晰地把理论讲清讲透,但弊端在于容易引起大学生反感,缺少大学生的积极响应。当然,在航天精神融入大学生思想政治教育的过程中,通过理论灌输使大学生对航天事业发展的相关知识有所了解是必要的,但要注意调动大学生的积极性,激发大学生的主体意识。如可以采用情景式教学、案例式教学、启发式教学、研讨式教学等多种方式,让学生乐在其中,于无形中得到教育引导。需要明确的是,这需要教师对航天精神相关的知识、内涵等有准确的理解,否则就容易形式大于内容,难以发挥出航天精神的育人价值。

二是开设有关航天精神育人资源的公共选修课程。公共选修课是学校为了拓展学生知识视野、发展学生综合素养、培养学生兴趣爱好、促进学生交流与合作,塑造学生社会责任感而开设的非专业课程,通常可以由学生根据个人兴趣和需求自主选择修读。公共选修课为学生的成长和发展提供了多样化的学习机会,在促进大学生成长成才的过程中发挥着重要的作用和价值,也是课堂教学的重要组成。因此,开设有关航天精神方面的公共选修课程也是航天精神融入课堂教学的有效途径。首先,要合理设置航天精神相关的公共选修课程。由于高校的层次、定位、特色和优势等方面存在差异,而且不同学科、专业、年级的大学生的理解能力和发展需要也存在差异,因此设置航天精神相关的选修课程要结合本校的实际情况,针对性开设符合本校大学生实际情况的公共选修课。如理工科高校大学生的优势在于逻辑分析和理性思维,而人文知识素养相对较弱,可开设航天科技与百姓生活、航天英雄人物评传、航天科普等选修课程。文科高校的大学生在人文素养、感性思维方面有明显优势,而对于航天科技方面的专业知识和应用领域知之不多,可以开设中国航天概论、中国航天与国家安全、航天科技产品及应用、航天辉煌历程中的里程碑等选修课程。要针对低年级的大学生开设趣味性较强的航天科普类选修课程,使他们对航天产生浓郁的兴趣。要对高年级的大学生开设讲述航天人航天报国事迹类的选修课程,引导他们正确树立就业观,激励其勇于承担社会责任。其次,要对公共选修课的内容和质量严格要求。在很多学校,公共选修课的质量堪忧。有的老师放个影片就是一节课,有的老师课堂到课率极低,根本不能发挥公共选修课应有的育人功能。因此,学校教学管理部门要对这类课程严格要求,认真审核任课教师的教学大纲、教学内容和教学计划,不定期抽查任课教师的课堂教学,确保学生通过这些课程的学习,全面了解中国航天事业发展的辉煌成就,了解航天事业发展中几代航天人的不懈努力和无私奉献等等,对航天产生朴素的亲切感,对航天精神产生思想共鸣和情感认同。最后,要采用合理的考核形式。公共选修课本身就是大学生根据个人兴趣爱好自主选择的课程,不宜采用专业必修课程的考核方式,额外增加大学生的课业负担。如若不然,往往会增加大学生对航天类选修课程的厌烦心理,产生抵触情绪,造成适得其反的效果。而应致力于灵活呈现航天精神的出场方式,让大学生喜欢上航天,愿意走近航天,认同航天。因此,可以结合大学生的学习和生活,围绕大学生关注的与航天密切相关的问题,设置主观性题目,通过课堂讨论、线上答题或者是心得体会等多种方式来考核,充分调动大学生的积极性,对探索浩瀚宇宙进行想象,对航天精神内在的思想精髓进行思考,从而达到航天精神育人的效果。

三是将航天精神融入课程思政之中。习近平总书记在全国高校思想政治工作会议上指出,要用好课堂教学这个主渠道,思想政治理论课要坚持在改进中加强,提升思想政治教育亲和力和针对性,满足学生成长发展需求和期待,其他各门课都要守好一段渠、种好责任田,使各类课程与思想政治理论课同向同行,形成协同效应。① 近年来,各高校结合自身实际,推进课程思政建设,深入发掘各门各类课程中的思想政治教育元素,结合课程属性不断融入更多的育人资源,建构起与思政课相融相通的课程思政体系,在大学生思想政治教育中形成了一股强劲的合力。将航天精神融入各门各类课程之中,也是高校课程思政建设的一个重要方向。在此过程中,我们一要坚守为党育人、为国育才的初心。要以航天精神为纽带,引领课程思政的政治方向,以航天人的爱国情怀和航天事业的辉煌成就增强大学生做中国人的骨气、志气和底气,在大学生心中构筑起抵御西方意识形态渗透的防线,使其坚定做社会主义事业建设者和接班人的信念。二要处理好航天精神融入与课程内容教学的关系。航天精神融入课程思政的目的是育人,无论如何融入都不能动摇课程传授知识的基础性地位,不能将专业课上成思政课,因此,要把握好度。三要采用科学的育人方式。在融入过程中,要找准契合点,理清楚融入内容与教学内容的共通性,不能粗糙而直接地植入。在方法上,要尽量避免枯燥乏味的理论说教,尽量采用活化的语言、立体的视角全方位呈现航天精神。在形式上,尽量采取图、文、音视频等多元融合的呈现。四要注重课程思政的育人效果。要根据课程的属性和目标,设计航天精神融入的目标,并通过相应的方式测量育人的效果。

二、科研育人:融入科学研究

科学研究活动具有内在的教育属性,这是科研育人的逻辑起点。大学的科学研究带有教育属性是由其立德树人的根本任务所决定的。

① 《习近平在全国高校思想政治工作会议上强调　把思想政治工作贯穿教育教学全过程　开创我国高等教育事业发展新局面》,《人民日报》2016 年 12 月 9 日。

其他科研机构虽然"在开展科研过程中也培养年轻人,但那是其衍生物,不是主要的任务。只有大学又要开展科研,又要培养人才,而且要用科研成果来培养人才"①。因此,高校的科学研究本身就承载着育人的使命。2015 年中共中央办公厅、国务院办公厅印发的《关于进一步加强和改进新形势下高校宣传思想工作的意见》中首次提出要通过"科研育人"增强学生社会责任感、创新精神和实践能力,全面落实立德树人根本任务。2017 年中共教育部党组印发的《高校思想政治工作质量提升工程实施纲要》中进一步对推进科研育人提出了具体任务和内容。通过让学生参与科研活动以培养其至诚报国的理想追求、敢为人先的科学精神、开拓创新的进取意识和严谨求实的科研作风已经成为高校落实立德树人根本任务的内在要求和大学生思想政治教育的重要方面。而航天事业发展中不断取得的科技成果、航天人勇攀科研高峰的创新精神、在无数次失败中取得成功的典型案例等与科研育人内在契合,如能将其有机融入科研活动中,将有助于提高科研育人实效。

一是设置航天精神融入大学生思想政治教育研究专项。习近平总书记指出:"理论创新只能从问题开始。从某种意义上说,理论创新的过程就是发现问题、筛选问题、研究问题、解决问题的过程。"②只有围绕我们正在做的事,设置好选题,并结合选题的现实情况进行深入研究,尤其要针对选题所涉及的问题提炼出有学理性的新理论,才能解决实践中存在的问题,推进实践活动的进一步进行。当然,在很多情况下我们经过研究得出的新理论,对于指导实践活动具有普遍意义。但在指导实践的具体过程中,要考虑适用对象的特殊性和差异性。因此,对于不同地域、不同类型的高校来说,结合自身实际情况,面向本校师生

---

① 顾明远:《大学文化的本质是求真育人》,《教育研究》2010 年第 1 期。
② 《习近平著作选读》第 1 卷,人民出版社 2023 年版,第 483 页。

设置航天精神融入大学生思想政治教育的选题十分有必要。因为,只有本校的教师才最了解本校的实际情况,更容易获取支撑课题研究的一手资料,研究成果才更有针对性和实效性。可以面向思想政治理论课教师、哲学社会科学工作者等,设置航天精神融入大学生思想政治教育的历史逻辑、理论逻辑、现实逻辑等基础理论研究专项,通过研究厘清航天精神融入大学生思想政治教育的逻辑机理,增强广大师生对航天精神融入大学生思想政治教育的认同。可以面向校内不同岗位的教师群体,围绕航天精神融入大学生思想政治教育的各个环节设置应用研究专项。如面向辅导员设置班级教育管理中融入航天精神的实践路径、面向团干部设置航天精神类校园文化活动实践研究、面向公寓管理教师设置航天精神融入公寓文化的路径、面向宣传工作者设置航天精神融入校园文化建设路径研究等具有较强实践性的研究课题,这些研究成果将能为航天精神融入大学生思想政治教育的各个方面提供指导。还可以面向学生聚焦大学生在航天精神融入思想政治教育的作用发挥设置专项课题,引导学生深入思考发挥自我教育功能的有效路径。

二是引导大学生直接参与优秀传统文化类科学研究活动。只有付出过辛勤的汗水才能感受到成功的喜悦,只有经历过实践的反复磨砺才能提高自我。组织引导大学生参与科学研究活动是发挥科研育人功能的有效途径。大学生在参与科研活动的过程中,可以增进对科学理论的认同、受到科学精神的熏陶、养成科研道德规范、认识到团队协作的重要性。要通过这一途径发挥航天精神在大学生思想政治教育中的作用,需要引导大学生直接参与到航天科技类科学研究活动之中。一是梳理航天事业发展中形成的具有里程碑意义的科技成果激发大学生对科技的求知欲望,培养他们致力科技创新的报国志向。在航天事业发展的历程中,通过航天人的不懈努力,我们从无到有、从小到大,从跟跑到领跑,不断刷新太空高度,彰显了中国智慧,让大学生了解这些科技成果的时代价值,有助于增强大学生的自信,激发他们努力学习,参与科技活动,提高综合素养。二是用航天事业发展中航天人白手起家、自力更生、勇攀高峰的奋斗精神和创新精神培养大学生的科研创新意识。鼓励大学生积极参加国家、省、市组织的各级各类科技竞赛,从而提高其发现问题、分析问题和解决问题的能力。三是引导大学生在参与科技竞赛的过程中培养集体攻关、联合攻坚的团队精神、协作意识和团队意识。

三是召开航天精神融入大学生思想政治教育专题学术交流活动。科研成果只有应用于指导实践才能实现科学研究的价值。只有将围绕航天精神融入大学生思想政治教育产生的科研成果应用于实践,才能真正推进航天精神在大学生思想政治教育中的育人功能实现。为了能够确保提供的研究成果真正有用,学校应组织邀请参与这一活动的不同教师群体召开专题学术交流活动。一是邀请辅导员、团干部、学生骨干等实施主体,对研究成果提意见,确保成果更接地气,有实践意义。二是邀请学生工作部、宣传部、教务处、办公室等各主要职能部门负责人参加,组织召开研究成果论证,就具体工作开展中存在的各种问题提问,课题负责人回答,以提高成果的实操性。三是科研部门负责整理汇总各研究团队就推进航天精神融入大学生思想政治教育的各类成果,以咨询报告的形式报学校领导,为其科学决策提供参考。四是将可复制推广的经验成果加大宣传,提升影响力。

三、实践育人:融入实践养成

正确的认识来源于实践,认识的根本任务也在于指导实践。实践育人也是大学生思想政治教育的重要方面。实践育人具有情景性和过程性特征,是在特定的情境中,使受教育者通过亲身体验和实践过程来促进学习和发展的育人方式。除此之外,实践育人还具有多元性和反思性特征,强调学习方式的多元化,以及在实践过程中的反思和总结。因此,与理论教育相比较,实践育人更有助于受教育者形成自己的认知和见解,有助于受教育者更好地适应不同的环境,促进其全面发展和综合素质的提升。因此,要想发挥航天精神的铸魂育人功能,将其有机融入各类实践活动之中,很有必要。

一是打造航天精神实践教育基地。航天精神是几代航天人在推进航天事业发展实践中积淀而成的宝贵精神财富,其思想深邃、内涵丰富,是对大学生进行思想政治、理想信念、爱国主义教育的独特教材,但单纯靠理论教育,难以有效发挥其育人功能。建设实践教育基地是课堂教学的延伸,不仅能丰富航天精神育人素材,而且能够延展教学形式。组织大学生到航天精神实践基地进行调研和考察,不仅能增强大学生走进航天的兴趣,更能让大学生身临其境地体悟航天人在极为艰苦的条件下自力更生的奋斗精神、道德情操和高尚品质,让大学生深刻认识到今天的幸福生活来之不易、中国特色社会主义道路任重道远,让大学生领悟到其应肩负的历史使命和社会责任。这种效果比校内的案例教学、课堂教学及文化活动更具有情境性、真实性,更能给大学生带来视觉的冲击和心灵的洗礼。正如习近平同志所说,"革命传统资源是我们党的宝贵精神财富,每一个红色旅游景点都是一个常学常新的生动课堂,蕴含着丰富的政治智慧和道德滋养。要把这些革命传统资源作为开展爱国主义和党性教育的生动教材"①。因此,高校应重视并扎实推进航天精神实践育人基地建设。一方面,学校相关部门要理解

---

① 《习近平在湖南调研时强调　以更加奋发有为的精神加强和改进党的建设为实现"十二五"时期良好开局提供坚强保证》,《人民日报》2011 年 3 月 24 日。

国家对航天精神育人资源开发利用的相关政策，了解航天科研院所及相关单位在开发利用航天精神方面的情况，尽量选择距离较近，而且规模较大，且在航天文化建设方面卓有建树的航天单位建立实践基地。另一方面，要结合大学生思想政治教育的特点，打造一个集展示、体验、教育、实践、互动、纪念于一体的航天精神实践教育基地。如通过多媒体展示、实物展示、模型展示等多种形式展示航天科技的发展历程、最新成果以及未来发展方向，使大学生深入了解航天科技的魅力。专设航天员体验区，模拟航天员的生活环境、训练设备以及空间科学实验等，让大学生感受到航天员为人类科学事业作出的伟大贡献。通过讲座、互动式体验、案例分析等方式，传播航天精神的价值、意义和内涵，以及如何通过实践养成航天精神，使大学生深入理解航天精神，等等。

二是开展航天精神主题鲜明的实践活动。航天精神育人资源是一种资源，其育人功能必须要借助一定的载体才能实现。开展主题鲜明的航天精神类实践活动是航天精神育人的重要实现形式。根据实践活动的地点不同，航天精神主题实践活动主要分为校园实践活动和社会实践活动。校园实践活动主要是航天精神类主题征文、主题演讲、主题文艺晚会、主题读书会、主题短视频等。社会实践活动主要是到航天科研院所、发射基地、科技馆、博物馆等进行参观、开展志愿服务等。通过主题鲜明、感知性强、生动立体的航天精神实践活动，可以将抽象的航天精神通过现实的物质载体呈现出来，让大学生摸得着、看得见，真正感受到航天精神内在的思想、智慧和情怀等。与此同时，在航天事业发展的"原产地"，聆听航天英雄人物的生动实际，能够极大激发大学生的爱国热情，增强其民族自豪感。因此，高校应积极开展航天精神主题实践活动，并在过程中注意以下几个方面：第一，航天精神实践活动要丰富多彩，既要体现航天精神生成的历史逻辑，又要结合航天事业发展的时代逻辑,还要观照大学生的现实生活。只有这样才能让大学生从航天事业发展的昨天、今天和明天中深刻认识,航天精神的时代价值及对自我发展的有益帮助。第二,航天精神类主题实践活动要根据大学生的心理成长规律和认知特点,结合不同阶段大学生思想政治教育的特点,有针对性和层次性地开展,而且要追求实际育人效果,避免流于形式。如可组织大一年级的学生参观航天博物馆、航天发射基地等,满足其对航天的好奇心。对于大二或大三年级的同学,可以组织他们到航天科研院所开展志愿活动,使其能够深入了解航天人的生活和工作。对于高年级的学生,可以根据其专业特点,有计划地组织其到航天单位实习。第三,要为航天类主题实践活动提供必要的条件保障。比如设立专项资金,遴选优秀指导教师,帮助搭建平台等。

三是将航天精神融入专业课程实践教学。"实践教学是巩固理论知识和加深对理论认知的有效途径,是培养具有创新意识人才的重要环节,是理论联系实际、培养学生掌握科学方法和提高动手能力的重要平台。"[1]航天精神育人资源蕴含着丰富内容,将其融入专业课程实践教学之中,可以丰富实践教学的教学内容,使大学生在接受专业能力培养同时得到思想教育和价值引领,提升思想道德水平。但高校在将航天精神融入专业课程实践教学的过程中,需要注意:第一,要先融入,后实践。先通过大量的航天精神育人素材为大学生提供丰富的感性材料,使其对航天精神形成多元感性认识。然后在具体实践中,让大学生自我验证对航天精神的认知,从而体悟到航天精神的深刻内涵,进而转化为指导自我实践的理性认识。第二,要结合不同的专业选择合适的航天精神育人资源。航天精神育人资源包罗万象,从类别上既有人文

---

① 王炳林、张泰城主编:《高校红色文化资源育人发展报告(2016)》,人民出版社2017年版,第33页。

的,也有自然的,从呈现形式上,既有图文、实物,也有音视频、模型,从具体内容上,既有航天专业技术,又有航天文化及航天产品应用。这些内容不可能一股脑全部融入某一个学科或专业,而是要根据学科属性和专业特点,来进行筛选,才能使这个专业的大学生学有所得。如工科类专业,可以融入"'两弹一星'精神""载人航天精神""北斗精神"等;文科类专业,可以融入"航天功勋人物""航天科技成果应用"等;艺术类专业,可以融入航天题材的影片、音乐、舞蹈等。

四、文化育人:融入校园文化

校园文化是一种独特的文化形态,它植根于校园环境,以育人为主要目标,通过丰富多彩的文化活动、教育实践和价值观念的传递,促进学生的全面发展。校园文化在大学生思想政治教育过程中占据重要地位,对于提升大学生的道德素质、促进大学生的智力发展、培养大学生的审美观念、塑造大学生的健康心理、增强大学生的社交能力、培养大学生的集体观念、培养大学生的创新意识、引导大学生的价值观塑造等,有着不可替代的作用。因此,很多学校都将校园文化育人作为大学生思想政治教育的重要途径。故而,将航天精神融入校园文化也是推进航天精神融入大学生思想政治教育必须要探讨的课题。

一是凝练航天精神为特色的校园精神。校园精神文化建设是校园文化的最高层次,是学校自身发展历程中形成具有独特气质的文明成果,是被全体师生认同的共同意识形态。航天精神融入校园精神,要找到它们的契合点,凝练航天精神中的校园元素,突出严谨务实、协同创新,具体可以从校风、教风、学风等方面着手。首先,将航天精神融入校风。学校需要从多个方面入手,通过多种形式和途径,让学生在潜移默化中受到熏陶和培养,树立正确的人生观和价值观,成为具有社会责任感、创新精神和实践能力的新时代人才。如通过校园广播、宣传栏、班级微信群等渠道,宣传航天精神。注重团队合作,培养协同精神。可以组织学生参与航天的项目研究、开展合作学习等方式,培养学生的团队协作能力和沟通协调能力。以举办航天科技展览、讲座等形式,让学生了解中国航天事业的发展历程和成就,感受航天人的奋斗精神和爱国情怀,激发学生的民族自豪感和自信心。其次,将航天精神融入教学之中。一个学校的教风体现在教育教学的各个方面,因此要从多个方面入手,将航天精神全方位融入教育教学的全过程。可以开发航天特色课程,让学生在课程学习中了解航天知识、航天精神,了解航天人的奋斗历程和成就,从而培养创新意识和实践能力。可以将航天精神融入师德教育中,倡导教师以航天人为榜样,发扬爱国奋斗的精神,不断提高自身素质和能力,为培养更多优秀人才贡献力量。可以将航天知识、航天精神融入科技、人文等各类课程中,让学生在学习中了解航天人的奋斗历程和成就,培养科学素养和创新能力。可以邀请航天领域的专家学者或优秀航天员来校进行分享交流,以他们的奋斗历程和成就为榜样,激发师生对航天精神的崇敬和追求。最后,将航天精神融入学风。航天精神与学风建设相结合,能够促进学生的学术成长和综合素质提升。学校可以组织参观航天科技馆、听取航天专家讲座等,让学生了解航天事业的重要性和艰苦性,从而树立追求卓越的学术观念。可以设立科技创新基金,支持学生开展科研项目,鼓励学生在专业领域进行深入探索和创新。可以融入航天精神中严谨、求实的精髓,教育学生树立正确的学术观念,强化学生的学术诚信和自律意识。可以开设文艺比赛、体育竞赛等多元化活动,让学生在全面发展中融入航天精神。

二是打造航天特色校园物质文化环境。校园物质文化环境包括自然环境和人文环境两大类,打造具有航天特色的校园文化,在校园环境设计上可以着重从人文环境着手,包括景观小品、长廊、场馆等等。首先,要结合航天精神打造航天特色校园物质环境。要在校园建设规划中,立足航天精神谱系,通过楼宇、道路、区域命名的方式体现航天精神内涵。在校园公共空间中合理体现航天元素,包括校史馆、博物馆、科技馆等重要场馆,也需涵盖楼宇大厅、校园景观等。在学生生活区中针对学生起居、学习特点,结合宿舍、自习室、文化活动室等,加强航天精神的文化供给。其次,要设计好航天特色人文景观。校园景观设计要遵循景观设计的普遍原则,其形式美感、人性化等是普遍适用的,校园景观不仅要关注形体外观的塑造,更要着重注意航天特色人文景观的教育性、整体性和安全性原则,体现和承载航天文化。要遵循教育性原则。教育性是特色校园文化景观的设计第一原则。浓郁校园文化氛围的营造,关键是让景观有内涵、会"说话",启迪心智,能引发师生的共鸣和审美意趣的同时,让大家有所想、有所思、有所悟,更好彰显校园航天特色。航天类景观,诸如雕塑、航天器实物、模型、石刻等,要做好景观的说明、阐释工作,更直观地传达给受众。要注重整体性。从宏观层次看,设计师要以整体空间环境为营造和设计的对象和最终目标,要注重景观用地空间与周边环境的整体统一,达到通过景观优化群体建筑外部空间的效果;从微观层次看,要注重景观本身的色彩、质感、造型、比例等与周围环境的协调性,色彩不宜夸张,造型不宜突兀。要关注安全性,校园内人流密集、学生好动好奇、学生教学和文化活动交织,环境复杂多变,因此校园人文景观设计要着重考虑安全性。航空航天类型的实物或雕塑一般体量较大,更应该要针对不同的环境空间进行设计、对安装的安全性评估,防患于未然。除此之外,还要做好部分航天类景观的保密工作,比如一些正在服役或未过保密期的航天器实物进行展览展示时,要突出做好安全防护和保密。

　　三是开展好航天精神主题特色校园文化活动。校园文化活动是学校教育的重要组成部分,在促进文化素养、提升审美能力、培养团队协作、锻炼实践能力、引导价值观形成、增强自我认知、增进人际交往、激发创新思维等方面有突出作用,对于学生的全面发展和成长具有重要作用。因此,开展好航天精神主题特色校园文化活动也是航天精神融入大学生思想政治教育的重要方面。首先,可以开展航天特色文化讲坛。文化讲坛是优秀思想文化传播、交流、碰撞的平台。航天科技类讲座、论坛可以弥补学生知识短板、接触学术前沿、扩宽学术视野,激发科学探索的兴趣。航天人物类讲座可以激发师生的爱国情、航天情、爱校情,提升民族自豪感。人物类讲座的主讲人可以是航天英雄、航天科技工作者、大国工匠,也可以是普通航天科技人员、航天校友。近年来,以孙家栋、戚发轫为代表的老一辈航天专家,以杨利伟、翟志刚为代表的航天英雄,以高凤林为代表的大国工匠等纷纷走进校园,传播航天精神,为校园开展航天特色文化讲坛提供了可能。其次,组织航天科技节活动。近年来,科技节几乎成为大中小学的最具吸引力的活动,更多的航天元素也逐步"落地",以学生喜闻乐见的方式呈现到面前。常见的有航天科技静态展览类的常规性科普活动,融入声、光、电、力等科技元素的航天科普互动多媒体体验、航空航天 VR 沉浸体验、全息交互科技体验,更能提升学生的科学素养、加深学生探索科学的兴趣,埋下科学的种子。此外,航天类院校、相关专业的学生还可以组织开展航天器概念设计大赛、自由飞四轴越障飞行竞赛、飞行器建模比赛、航模飞行表演、无人机摄影以及航空知识竞赛等航空类科技竞赛,培养航空报国情怀,树立勇于创新、敢于作为,投身科技兴国的伟大事业的远大理想。再次,组织航天文化艺术活动。校园文化艺术活动相对于校园科技活动,是一个针对不同学生群体、发挥文科专业创意特长、推动文化繁荣的重要平台。不少大中小学举办了类似于航天文化创意设计大赛、航天绘画设计大赛、航天主题舞蹈、音乐剧等文化艺术活动,将科技创新与艺术创作有机融合,充分体现了同学们大胆的想象力与创造力。北华航天工业学院在40周年校庆之际排演的《鼓舞青春》将敦煌飞天形象融入舞蹈中,表达了大学生探索浩瀚宇宙、建设航天强国的决心与信心。此外,还可以将航天元素、航天文化融入进校园生活中,制成文创产品。比如,哈尔滨工业大学在中秋节制作出"问天"月饼;南京航空航天大学将其自主研发的36款飞行器制成徽章,诉说着航天文化记忆等等。最后,利用好网络媒体平台宣传好航天精神。目前,航天科研机构都在充分利用网络平台进行航天科普及航天精神宣传,比如:中国运载火箭技术研究院、中国数字科技馆等设立了"中国航天日"专题网站,内容丰富,既有科普知识,又有航天的奋进故事;中国载人航天工程办公室通过网络面向社会公开征集2023年两次载人飞行任务、一次货运飞船飞行任务标识,得到民众尤其是青年人的积极参与,持续打造中国载人航天文化品牌形象。要打造校园航天精神媒体矩阵,将航天精神作为专题模块在各大媒体平台长期展示更新,同步同向发力。要做好航天重大时间节点的宣传,围绕中国"航天日"、航天事件、火箭发射等,以点带面,做好航天精神的专题性宣传报道。

五、网络育人:融入网络思政

网络思政,顾名思义,就是在网络空间或者利用网络开展思想政治教育。具体来说,就是教育者结合互联网的发展水平和典型特征,结合受教育者的网络使用情况,在网络环境下有组织、有计划、有目的地对受教育者进行思想教育的过程。网络思政因互联网的特点而变现出信息海量性、平台多元化和形式多样化等特点,不仅能为教育者提供海量丰富的教育资源,而且能为教育者拓展育人路径和创新育人形式提供技术支撑。随着互联网的快速发展和广泛普及,网络已经成为大学生学习和生活的重要组成部分,渗透入大学生校园生活的方方面面,也成为大学生获取信息的主要途径。因此,网络思政成为大学生思想政治教育中备受推崇的教育途径,推进航天精神融入大学生思想政治教育也必然要延伸到网络空间。

一是建设航天精神育人资源数据库。在与教师个别访谈中发现,很多教师也有将航天精神融入大学生思想政治教育的主观意愿,但由于自身对航天精神的相关内容认知有限,需要耗费大量的时间和精力去搜集资料,所以在具体实践中往往未能真正做到。针对这一问题,学校层面可以建设专门的航天精神育人资源网络数据库。一方面,可以将航天精神相关的育人资源广泛搜集起来,整合到一个数据库中,能够为所有教师提供方便,使他们能够快捷地获取到想要的航天精神育人资源。另一方面,也可以将教师们在航天精神育人实践中的典型案例、课件、活动、短视频、经验报告等内容融入数据库中,为其他教师提供参考。在此过程中,首先,要精选内容。要将确实能够生动呈现和记录航天事业发展艰辛历程的史料、能够反映航天事业发展辉煌成就的里程碑成果、能够彰显航天人高尚品格的人物事迹等丰富资料搜集起来。其次,要创新形式。要充分利用现代信息技术,以图、文、音视频、影片、纪录片、虚拟场景等多种形式将搜集到的内容进行分类整合。再次,要注重内容的现代性转化。要根据时代发展需要以及大学生身心发展特点,将这些资源以大学生喜闻乐见的形式加以转化,使大学生更易于接受和理解。最后,要注重审核和更新维护。除了要对上传数据库的信息严格把关好,还需要定期更新和维护,要将航天事业发展中最新的科技进展情况、最新的航天应用情况、新涌现的航天英雄人物等内容及时补充进来。再有，就是学校层面还要加强宣传，让所有教师能知晓航天精神育人资源数据库的内容和使用方法等。与此同时，还要做好统计分析，对于教师们点击率高、反响好的航天精神育人资源，要做好再丰富、再挖掘的工作，打造成品牌。

二是搭建航天精神育人新媒体平台矩阵。随着数字技术的不断发展，新媒体已经成为大学生思想政治教育的重要渠道和载体。从思想政治教育的视角理解新媒体矩阵，就是指为了实现新媒体的思想政治教育功能，利用信息技术对不同类型的新媒体平台进行整合和布局，形成协同效应的媒体矩阵。它具有多平台布局、统一主题、内容多样化、交互性强、数据驱动、用户中心、跨界融合等多方面的特征，能够为传播航天精神提供广泛的育人素材，为大学生思想政治教育提供新的技术支撑和多元平台，为大学生在网络中接受航天精神知识、参与航天精神育人实践提供条件，还可以提升大学生对网络思想政治教育的认同度，进而强化育人效果。因此，将航天精神融入大学生思想政治教育，也必须要充分利用好新媒体技术，搭建航天精神育人的新媒体矩阵。首先，要明确航天精神育人目标。目标是方向，就航天精神融入大学生思想政治教育而言，搭建新媒体矩阵的目标就是借力新媒体矩阵增强航天精神育人的实效。其次，要整合好平台。要充分调查大学生日常生活中使用最广泛的新媒体平台，如微博、微信、抖音等社交媒体平台，以及新闻网站、论坛等传播平台，根据这些平台的特点，进行整合，确保航天精神育人的触角都延伸到每一个大学生。再次，要做好航天精神育人的内容规划和制作。要能根据平台的特点以及大学生的成长发展需要，对航天精神育人资源进行规划和重新设计，不仅要有原创文章、图文、视频等，还可以转载或分享相关的优质内容，保证内容的质量和数量，以满足大学生的需求。最后，要注重互动性。要开设互动专栏，对于过程中发现的问题,以及大学生们提出的意见建议等,要通过回复评论和私信交流的方式,及时与学生沟通。吸引和鼓励学生主动参与到航天精神育人的实践中。

三是创作航天精神主题网络文化作品。网络文化作品是指,在互联网空间广泛传播的,带有网络文化特色的文艺作品。网络文学、网络歌曲、网络视频、网络游戏等网络文化作品借助网络技术的加持,带有一定的创新性、互动性和跨文化性,故而往往具有较高的关注度和参与度,得以在网络空间广泛传播,为人们提供了丰富的精神食粮和文化娱乐,成为人们精神文化生活中的重要组成部分。从育人的视角看,网络文化作品还具有独特的育人功能。主要表现在:优秀的网络文化作品能够传递积极向上的价值观和思想观念,帮助学生树立正确的世界观、人生观和价值观;网络文化作品可以通过正面的故事、形象和榜样,传递正能量,激励学生积极向上、奋发向前,增强学生的自信心和积极性。可以通过网络平台展示和传播先进文化,增强学生的文化自信和认同感;能够培养学生的审美情趣和艺术鉴赏能力,提高学生的文化素养和综合素质;可以通过网络平台实现学生之间的互动与交流,增进彼此的了解和友谊,促进社会交往和人际关系的和谐发展。因此,创作航天精神育人主题的网络文化作品也是推进航天精神融入大学生思想政治教育的重要方式。首先,要根据大学生身心发展特点、休闲娱乐生活方式,以及大学生思想政治教育的一般规律,确定好创意主题、选择好内容。可以围绕航天事业发展历程中的重大科技成果突破、突出影响人物的生动事迹、航天领域的黑科技、航天科技在生活中的应用等搜集素材,再根据内容以文字、图片、音频、视频等多种形式立体呈现出来。其次,要选择好作品发布的平台。尤其要注重选择大学生广泛使用的微博、微信、抖音、哔哩哔哩等平台,或者选择酷狗、爱奇艺等一些专业的文化创意平台。再次，还要做好推广。通过校内社交软件、大学生论坛、官方微博、校园博客、官方网站、校内新媒体平台等各种渠道，使航天精神育人主题网络文化作品能够在大学生群体中得到广泛传播。最后，要根据大学生的需要和诉求，不断更新网络文化作品，增强网络文化作品的持久影响力。可以组织大学生开展"航天强国 筑梦有我"的主题演讲赛、开展"走进航天黑科技"的科普短视频制作大赛、开展"航天人的航天梦"舞台剧表演赛等等，调动学生的积极性。

六、心理育人：融入心理健康教育

所谓心理育人，是指通过关注和关心大学生的心理健康，通过塑造积极心理品质、提高自我认知和自我调节能力、增强心理韧性、培养良好的人际关系等来促进其全面发展和成长的育人形式。心理育人在大学生思想政治教育占据重要地位，通过心理育人，可以提升大学生的幸福感和获得感，培养大学生的积极健康人格，培养大学生的理性平和心态。从某种程度上讲，融入心理健康教育也是实现航天精神育人功能的重要途径。

一是融入心理健康教育课程。心理健康教育课程是对大学生进行心理健康教育的重要渠道，其旨在通过系统的课程教学，使大学生了解心理健康的基本知识，提高心理素质和应对能力。这些课程涵盖心理学、教育学、社会学、行为科学、精神医学、生理学等多门学科内容，涉及心理知识的传授、心理活动的体验和心理调适技能的训练等，是进行大学生思想政治教育的重要载体。在大学生心理健康等课程中融入航天精神，讲解清楚航天人在推进航天事业发展实践中展现出的勇敢、探索、创新、风险、爱国等精神风貌和价值追求，能够使大学生从心理上得到触动。同时，可以在课程教学中引入航天故事，如中国航天事业发展初期的艰辛、中国航天员的选拔和训练过程、中国航天员的太空经历等等,让大学生感受到航天人的艰辛和付出。

二是设计模拟航天员生活、训练的体验活动。体验式活动是心理健康教育的一种非常有效的方式,它是指通过参与和实践来获取知识和技能的活动,形式一般有实地考察、实验操作、角色扮演、游戏竞赛等方式,能够帮助参与者更好地理解和掌握所学知识。大学生思想政治教育过程中运用体验式活动,可以激发大学生的学习兴趣和学习动力,提高学生运用知识解决问题的能力,培养大学生社交和团队协作能力,增强大学生的自信心。将航天精神融入大学生心理健康教育,也可以设计一系列的体验活动,增强航天精神育人效果。如有计划地组织大学生到航天员训练基地参观,了解航天员的学习和训练生活。组织学生参与一些航天类的科技小试验,让大学生在感受航天科技之魅力的同时,对航天产生浓郁的兴趣和向往。组织学生进行角色扮演,组建学生小组,模拟航天员在太空完成出舱任务等。开发设计一些航天科技与生活类的小游戏,让大学生在娱乐中锻炼思维能力和团队合作精神,并且受到航天精神的价值引领。

三是开设航天精神主题心理健康讲座。讲座是大学生思想政治教育中一种常见的教育方式。举办航天精神主题心理健康讲座,能够让大学生了解中国航天事业发展的前沿成果和未来方向,丰富大学生关于航天精神的知识储备,拓展其对航天领域的认识。同时,通过与航天领域专家学者面对面交流,能够培养大学生的批判性思维和独立思考能力。通过报告人投身航天、航天报国的个人经历,可以培养大学生的社会责任感,激发其奋发向上、勇担使命的内生动力。因此,开设航天精神主题心理健康讲座也是航天精神育人的重要方式。在举办讲座的过程中,首先要明确好航天精神相关的主题。如航天发展史、航天精神内涵、航天科技成就、航天科技应用、航天与国家安全、航天人才培养等。其次要遴选好报告人。最好邀请在航天事业发展的过程中做出突出贡献的航天英雄人物，或者是在航天科技一线的研究人员和技术人员，这样更能拉近大学生与航天的距离。再次要设计好互动环节。比如问答、合影、签名等。让学生能够走近航天人。最后要能在讲座后，开展类似"我与中国航天""我的梦与航天梦"的征文、演讲等比赛活动，进一步强化大学生对航天精神的内化。

主要参考书目

1.《马克思恩格斯文集》第1—10卷,人民出版社2009年版。

2.《马克思恩格斯选集》第1—4卷,人民出版社2012年版。

3.《列宁选集》第1—4卷,人民出版社2012年版。

4.《毛泽东选集》第1—4卷,人民出版社1991年版。

5.《毛泽东年谱(1949—1976)》第1—6卷,中央文献出版社2013年版。

6.《邓小平文选》第1—2卷,人民出版社1994年版。

7.《邓小平文选》第3卷,人民出版社1993年版。

8.《江泽民文选》第1—3卷,人民出版社2006年版。

9.《胡锦涛文选》第1—3卷,人民出版社2016年版。

10.《习近平谈治国理政》第1卷,外文出版社2018年版。

11.《习近平谈治国理政》第2卷,外文出版社2017年版。

12.《习近平谈治国理政》第3卷,外文出版社2020年版。

13. 习近平:《青年要自觉践行社会主义核心价值观——在北京大学师生座谈会上的讲话》,人民出版社2014年版。

14. 习近平:《决胜全面建成小康社会 夺取新时代中国特色社会主义伟大胜利——在中国共产党第十九次全国代表大会上的报告》,人民出版社2017年版。

15.《习近平关于实现中华民族伟大复兴的中国梦论述摘编》,中央文献出版社2013年版。

16.《习近平关于社会主义文化建设论述摘编》,中央文献出版社 2017 年版。

17.《习近平新时代中国特色社会主义思想学习纲要》,学习出版社、人民出版社 2023 年版。

18. 教育部课题组:《深入学习习近平关于教育的重要论述》,人民出版社 2019 年版。

19. 教育部社会科学研究与思想政治工作司组编:《马克思主义思想政治教育著作导读》,高等教育出版社 2001 年版。

20. 邱伟光、张耀灿主编:《思想政治教育学原理》,高等教育出版社 1999 年版。

21. 郑永廷主编:《思想政治教育方法论》,高等教育出版社 1999 年版。

22. 张耀灿、陈万柏主编:《思想政治教育学原理》,高等教育出版社 2001 年版。

23. 郑永廷:《现代思想道德教育理论与方法》,广东高等教育出版社 2000 年版。

24. 张耀灿等:《思想政治教育学前沿》,人民出版社 2006 年版。

25. 沈壮海:《思想政治教育有效性研究》,武汉大学出版社 2001 年版。

26. 石书臣:《现代思想政治教育主导性研究》,学林出版社 2004 年版。

27. 李辉:《现代思想政治教育环境研究》,广东人民出版社 2005 年版。

28. 骆郁廷:《精神动力论》,武汉大学出版社 2003 年版。

29. 陈万柏:《思想政治教育载体论》,湖北人民出版社 2003 年版。

30. 骆郁廷:《思想政治教育引论》,中国人民大学出版社 2018 年版。

后 记

2011 年的那个夏天,我从中国海洋大学毕业后,来到北华航天工业学院工作,寒来暑往,转眼就是一个轮回。

华航是一所航天特色鲜明、深有发展潜力且发展势头强劲的学校,其浓郁的航天氛围、深厚的航天情怀、秉持的航天精神、彰显的航天魅力,使我对中国航天有了全面而深刻的认知,对航天精神的内在意蕴有了系统而准确的理解,对航天精神的育人价值及实践路径有了多方面、多角度、深层次的思考。

为了能全面贯彻落实习近平总书记关于航天强国建设的重要论述、重要指示批示精神,大力弘扬航天精神,培养有坚定的航天报国志向和航天强国信念新时代航天人才,加快建设航天强国新征程,我结合多年来的大学生思想政治教育工作实践,在汲取前人相关理论研究和实践研究的基础上,系统梳理了本人对航天精神的思想政治教育价值的理解,以实证调查的方式概括了航天精神融入大学生思想政治教育的现状,并探讨了航天精神育人的实现路径。虽然很多观点和看法尚有待进一步商榷,但确为本人在航天精神育人实践中的所思、所想、所作、所为,希望对同行们有所启示,也希望所有的思想政治教育工作者能够关注中国航天,关注中国航天精神,关注航天精神的育人实践,共同传承航天精神,培育时代新人。

本书在研讨和写作的过程中,得到了许多专家学者、同行同事、同学朋友的关怀和指导,在此,特向他们致以衷心的感谢。感谢我的合作者崔云凤老师在问卷调查、数据分析、书稿撰写和校对等方面付出的努力,确保了书稿的顺利完成。

在书稿写作中,参考了同行专家、学者的有关著作、论文,吸收借鉴了他们的许多研究成果,谨致诚挚的谢意。

本书是河北省社会科学基金项目"航天精神融入大学生思想政治教育研究"的结项成果。感谢人民出版社,让我有机会将这一研究成果得以出版。限于作者水平,书中难免有不妥之处,恳请同行专家、学者和广大读者惠予批评指正。

张道明

2023 年 11 月

责任编辑:邓浩迪
封面设计:姚 菲
版式设计:岳秋婧

图书在版编目(CIP)数据

航天精神融入大学生思想政治教育研究/张道明,崔云凤著. —北京:
　人民出版社,2024.6
　ISBN 978-7-01-026555-1

Ⅰ.①航…　Ⅱ.①张…②崔…　Ⅲ.①大学生-思想政治教育-研究-中国
　Ⅳ.①G641

中国国家版本馆 CIP 数据核字(2024)第 096160 号

航天精神融入大学生思想政治教育研究

HANGTIAN JINGSHEN RONGRU DAXUESHENG SIXIANG ZHENGZHI JIAOYU YANJIU

张道明　崔云凤　著

人民出版社 出版发行
(100706　北京市东城区隆福寺街 99 号)

中煤(北京)印务有限公司印刷　新华书店经销

2024 年 6 月第 1 版　2024 年 6 月北京第 1 次印刷
开本:710 毫米×1000 毫米 1/16　印张:16.75
字数:260 千字

ISBN 978-7-01-026555-1　定价:88.00 元

邮购地址 100706　北京市东城区隆福寺街 99 号
人民东方图书销售中心　电话 (010)65250042　65289539